Adieu

Apprenez
à rompre
sans
difficulté

Infographie : Chantal Landry

Catalogage avant publication de Bibliothèque et Archives nationales du Québec et Bibliothèque et Archives Canada

Halpern, Howard M. (Howard Marvin)

Adieu : apprenez à rompre sans difficulté

Traduction de: How to break your addiction to a person

1. Séparation (Psychologie). 2. Autonomie (Psychologie). I. Titre.

BF575.G7H3414 2007 158.2 C2007-941404-4

08-07

L'édition originale a été publiée sous le titre
How to Break your Addiction to a Person
par McGraw-Hill

Dépôt légal : 2007
Bibliothèque et Archives nationales du Québec

ISBN 978-2-7619-2440-5

DISTRIBUTEURS EXCLUSIFS :

- Pour le Canada et les États-Unis :
  MESSAGERIES ADP*
  2315, rue de la Province
  Longueuil, Québec J4G 1G4
  Tél. : 450 640-1237
  Télécopieur : 450 674-6237
  * une division du Groupe Sogides inc.,
  filiale du Groupe Livre Quebecor Média inc.

- Pour la France et les autres pays :
  INTERFORUM editis
  Immeuble Paryseine, 3, Allée de la Seine
  94854 Ivry CEDEX
  Tél. : 33 (0) 4 49 59 11 56/91
  Télécopieur : 33 (0) 1 49 59 11 33
  Service commandes France Métropolitaine
  Tél. : 33 (0) 2 38 32 71 00
  Télécopieur : 33 (0) 2 38 32 71 28
  Internet : www.interforum.fr
  Service commandes Export – DOM-TOM
  Télécopieur : 33 (0) 2 38 32 78 86
  Internet : www.interforum.fr
  Courriel : cdes-export@interforum.fr

- Pour la Suisse :
  INTERFORUM editis SUISSE
  Case postale 69 – CH 1701 Fribourg – Suisse
  Tél. : 41 (0) 26 460 80 60
  Télécopieur : 41 (0) 26 460 80 68
  Internet : www.interforumsuisse.ch
  Courriel : office@interforumsuisse.ch
  Distributeur : OLF S.A.
  ZI. 3, Corminboeuf
  Case postale 1061 – CH 1701 Fribourg – Suisse
  Commandes : Tél. : 41 (0) 26 467 53 33
  Télécopieur : 41 (0) 26 467 54 66
  Internet : www.olf.ch
  Courriel : information@olf.ch

- Pour la Belgique et le Luxembourg :
  INTERFORUM editis BENELUX S.A.
  Boulevard de l'Europe 117,
  B-1301 Wavre – Belgique
  Tél. : 32 (0) 10 42 03 20
  Télécopieur : 32 (0) 10 41 20 24
  Internet : www.interforum.be
  Courriel : info@interforum.be

Gouvernement du Québec – Programme de crédit d'impôt pour l'édition de livres – Gestion SODEC – www.sodec.gouv.qc.ca

L'Éditeur bénéficie du soutien de la Société de développement des entreprises culturelles du Québec pour son programme d'édition.

Nous reconnaissons l'aide financière du gouvernement du Canada par l'entremise du Programme d'aide au développement de l'industrie de l'édition (PADIÉ) pour nos activités d'édition.

Dr Howard M. Halpern

Adieu

Apprenez à rompre sans difficulté

Les Éditions de l'Homme

Traduit de l'américain par Bruno Delisles

Introduction

Il est parfois très difficile de mettre fin à une relation amoureuse, même si vous savez que celle-ci vous fait du mal.

Quand je parle d'une relation qui vous fait du mal, je ne parle pas des relations qui traversent des moments difficiles de discorde et de désenchantement. Ces moments font inévitablement partie d'une relation entre deux personnes autonomes qui évoluent et s'efforcent de maintenir une association amoureuse.

Je parle *ici* des relations qui sont des impasses.

Je parle des attachements à des personnes qui sont douloureusement hors d'atteinte (parce qu'elles sont engagées avec quelqu'un d'autre, parce qu'elles ne veulent pas s'engager dans une relation ou qu'elles n'en sont pas capables).

Je parle des relations mal assorties où les deux partenaires sont fondamentalement sur des longueurs d'onde si différentes qu'ils ont peu de points communs, qu'ils communiquent mal et qu'ils retirent peu de plaisir l'un de l'autre ou l'un avec l'autre.

Je parle des relations dans lesquelles les deux partenaires n'obtiennent jamais ce qu'ils veulent ou ce dont ils ont besoin, que ce soit en matière d'amour, de tendresse, de sexualité, de stimulation, d'honnêteté, de respect ou de soutien affectif.

Dans quelques cas je parle de ces relations qui ne sont que des territoires dévastés où ne règnent que le vide, la distance, la solitude et le manque.

Et dans quelques cas je parle des relations qui sont des champs de bataille où ne retentissent que la haine, la colère et l'injure.

Rester dans une mauvaise relation peut devenir une tragédie personnelle permanente. Il arrive souvent que des gens ne trouvent pas de relation satisfaisante à cause de leur incapacité de se libérer d'une relation insatisfaisante et irréparable.

Je souhaite que ce livre soit un guide offert à tous ceux et celles qui sont coincés dans une relation et qui souhaitent ne plus y être. Je vais essayer de démêler le puzzle des raisons qui poussent les gens à rester dans de telles situations. Et je vais essayer de leur en montrer la porte de sortie.

Bien que j'écrive en priorité pour ceux et celles qui vivent une mauvaise relation *principale*, entre partenaires ou entre époux, on peut utiliser avec le même profit les principes que j'expose pour d'autres types de relation, avec des amis, des parents, des employés, un travail, etc.

Je dédie ce livre avec reconnaissance aux nombreux patients et amis qui ont partagé avec moi les difficultés de leurs relations. C'est eux qui m'ont enseigné la majeure partie de ce que je vous transmets maintenant.

HOWARD HALPERN, PH. D.

Chapitre 1
Prisonnier de l'amour ?

Le ministère de la Santé nationale et du Bien-être social ne l'a peut-être pas encore établi, mais il faut éviter de rester impliqué dans une mauvaise relation : le danger pour la santé croît avec le temps. Autant le tabac peut endommager vos poumons, autant une mauvaise relation peut ébranler votre propre estime et détruire votre confiance en vous. Quand des gens disent que leur relation avec leur partenaire les tue (que ce soit avec leur femme, leur mari, leur amant ou leur maîtresse), cela peut être littéralement vrai. Le stress provoque des tensions et des modifications biochimiques qui peuvent débalancer votre équilibre organique, dissiper votre énergie et abaisser votre résistance à toutes sortes d'atteintes extérieures. Certains en arrivent même à abuser de moyens de fuite dangereux comme l'alcool, les amphétamines, les barbituriques, les tranquillisants, des quêtes téméraires, et parfois même des actes suicidaires.

Mais même s'il n'y avait pas de danger pour la santé, le simple fait de se maintenir trop longtemps dans une relation mourante (et mortelle) peut assombrir votre quotidien de frustration, de colère, de sentiment de vacuité ou de désespoir. Certains d'entre vous peuvent avoir essayé d'améliorer de telles relations, d'y insuffler une nouvelle vie, seulement pour découvrir que tous leurs efforts avaient été vains — et démoralisants. Qu'ils sachent qu'ils ne sont pas les seuls dans cette situation. Beaucoup de gens qui sont fondamentalement pratiques et rationnels découvrent qu'ils sont incapables de rompre une relation même en sachant qu'elle les détruit. Leur jugement et le respect qu'ils se portent leur dictent d'en finir, mais souvent, à leur propre consternation, ils continuent dans cette relation. Ces gens-là parlent et agissent comme s'ils étaient retenus par quelque chose, comme si cette relation était une prison dans laquelle ils seraient enfermés. Leurs amis ou leurs psychothérapeutes leur ont peut-être déjà fait remarquer qu'en réalité la « porte de leur prison » était grande ouverte, et qu'ils n'avaient qu'à faire un pas pour en sortir. Pourtant, aussi désespérés et malheureux qu'ils soient, ils font marche arrière. Certains se rendent jusqu'au seuil, puis hésitent. D'autres peuvent tenter quelques brèves sorties à l'extérieur, puis se retranchent dans la sécurité de leur prison, à la fois soulagés et désespérés. Quelque chose en eux veut en sortir. Quelque chose en eux sait qu'ils ne sont pas faits pour vivre dans une telle situation. Et pourtant beaucoup d'entre eux choisissent de rester dans leurs prisons, sans faire d'effort pour changer quoi que ce soit — sinon, peut-être, pour installer de jolis rideaux au-dessus du bar et peindre les murs de couleurs vives. Il arrive qu'ils finissent par mourir dans un coin de leur cellule sans avoir vraiment joui de la vie des années durant.

Tous les jours, j'entends des hommes et des femmes me raconter les luttes qu'ils mènent parce qu'ils se sentent emprisonnés dans des relations qui ne les satisfont pas.

Alice : Avec Paul, je suis en train de devenir folle. Il est tellement coupé de ses propres sentiments et tellement insensible à mon égard que j'ai l'impression d'être en compagnie d'un robot. Au début, il était du genre romantique, mais maintenant il ne manifeste plus rien si ce n'est du silence et de l'indifférence. Si je m'en plains, il me répond que c'est sa nature. Pourtant, même si je me sens à ce point frustrée et malheureuse, je ne peux pas me résoudre à le quitter. En fait, je suis effrayée chaque fois que j'y pense sérieusement

Jean : La plupart du temps, Lise est irresponsable et égoïste. Elle me rabaisse devant des gens et quelquefois flirte devant moi avec un autre homme. Si je manifeste ma contrariété, elle m'accuse de chercher à l'enfermer dans un carcan. Mais j'ai vérifié auprès de certains amis, et ils m'ont dit qu'elle me menait vraiment la vie dure, à tel point qu'il leur arrive de s'inquiéter pour moi. Aujourd'hui, je me rends compte que sa présence ne me donne rien, et pourtant, quelle que soit la nature du lien qui me retient avec elle, cela semble plus fort que moi.

Monique : Je sais que Richard ne quittera jamais sa femme. Je vois bien que je suis en train de me détruire et que je perds des années de ma vie en restant avec lui, mais chaque fois que j'ai essayé de mettre fin à notre relation, l'enfer que j'ai traversé était insupportable et j'ai fait marche arrière… J'ai l'impression de lui appartenir.

Michel : Je ne sais pas comment ça arrive, mais tout tourne à la bagarre, un horrible combat où l'on se tord les tripes. Le moindre petit événement devient une lutte de pouvoir, que ce soit pour choisir le film qu'on veut aller voir ou pour décider si une fenêtre doit être plus ou moins ouverte. Je crois que la seule chose sur laquelle Laura et moi sommes d'accord, c'est que nous serions bien mieux l'un sans l'autre, mais on ne peut pas s'y résoudre.

Johanne : Il y a plusieurs années que j'ai cessé d'aimer Denis. Tous les soirs, ou presque, j'appréhende son retour à la maison. Mais nous avons tellement de choses en commun : la maison, les enfants, des souvenirs, et peut-être tout simplement des habitudes. J'aimerais en sortir, mais la seule pensée qu'il ne soit plus dans ma vie, et l'idée de tout ce que je devrais traverser pour y arriver, tout cela me fait rester une année de plus, puis une autre année, puis encore une autre. Je commence à être résignée à ne vivre que cela, mais je me sens morte…

Arthur : La vérité c'est que je n'aime pas Louise, en tout cas pas assez pour l'épouser, mais je ne peux pas rompre…

J'évite de rencontrer de nouvelles femmes parce que je m'attends à ce qu'elles me rejettent, et cette pensée me terrifie. Je suppose alors que je reste avec Louise parce qu'elle est là. J'aime savoir qu'il y a au moins quelqu'un qui s'inquiète de savoir si j'ai eu un accident, quelqu'un avec qui je peux partager les petits événements de la vie quotidienne, que ce soit manquer un bus ou acheter une chemise, toutes ces petites choses dont le reste du monde se fiche éperdument.

Hélène : Pourquoi est-ce que je continue à voir Pierre, alors qu'il me traite si mal ? Avec moi, il est vraiment cruel, et complètement centré sur lui-même. Je m'entraîne à lui dire que c'est fini de centaines de façons différentes. « Je t'aime, mais notre relation me fait mal. » « Ça ne marche pas. » « Je ne veux plus jamais te voir. » « Va te faire foutre, espèce d'égoïste enfant de salaud ! » « Crève. » Et quelquefois je lui dis vraiment tout ça, et je mets fin à notre relation… pour une semaine !

RIEN N'EST PLUS FORT QUE SE TROMPER SOI-MÊME

Tous ces gens sont réellement persuadés qu'il vaudrait mieux pour eux mettre fin à leur relation, mais ils sont paralysés dès qu'il s'agit de le faire. Alors, pour maintenir leur relation tout en sachant que c'est contraire à leurs meilleurs intérêts, ils essaient souvent de ruser avec eux-mêmes en déformant la situation. Ils rationalisent à l'aide de « bonnes » raisons pour se dissimuler d'autres raisons inconscientes.

Alice (qui est « en train de devenir folle » à cause de la distance et de l'indifférence de Paul) :

Je sais qu'il m'aime vraiment sous sa froideur. Il éprouve juste des difficultés à me le montrer. Sinon, pourquoi refuserait-il de rompre ?

Jean (qui trouve que Lise est égoïste et blessante) :

Je sais qu'elle a souvent l'air cruelle et insensible, mais sans doute est-ce moi qui suis trop sensible et qui exige trop d'elle.

Monique (qui sait que Richard ne quittera jamais sa femme) :

C'est parfois tellement bon ce qu'il y a entre nous, et il a l'air tellement amoureux que je ne crois pas qu'il puisse être assez stupide pour rester avec elle.

Michel (qui se dispute avec Laura pour la moindre petite chose) :

Peut-être bien que le fait même de se battre si souvent montre à quel point nous nous aimons.

Johanne (qui a cessé depuis longtemps d'aimer Denis) :

Peut-être que l'amour n'est pas très important. Peut-être que c'est ainsi pour tout le monde.

Arthur (qui n'aime pas assez Louise pour l'épouser) :

Il n'y a pas beaucoup de femmes qui à la fois m'attirent et sont attirées par moi.

Hélène (qui trouve que Pierre est cruel envers elle) :

Ce n'est pas qu'il ne m'aime pas. Il a juste peur de s'engager.

La rationalisation n'est pas la seule technique pour se tromper soi-même. Quelquefois, les gens gardent profondément enfouis en eux des *sentiments* et des *croyances* qui défient la logique et, pis encore, qui peuvent déformer leur faculté de juger sainement ce qui est dans leur propre intérêt.

Alice : Si je quitte Paul, je sais que je resterai toujours seule, et c'est la chose la plus effrayante que je puisse imaginer.

Jean : Lise me traite souvent comme moins que rien. Chacun de ses mots est un reproche, une critique ou un ordre. Mais je l'aime. Je sens que je ne pourrais pas vivre sans elle.

Monique : Quelquefois j'imagine que je vais me marier avec quelqu'un d'autre, que Richard restera avec sa femme, mais que nous resterons pour toujours des amants. C'est notre destin.

Michel : Je sais qu'on ne peut pas se parler cinq minutes sans se battre, mais quand on éprouve ce que je ressens pour Laura, on peut toujours s'en arranger.

Johanne : Chaque fois que je pense à le quitter, je me sens envahie de culpabilité.

Arthur : Qui d'autre voudrait de moi ?

Hélène : Pierre dit qu'il ne m'aime plus, mais ça ne se peut pas. Il m'a aimée une fois, et ça ne disparaît pas comme ça. Il faut qu'il m'aime.

Certains de ces énoncés peuvent sembler tellement familiers qu'il est difficile de voir ce qui cloche en eux. Vous avez pu les entendre dans la bouche de personnes que vous connaissez. Vous les avez lus dans des romans sentimentaux. Vous les avez entendus dans des films, dans des pièces de théâtre, dans des chansons. Peut-être les utilisez-vous en ce moment même pour travestir votre bonheur. Si c'est le cas, vous devez vous poser ces questions : Qu'est-ce que vous protégez ? De quoi avez-vous peur ? Quelles sont les *vraies* raisons qui se cachent derrière les « bonnes » raisons ?

« JE SUIS PRISONNIÈRE DE QUELQUE CHOSE »

Hélène est rédactrice dans un magazine féminin. Elle a vingt-huit ans, elle est séduisante et douée. Elle est venue me consulter en psychothérapie. Son médecin lui avait dit que ses éruptions cutanées et ses insomnies étaient d'origine émotionnelle. Elle avait une relation depuis deux ans avec Pierre, un architecte dynamique qui réussissait en affaires. C'est au cours de cette période que les symptômes étaient apparus. Il était facile d'en trouver l'origine. Au mieux, Pierre la traitait mal. Il était souvent cruel. Et Hélène supportait ce traitement. S'ils avaient rendez-vous, Pierre ne s'y montrait pas. Il l'appelait ensuite vers deux heures du matin en donnant une excuse qui ne tenait pas debout, et lui disait de « sauter dans un taxi et de venir tout de suite ». Alors elle sortait du lit, elle s'habillait, elle prenait un taxi et le rejoignait à son appartement.

À une des sessions de psychothérapie, Hélène est arrivée radieuse : de façon inhabituelle, Pierre lui avait demandé de l'accompagner pour un week-end au bord de la mer. Mais, à la session suivante, elle était amère et déprimée. Pendant qu'ils roulaient vers ce qu'elle croyait être un week-end romantique, Pierre lui avait annoncé qu'il allait participer à un congrès professionnel et qu'elle serait seule la plupart du temps. Elle avait été furieuse, elle avait crié après lui puis s'était mise à pleurer, mais, comme si souvent déjà, il l'avait simplement accusée d'être trop exigeante. Au retour du week-end, elle lui avait dit qu'elle ne pouvait pas en supporter davantage et qu'elle ne voulait plus jamais le voir. Il était parti en haussant les épaules. Moins d'une semaine plus tard, après cinq jours d'angoisse, de désespoir, d'insomnie et d'éruptions cutanées, elle s'était retrouvée en train de composer son numéro de téléphone, prête à revenir avec lui aux conditions les plus humiliantes. « C'est comme si j'étais prisonnière de quelque chose », pleurait-elle.

Qu'est-ce qui la retenait prisonnière ? Pourquoi cette femme responsable et par ailleurs rationnelle restait-elle impliquée de façon si intense avec un homme qui la rejetait en permanence et qui la faisait souffrir chaque fois ? Et pourquoi éprouvait-elle encore plus de tourments quand elle essayait de mettre fin à cette relation ?

LA DÉPENDANCE ENVERS QUELQU'UN

Si on s'y arrête, on constate que l'attachement d'Hélène pour Pierre a toutes les caractéristiques d'une *dépendance*. Je n'utilise pas le mot « dépendance » de façon symbolique ou métaphorique. Pour une personne amoureuse, il est non seulement possible mais extrêmement courant de devenir dépendant. Dans son livre *Love and Addiction*, Stanton Peele a identifié la nature dépendante de certaines relations amoureuses. Il a relevé dans de nombreuses études sur la dépendance envers les drogues une conclusion fréquente : le facteur de dépendance n'est pas tant dans la substance (que ce soit l'alcool, le tabac ou des narcotiques) que dans *la personne qui est dépendante*. Dans les relations amoureuses, le facteur de dépendance prend la forme d'un besoin obsessif d'entrer en contact, et d'y rester, avec une personne en particulier. Mais ce besoin est-il toujours une dépendance ? Et pourquoi même le qualifier de dépendance ? Pourquoi ne pas l'appeler tout simplement « amour » ou « préférence » ou « fidélité à ses engagements » ?

Une relation de dépendance est souvent faite *aussi* d'amour et de fidélité, mais pour que cet amour et cette fidélité soient authentiques, il faut que la personne ait été *choisie librement*. Or une des caractéristiques de la dépendance est l'attirance *irrésistible* envers une personne ou un produit, ce qui, par définition, limite la liberté. Une personne dépendante de l'alcool ou d'une autre drogue se sent attirée par le produit dont elle est dépendante même quand elle sait que ça lui fait du mal. Et quand il y a une forte proportion de dépendance dans une relation, on se dit : « Je dois avoir cette personne, je dois rester avec elle, même si ça me fait du mal. »

Ainsi, un des premiers signes d'une relation dépendante est son caractère irrésistible. Le second signe est la *panique* que l'on éprouve à l'idée d'être privé de ce produit. Les alcooliques éprouvent souvent cette panique quand ils ne savent pas où trouver leur prochain verre. Les drogués connaissent cette même peur quand leur réserve de drogue diminue. Ceux qui sont dépendants de la nicotine peuvent devenir très mal à l'aise dans des endroits où il est interdit de fumer. Et les personnes qui ont une relation de dépendance peuvent être submergées de panique à l'idée de mettre fin à cette relation. J'ai souvent entendu parler de gens qui s'apprêtent à téléphoner à leur partenaire pour leur dire que tout est fini, qui s'installent au téléphone, qui commencent à composer le numéro, mais qui doivent raccrocher avant d'avoir fini tellement ils sont envahis d'angoisse.

Les *symptômes de sevrage* sont la troisième caractéristique d'une dépendance. Quelle que soit la force du sentiment de panique que l'on peut ressentir à l'idée de briser une relation, ou même en s'y décidant, ce n'est rien en comparaison des effets dévastateurs qui nous assaillent quand la séparation arrive vraiment. Une personne qui vient de mettre fin à une relation de dépendance peut souffrir davantage que des drogués, des alcooliques ou des fumeurs quand ils arrêtent de prendre leur produit, et les réactions se ressemblent beaucoup. On observe souvent, par exemple, des douleurs physiques (la poitrine, l'estomac, l'abdomen sont particulièrement sensibles), des crises de larmes, des troubles du sommeil (certains ont des insomnies, d'autres dorment trop), de l'irritabilité, de la dépression, et le sentiment qu'il n'y a nul endroit où aller et nulle autre façon de mettre fin à son malheur que de retourner au produit (ou à la personne) qu'on vient de quitter. Le manque peut devenir si intense qu'il arrive souvent à vaincre les meilleures intentions de la personne qui souffre, et à la renvoyer à la source de sa dépendance.

Après la période de souffrance, on ressent souvent une sensation de libération, de triomphe, d'accomplissement. C'est la quatrième caractéristique d'une dépendance. Ce sentiment est très différent de l'acceptation triste et de la lente récupération qui font suite à la perte de quelqu'un dont on n'est pas dépendant.

La ressemblance essentielle entre les personnes dépendantes, que cette dépendance concerne un produit ou une personne, est sous-jacente à toutes ces réactions. *C'est un sentiment d'incomplétude, de vide, de désespoir, de désorientation, dont on croit qu'on ne peut se remettre que par l'intermédiaire de quelque chose ou de quelqu'un extérieur à soi-même.* Ce quelque chose ou ce quelqu'un devient alors le centre du monde, et l'on est prêt à endurer les plus grands maux pour maintenir la liaison avec ce « centre ».

Si l'on revient à l'attachement d'Hélène pour Pierre, on peut y relever beaucoup des signes d'une dépendance. Elle ressent un besoin *irrésistible* d'être avec lui, elle éprouve de la *panique* à l'idée d'arrêter de le voir, et elle manifeste des symptômes de *sevrage* intenses et douloureux, y compris les troubles physiques qu'elle ne peut soulager qu'en reprenant contact avec Pierre. Et malgré tout ce qu'elle a accompli dans sa vie, malgré ses nombreuses qualités attrayantes, elle doute tout au fond d'elle-même d'être une personne complète, équilibrée, aimable, hors de sa liaison avec Pierre.

ÊTES-VOUS DÉPENDANT ?

Il y a sans doute un élément de dépendance dans toute relation amoureuse, et cela n'a en soi rien de mauvais. Cet élément peut, de fait, renforcer la relation et la rendre plus agréable. Après tout, qui peut se vanter de se suffire à soi-même, d'être complet, « sain », « adulte », au point de pouvoir se sentir bien sans une relation intime avec une autre personne ? Mais on reconnaît une bonne relation à ce qu'elle nous rapproche du meilleur de nous-même. Ce qui transforme une relation particulière en une dépendance, c'est quand les petits éléments de dépendance (« j'ai besoin de toi ») prennent de l'importance au point de devenir la force principale de votre attachement. Cela crée alors une contrainte intérieure qui vous prive de plusieurs libertés essentielles : la liberté d'être le meilleur de vous-même dans cette relation, la liberté d'aimer l'autre personne par choix et par engagement amoureux et non à cause de votre besoin irrésistible de dépendance, la liberté enfin de choisir de rester ou non avec l'autre personne.

Quand on est profondément malheureux dans une relation amoureuse et que l'on y reste quand même, comment peut-on reconnaître si la décision d'y rester repose sur une préférence et un engagement, ou s'il s'agit d'une dépendance ? Il y a plusieurs signes de dépendance que vous pouvez chercher à reconnaître en vous-même :

1. Alors même que vous jugez objectivement (et peut-être d'autres personnes vous l'ont-elles dit aussi) que cette relation vous fait du mal et que vous ne pouvez en attendre aucune amélioration, vous ne prenez aucune mesure pour y mettre fin.
2. Pour rester dans cette relation, vous vous donnez à vous-même des raisons qui ne tiennent pas debout ou qui ne sont pas assez fortes face aux effets négatifs de cette relation.
3. Quand vous pensez à mettre fin à cette relation, vous éprouvez de la crainte, et même de la terreur, et vous vous accrochez encore plus fort.
4. Quand vous prenez des mesures pour y mettre fin, vous souffrez de symptômes aigus de sevrage, y compris des troubles physiques, qui ne sont soulagés qu'en rétablissant le contact.
5. Lorsque la relation est *vraiment* terminée (ou quand vous imaginez qu'elle est terminée), vous éprouvez la désorientation, la solitude et le vide d'une personne exilée pour toujours — souvent suivis ou même accompagnés d'un sentiment de libération.

Si vous constatez la présence de la plupart de ces signes, vous pouvez quasiment être certain que vous vous trouvez dans une relation où les éléments de dépendance ont pris tellement de force et d'importance qu'ils détruisent votre capacité de diriger votre propre vie. Et, de la même façon qu'un alcoolique doit commencer son cheminement vers la sobriété en admettant « je suis un alcoolique », vous devez commencer en reconnaissant que vous êtes vraiment accroché. Ce premier pas est essentiel pour comprendre les bases de votre dépendance, pour identifier son fonctionnement, et pour vous en libérer suffisamment pour pouvoir décider si vous souhaitez travailler à améliorer cette relation, si vous préférez l'accepter comme elle est, ou encore, ne pouvant ni l'améliorer ni l'accepter, si vous voulez y mettre fin.

Première partie

LA SOIF D'ATTACHEMENT, BASE DE TOUTE DÉPENDANCE

Chapitre 2
La dose d'amour

Si vous soupçonnez que vous restez dans une mauvaise relation parce que vous en êtes dépendant, il est essentiel que vous compreniez les racines de votre dépendance. Sinon, il est probable que vous allez aborder le problème en vous faisant des reproches, en condamnant votre dépendance comme si c'était une faiblesse ou une faute humiliante. Ou encore vous pouvez décider que, puisque c'est une dépendance, vous feriez aussi bien de continuer comme ça sous prétexte que c'est, après tout, bien plus fort que vous. Mais si vous savez comment votre dépendance a évolué, vous allez pouvoir la regarder comme un développement logique et compréhensible de votre propre histoire, vous allez pouvoir la considérer avec compassion, et vous allez apprendre ce que vous pouvez faire pour la surmonter.

LES DIFFÉRENTS NIVEAUX D'ATTACHEMENT

Il existe trois «niveaux d'attachement» psychologiques qui peuvent influer sur votre décision de rester dans une relation dont vous savez qu'il vous faudrait la quitter. Au niveau le plus superficiel, il y a les *considérations pratiques*. Puisqu'elles sont au niveau le plus immédiat, elles sont les plus faciles à comprendre et à observer. Par exemple, il semble y avoir des obstacles insurmontables si l'on veut mettre fin à un mariage destructeur quand il y a de jeunes enfants, ou quand il y a une dépendance financière, ou quand il y a une telle somme de liens depuis si longtemps qu'une rupture provoquerait trop de dislocation dans la vie de toutes les personnes en cause.

Un peu plus loin, on trouve le deuxième niveau. C'est celui des *croyances* que l'on a envers les relations en général, envers la relation en cause et envers soi-même. Ces croyances sont faites en partie de clichés et d'injonctions sociales que l'on a apprises : « L'amour peut tout conquérir », « L'amour dure toujours », « Le mariage est un sacrement que l'on ne peut défaire », « Le plus important, c'est la sécurité », « Le démon que tu connais vaut mieux que celui que tu ignores », « Mettre fin à une relation est un échec », « Être seul est une humiliation », « Tu ne dois jamais blesser ni décevoir personne », « Ne pas être en couple c'est n'être qu'une branche de ciseaux », etc. Il y a ensuite les croyances envers soi-même : « Je ne plais pas assez », « Je ne suis pas assez intelligent », « Je ne suis pas assez intéressant », « Je ne réussis pas assez bien », d'où l'on conclut : « Comme personne ne voudra de moi, je ferais mieux de rester où je suis » et, de plus, « Je ne suis pas assez compétent pour me débrouiller tout seul ».

Parmi les sentiments et les motivations qui vous empêchent de bouger, il y a enfin le niveau le plus profond. Ce niveau est d'origine très précoce, il fonctionne souvent sans que vous en ayez conscience et, des replis où il se cache, il peut contrôler votre vie. Ce niveau existe chez tout le monde à des degrés divers, et sa puissance émotionnelle peut être bien plus grande que celle des niveaux des considérations pratiques et des croyances. Ce niveau premier est celui de la *soif d'attachement*. Et c'est ce niveau que nous allons explorer, parce que la *soif d'attachement est la base de la dépendance envers une personne*. Elle est si puissante qu'elle peut surpasser totalement les niveaux qui la contredisent, qu'il s'agisse de celui des considérations pratiques (« Cette relation est mauvaise pour ma santé ») ou de celui des croyances (« On devrait quitter une relation étouffante et sans amour »).

Les racines de nos besoins d'attachement sont faciles à comprendre. Tout le monde a d'abord été un petit enfant sans défense.

De vous-même, à cet âge-là, vous ne pouviez même pas poser les gestes les plus rudimentaires pour assurer votre confort et votre survie. Vous arriviez juste d'un endroit où votre confort et votre sécurité étaient si complets que vous ne connaîtriez jamais par la suite une félicité si enveloppante et si sûre. Projeté dans le monde, vous ne pouviez certainement pas répondre aux exigences de l'extérieur ni au chaos de vos sentiments intérieurs. Votre réaction instinctive a dû être de retourner à la chaleur et à la sécurité, mais, évidemment, vous ne pouviez pas le faire. Par contre, vous aviez une mère. Et, de son côté, elle a sans doute répondu à vos besoins d'une façon qui avait trois effets : (1) cela vous maintenait en vie et en bonne santé ; (2) cela vous donnait l'illusion d'être dans une situation sûre et satisfaisante, comme dans le ventre de votre mère ; (3) à cause de votre fusion symbiotique avec un personnage si puissant, cela vous donnait l'illusion d'être vous-même extrêmement puissant. Ce sont des sentiments profondément enracinés, et qui ne sont pas faciles à surmonter, malgré votre désir inné de devenir une personne indépendante ou les tentatives de votre mère de vous sevrer. Il est compréhensible que vous ayez essayé de vous accrocher fortement à elle.

Au cours des dernières décennies, des études ont montré l'importance du besoin qu'a l'enfant de s'attacher à sa mère avec ses mains, ses bras, ses yeux. C'est un besoin biologique profond, et la façon dont la mère répond à ce besoin durant les premiers mois a, par la suite, une grande influence sur l'aptitude de l'adulte à vivre une bonne relation, aussi bien que sur son aptitude à vivre sans cette relation lorsque c'est nécessaire ou plus sage. Même les mères les plus dévouées ne peuvent pas être parfaitement accordées à leur enfant, être avec lui à chaque instant, répondre toujours et immédiatement à ses besoins. La mère la plus dévouée a d'autres choses à faire, elle a ses propres besoins, ses soucis, ses préoccupations. Il peut lui arriver d'être déprimée, tendue, ou physiquement malade. Elle peut avoir des croyances qui briment l'attachement (par exemple, croire qu'il est mauvais de prendre un bébé quand il pleure ou de le nourrir quand ce n'est pas l'heure). Elle peut, par moments, avoir besoin d'être ailleurs. Tous ces facteurs peuvent briser le courant d'attachement et laisser chez l'enfant des traces durables d'une soif d'attachement.

Plus les besoins d'attachement de l'enfant sont satisfaits à ce stade précoce, mieux cela vaut, surtout pendant ses deux premières années. Mais les manques de satisfaction de ces besoins ne sont pas seuls à laisser des traces de soif d'attachement. Il y a aussi les déficiences de l'un ou l'autre parent à *pousser l'enfant dans le monde*, à l'aider à s'éloigner de la chaleur et de la sécurité de sa symbiose avec sa mère. Un bon « lancement » soutient l'enfant et l'aide à construire sa confiance en lui. Cela lui apprend qu'il peut exister par lui-même et prendre des risques. Cela lui montre que le monde n'est pas malveillant et seulement rempli de dangers. Cela lui enseigne qu'il peut à la fois faire seul face au monde et bâtir des relations avec des personnes autres que ses parents. Il arrive souvent que les mères qui répondent parfaitement aux besoins de l'enfant au cours de la phase d'*attachement* fassent au contraire un très mauvais travail au cours de la phase de « lancement », sans doute à cause de leurs propres besoins de s'accrocher à la présence de l'enfant. Ainsi, elles sapent les tentatives d'autonomie de l'enfant, elles ont peur de le voir prendre des risques, elles lui en veulent d'être moins dépendant. C'est à ce moment particulier que le rôle du père est crucial.

> Le désir qu'a la mère d'aider son enfant à se détacher est crucial pour le développement de l'autonomie de l'enfant. Elle doit d'abord lui permettre de se sentir suffisamment assuré de son attachement et de sa présence attentive, puis le laisser faire quelques pas loin d'elle, revenir et s'éloigner encore. Mais la mère et l'enfant ont tous deux besoin d'aide : la mère parce qu'elle peut avoir ses propres besoins profonds de s'accrocher à son enfant, l'enfant parce qu'une séparation est toujours teintée d'anxiété. Et c'est là que le père doit prendre l'enfant par la main et aller se promener

avec lui dans le monde extérieur, lui en montrer les joies et les merveilles, lui apprendre à se comporter face à ses dangers, lui transmettre le courage et l'assurance nécessaires pour s'y aventurer. Au mieux, le père doit aussi être disponible à la mère, au fond de laquelle se trouve aussi un petit enfant qui peut être dérangé et blessé par cette période de séparation. *Le rôle essentiel du père, pendant cette période, est d'aider la mère et l'enfant à se séparer l'un de l'autre.* C'est un rôle de force tranquille, d'héroïsme ordinaire[1].

Tous les pères ne remplissent pas bien cette tâche. Certains ne savent pas que tel est leur rôle et laissent à la mère tout ce qui se rapporte à l'éducation des enfants. Certains pères sont trop centrés ou repliés sur eux-mêmes pour aider la mère et l'enfant à s'éloigner suffisamment l'un de l'autre. Il arrive aussi que certains pères soient tellement autoritaires et même cruels que cela peut avoir pour effet de renvoyer l'enfant dans les bras consolants de sa mère. L'enfant peut être rendu timide ou craintif si sa mère ne l'encourage pas à s'éloigner d'elle et si le père ne lui offre pas au même moment un autre soutien et une autre direction.

L'importance des vestiges de soif d'attachement que peut ressentir un adulte tel que vous, et leur influence sur vos relations présentes, dépendent en grande partie de ce qui vous est arrivé au cours de ces phases précoces d'attachement et de « lancement ». Plus vos parents auront satisfait vos besoins pendant la phase d'attachement et, par la suite, au bout d'un an ou deux, plus ils auront favorisé votre indépendance, moins vous aurez de vestiges de soif d'attachement au cours de votre vie adulte. Moins ils auront réussi à vous aider pendant l'une ou l'autre phase, plus vous aurez des restes de soif d'attachement qui vous pousseront à rechercher des relations de dépendance et à vous y accrocher.

1. Howard Halpern, *Cutting Loose : An Adult Guide to Coming to Terms with Your Parents*, New York, Simon & Schuster, 1977, p. 58. (Ed. Bantam, 1978, p. 45.)

À propos de l'importance d'être sevré de l'attachement à la mère, l'éminent psychanalyste britannique Winnicott dit que « c'est le rôle de la mère d'enlever à l'enfant ses illusions[2] ». Il veut dire ainsi que la mère doit enlever à l'enfant l'illusion qu'ils sont *fusionnés* dans une toute-puissante entité mère-enfant. Le processus de « désillusionnement » d'un enfant est très délicat, et il est peu vraisemblable qu'il se déroule si complètement qu'un enfant perde toutes ses illusions de pouvoir retrouver un jour un tel sentiment de toute-puissance et de sécurité totale. Ce désir demeure en chacun de nous, et la plupart apprennent à le satisfaire en y goûtant brièvement de temps en temps, par exemple au cours de l'extase sexuelle, par l'excitation de deux verres d'alcool ou d'un joint de marijuana, le ravissement de « tomber en amour », la délectation que l'on peut ressentir face à une œuvre d'art, devant un panorama grandiose ou en écoutant de la musique, le plaisir de danser ou de courir, et la sensation de créer quelque chose qui n'a jamais existé, que ce soit un poème, une peinture ou une mélodie. Mais les illusions que l'on se crée pour satisfaire la soif d'attachement demeurent aussi, à un degré plus ou moins fort suivant les gens : on souhaite, on rêve de retrouver cette force, cette sécurité et cette félicité, et on essaie de les atteindre en fusionnant avec une autre personne. Les gens expriment ce désir de différentes façons :

> Je ne me sens vivre complètement que lorsque je vis une grande histoire d'amour.
>
> Sans elle, je me sens incomplet. Elle fait de moi un tout.
>
> Sans lui, j'ai peur et je ne suis sûre de rien. Quand il me tient dans ses bras, je me sens en sécurité.
>
> Si je devais la perdre, la vie ne vaudrait pas la peine d'être vécue. Elle est mon bonheur.

2. D.W. Winnicott, « Transitional Objects and Transitional Phenomena », *International Journal of Psychoanalysis*, vol. 24, 1953.

Dans une étonnante série d'études effectuées par Lloyd Silverman et ses collègues, ce désir sous-jacent d'attachement a été mis en évidence par des expériences très intéressantes. De plus, ces études ont montré les effets positifs de la gratification de ce désir. La méthodologie de ces recherches est simple. Le principal instrument utilisé est un tachistoscope. C'est un appareil qui permet de regarder un écran sur lequel on peut projeter des images ou des messages imprimés. Mais il est possible de projeter un message pendant un temps très court, de telle façon qu'on n'ait pas conscience de l'avoir vu. Toute réponse au message ne pourra être due qu'à une *perception subliminale*. Au cours d'une de ces recherches, Silverman a placé cette annonce dans un journal :

> Bêtement terrorisé par les petites bêtes ? Nous offrons gratuitement un traitement de la phobie des blattes ou de tout autre insecte.

Vingt femmes ont répondu à cette annonce. Silverman a employé une technique semblable aux méthodes de désensibilisation utilisées par les thérapeutes du comportement.

> On demandait aux participantes d'évoquer des scènes au cours desquelles elles s'approchaient des insectes qui leur faisaient peur, ces scènes étant classées des moins inquiétantes aux plus effrayantes. Après avoir conçu une image, chaque participante se notait elle-même sur une échelle de 0 à 100 suivant le degré d'inconfort qu'elle avait ressenti. Quand la note dépassait 20, au lieu de passer au stade suivant, on lui demandait de regarder dans le tachistoscope (elle recevait alors un message subliminal). La moitié des femmes recevait le message *Maman et moi ne faisons qu'un*, alors que l'autre moitié recevait un stimulus de contrôle *Les gens marchent*. On leur demandait alors d'imaginer à nouveau la scène avec les insectes et d'évaluer encore leur

degré d'inconfort. Si la note était en dessous de 20, l'expérimentateur continuait avec une image plus effrayante, mais sinon, on répétait la même scène jusqu'à ce que le degré d'inconfort tombe en dessous de 20.

Après quatre sessions de désensibilisation de ce type, la phobie de chaque participante était mesurée à nouveau. Pour deux échelles de mesures sur trois (la capacité de chaque femme d'approcher les insectes, et l'évaluation, effectuée par un observateur, de son anxiété pendant ces tentatives d'approche), il y avait une amélioration significative plus grande dans le groupe expérimental que dans le groupe témoin[3].

Aucun des deux groupes ne savait consciemment quel message il recevait, ni même qu'il recevait un message.

Cette étude et d'autres démontrent que le désir symbiotique, ce désir sous-jacent à notre soif d'attachement, peut guérir et apaiser. Manifestement, c'est un désir profond et puissant. Bien que tout le monde semble avoir ce genre de désir, tout le monde ne devient pas dépendant d'une autre personne. *Les sentiments du niveau de la soif d'attachement ne feront de quelqu'un une personne dépendante que s'ils sont assez forts pour dominer la capacité de cette personne à agir dans son propre intérêt.*

Il se peut que vos besoins d'attachement soient si grands qu'ils semblent dominer votre capacité de jugement et contrôler vos actes. Dans ce cas, cela pourrait signifier que quelque chose ne s'est pas bien passé au cours du processus complexe qui consiste à se séparer de la fusion avec la mère. Peut-être la propre soif d'attachement de votre mère a-t-elle demandé qu'elle maintienne l'illusion de la fusion longtemps après que vous auriez été capable d'accepter la réalité de la séparation. Peut-être aussi qu'elle n'a pas vraiment soutenu vos efforts pour être fort et autonome parce

3. L.H. Silverman, F.M. Lachmann et R.H. Milich, *The Search for Oneness*, New York, International Universities Press, 1982.

qu'elle se sentait menacée par votre indépendance. Ou peut-être encore ne vous a-t-elle jamais laissé suffisamment (ou assez longtemps) éprouver cette fusion avec elle pendant cette période de la vie où vous en aviez besoin, à tel point qu'aujourd'hui vous êtes encore en manque de cette symbiose. (Comme l'a dit Winnicott, même si c'est le rôle de la mère d'enlever à l'enfant ses illusions, elle ne pourra pas y arriver si elle ne lui a pas d'abord donné la possibilité d'éprouver l'illusion de la fusion.)

Que votre dépendance soit envers un homme ou envers une femme, il y a de fortes chances qu'elle vienne de ce besoin non satisfait de ne faire qu'un avec la mère au cours des premières années. Si vous vous accrochez aujourd'hui à quelqu'un dans l'espoir de gagner ce qui vous manque (la capacité de survivre, d'être en sécurité et d'être heureux), cela peut venir aussi d'expériences plus tardives. Peut-être avez-vous été trop peu ou mal aimé par *l'un ou l'autre* de vos parents, ou par d'autres personnes qui étaient importantes dans votre vie, ou peut-être ne sont-ils pas arrivés à soutenir le développement de votre indépendance. Dans tous les cas, le fait que vous vous accrochiez aujourd'hui à quelqu'un est basé sur une vieille illusion. Telle qu'elle se manifeste maintenant dans votre vie, cette illusion peut s'énoncer ainsi : *La mère ou le père vers lequel vous vous tourniez pour vous sentir bien, fort et en sécurité se trouve dans la personne avec qui vous êtes en relation ; par conséquent, si vous pouvez obtenir de cette personne qu'elle vous aime, tout ira bien.* Vous éprouvez le besoin irrésistible de retrouver cet état de fusion avec cette personne-là, une personne qui ne pourrait en aucun cas combler un tel besoin enraciné dans votre petite enfance. Cela signifie que vous êtes en état de dépendance.

LA DÉPENDANCE D'HÉLÈNE

Revenons à Hélène, la jeune rédactrice qui est dépendante de son amant abusif. Regardons son cas en fonction des trois niveaux psychologiques d'attachement. Il est clair qu'il n'y a pas grand-chose qui la lie à Pierre au niveau des considérations pratiques. Il n'y a pas de circonstances précises comme une dépendance économique ou de jeunes enfants. Elle est brillante, séduisante, sociable, elle peut très bien prendre soin d'elle-même, et elle est capable de nouer de nouvelles relations. Il n'y a pour elle aucune raison pratique significative de rester dans une relation destructrice.

Si l'on examine le second niveau, celui des croyances, nous voyons qu'Hélène s'accroche à la croyance sans fondement que Pierre l'aime vraiment mais qu'il a seulement des difficultés à le lui montrer. En parlant avec Hélène, j'ai découvert sa croyance romantique que l'amour triomphe de tous les obstacles. Quant à ses croyances envers elle-même, Hélène, en dépit de tous ses atouts, entretient de sérieux doutes sur son pouvoir de séduire un homme attrayant autre que Pierre. Certaines de ces croyances sont assez puissantes, mais, si les considérations pratiques et les croyances étaient les seuls niveaux d'attachement en cause, Hélène pourrait facilement envoyer Pierre faire sa valise, sans regrets et avec un grand soulagement. Mais ce qui a empoigné Hélène, qui a mis la main sur sa capacité de jauger et de juger, c'est le reste de sa soif d'attachement, et c'est ça qui la pousse à maintenir à tout prix son lien avec Pierre. Sa soif d'attachement est plus forte que sa capacité d'agir efficacement dans son propre intérêt, que ce soit pour améliorer cette relation ou la rompre, et c'est ça qui fait de son lien avec Pierre une dépendance.

ATTACHEMENT OU AIMANTAGE ?

La relation d'Hélène avec Pierre présente aussi beaucoup de caractéristiques de ce qu'on appelle souvent « l'amour romantique ». C'était surtout vrai au début de leur relation, quand le seul fait d'être avec Pierre ou de languir pour lui la faisait passer d'un bonheur excessif à une souffrance excessive.

Pour exprimer cet état de félicité où l'on a l'impression de flotter dans l'air, où l'on est obsédé par la pensée de l'être aimé, où l'on guette intensément tout signe de réciprocité, où l'on se sent oppressé à la moindre incertitude, pour exprimer cet état où l'on ne voit l'être aimé que sous un aspect merveilleux, Dorothy Tennov a inventé le terme *limerence*, que nous traduirons ici par *aimantage*[4]. La plupart des relations de dépendance commencent par un aimantage. On est submergé au départ d'attirance et d'excitation. On a souvent la sensation d'avoir trouvé la clef du bonheur. Les drogués parlent du « rush » qu'ils ressentent quand la drogue fait irruption dans leurs veines. Dans le même sens du mot, on peut voir l'aimantage comme le « rush » de la soif d'attachement. C'est l'essence concentrée et idéalisée de l'illusion de fusion.

On comprend alors pourquoi, dans son livre *Le chemin le moins fréquenté*, M. Scott Peck dit que « tomber en amour » (aimantage) n'a rien à voir avec l'amour authentique. Pour lui, c'est plutôt une régression qu'une progression.

> Par certains côtés (mais certainement pas tous), l'acte de tomber en amour est un acte de régression. L'expérience de ne faire qu'un avec l'être aimé éveille des échos du temps de la petite enfance où l'on ne faisait qu'un avec notre mère. On éprouve à nouveau, en plus de la fusion, ce sentiment de toute-puissance que l'on avait dû abandonner au cours de notre cheminement hors de l'enfance. Rien n'est alors impossible. En ne faisant qu'un avec l'être aimé, on pense que l'on va vaincre tous les obstacles. On croit que la force de notre amour va obliger tout ce qui s'oppose à nous à s'incliner, à se soumettre, et à disparaître dans l'ombre. Tous les problèmes vont être résolus. Le futur sera lumineux. L'irréalité de ces sentiments que l'on éprouve lorsqu'on tombe en amour est essentiellement la même que l'irréalité de ce que ressent un enfant de deux ans qui se croit roi de sa famille, maître du monde et nanti d'un pouvoir illimité[5].

4. Dorothy Tennov, *Love and Limerence*, Briarcliff, New York, Stein & Day, 1979.
5. M. Scott Peck, *Le chemin le moins fréquenté*, Paris, Robert Laffont, 1987.

Dans la mesure où le fait de « tomber en amour » est basé sur l'illusion de la fusion, cela peut fausser les perceptions de quelqu'un et affecter l'honnêteté de ses interactions avec les autres. Mais il est important de noter que lorsque cette illusion est présente dans une relation *sans la contrôler*, elle peut avoir pour effet d'approfondir et d'intensifier les émotions. Mais elle a pour danger principal de donner éventuellement tant de pouvoir à la soif d'attachement que cette dernière peut empêcher de rompre une relation mal assortie et destructrice, au moins jusqu'à la fin de la période d'aimantage, ce qui arrive généralement quand on fait face à la réalité et qu'on découvre qui est réellement l'autre personne.

L'aimantage peut être un élément important d'une dépendance, mais il est essentiel de savoir que vivre un amour romantique ou un aimantage n'est pas la même chose qu'être dominé par la soif d'attachement. Certaines relations très dépendantes ne sont jamais passées par un stade d'aimantage. Et même quand les émotions d'aimantage se sont évanouies depuis longtemps, il peut demeurer un lien très puissant fait de besoins d'attachement. Il peut même arriver que l'objet de votre soif d'attachement soit quelqu'un que vous méprisez, ou qui vous effraie, vous ennuie ou vous déprime. (En fait, les sentiments d'aimantage d'Hélène ont commencé à diminuer longtemps avant qu'elle puisse s'arrêter de s'accrocher à Pierre.)

Il apparaît ainsi que la soif d'attachement est un sentiment très fort. Il peut même durer plus longtemps que les forces magnétiques de l'aimantage et les assombrir. Il peut brouiller votre faculté de jugement, détruire votre détermination et votre volonté, et vous forcer à rester dans une relation dont vous savez qu'elle est mauvaise pour vous. La soif d'attachement est le carburant de votre dépendance. Pour vous libérer de son pouvoir, vous devez tout apprendre sur elle, et savoir comment elle agit sur votre vie.

Chapitre 3
Le retour d'un souvenir

Si vous voulez comprendre votre soif d'attachement, il est essentiel que vous vous rendiez compte que ce n'est pas pour vous un sentiment nouveau. Son apparition dans votre relation actuelle n'est pas la première. C'est le retour d'un souvenir. C'est une émotion qui remonte à une époque bien antérieure. Il est possible que vous en ayez oublié la plupart des détails, mais quand les *émotions* reliées à ce souvenir remontent à la surface sous l'effet de la perte d'une relation importante, ou de l'anticipation de cette perte, ces émotions peuvent devenir aussi vivaces et réelles maintenant que lorsque vous les avez ressenties la première fois. Et cette première fois, c'était pendant les premiers mois et les premières années de votre existence. Cela veut dire que, lorsque vous êtes dominé par la soif d'attachement, votre état mental est sous beaucoup d'aspects identique à celui que vous aviez quand vous étiez un nourrisson ou un jeune enfant. C'est l'expérience d'un être vulnérable qui a besoin qu'on s'occupe de lui, qui a des perspectives limitées, un jugement pas encore développé, de faibles capacités de jugement rationnel, et pas de volonté. Et il n'est pas nécessaire d'avoir eu une enfance traumatisée ou malheureuse pour avoir connu ces sentiments primitifs de dépendance. Ils font partie de l'héritage de chacun. Ils sont déposés dans les banques mémorielles de chacun. Alors, quand la soif d'attachement prend le dessus, vos facultés de penser et de juger sont déformées et dominées par les émotions intenses d'une époque où vous étiez sans défenses.

Le temps infantile

Quand la soif d'attachement prend le dessus, il se passe des choses étranges dans votre perception de la durée. La soif d'attachement, qui est un souvenir de l'enfance, vous transporte de fait, dès qu'elle vous domine, dans le *temps infantile*. Et le sens de la durée dans le temps infantile est différent de celui du temps adulte. Ainsi :

> Le nourrisson tète le sein de sa mère et la regarde constamment dans les yeux. Cet instant de félicité est tout ce qui existe. Que sait-il de demain ? Des cinq prochaines minutes ? Il a « oublié » qu'il pleurait juste la minute d'avant. Cet instant, cet état, est le temps tout entier.

Comparez ce texte avec les paroles d'une femme de trente ans qui est très malheureuse de sa relation avec Jacques :

> Ça ne passe pas souvent bien entre Jacques et moi, mais quand ça va et que nous passons, disons, un week-end ensemble, c'est comme deux semaines de vacances. Même un après-midi à faire l'amour nous transporte hors du temps. Je ne pense même plus à tout ce qui va mal entre nous. Seules existent les bonnes choses.

Ou considérez l'expérience pénible d'un nourrisson :

> Il a faim. Il pleure et il crie. Il n'y a pas de réponse immédiate. Pour un adulte, il se passe peut-être trois minutes, le temps que maman fasse chauffer le biberon. Mais combien de temps dans le temps infantile ? Un siècle ? Une éternité ? Une frustration sans limites étendue sur une dimension incompréhensible ?

Prêtez maintenant attention à ce directeur de publicité et remarquez les ressemblances avec l'expérience du nourrisson :

> J'ai téléphoné, et personne n'a répondu. Je sais que j'étais stupide, je savais qu'il lui arrivait souvent de rentrer tard chez elle, mais, sans doute à cause de cette discussion que nous avions eue, je ressentais ce pincement d'anxiété. Je me suis dit que je la rappellerais dans une demi-heure, mais, après trois minutes, trois très longues minutes, je recomposai son numéro. Je laissai sonner vingt fois. À ce moment-là, j'étais vraiment tendu. Je sentais la montée d'adrénaline. Je l'ai appelée toutes les deux minutes durant l'heure suivante, et chaque fois j'avais l'impression qu'il s'écoulait une éternité. Je regardais cette pendule stupide comme si elle se moquait de moi, comme si elle s'obstinait à ralentir…

Tout petit enfant a vécu une expérience semblable à celle décrite ci-dessous :

> La gardienne arrive. Papa et maman se préparent à sortir. Tout en sachant qu'il ne peut pas comprendre, ils lui disent qu'ils vont bientôt revenir, juste dans quelques heures. Ils s'en vont. Il crie, il hurle, il retient sa respiration. Ils sont partis. Comment peut-il savoir qu'ils vont revenir ? Ils sont partis pour toujours. Chaque seconde sans eux est une éternité.

En voici des équivalents adultes :

> J'éprouvais l'envie insupportable d'appeler Solange avant qu'elle parte pour le week-end et de lui lâcher que je ne pensais pas ce que je disais quand je lui avais dit que je voulais rompre, et que j'irais passer le week-end avec elle comme prévu. Mais une autre partie de moi-même savait

que tout ça n'avait pas grand-chose à voir avec Solange elle-même. Ça avait plus à voir avec la perspective d'un week-end solitaire où je n'avais rien de prévu. Et la météo annonçait du beau temps, le week-end allait sembler encore plus long, non pas quarante-huit heures, mais plutôt quarante-huit jours ou quarante-huit ans de solitude. Comment réagir à une telle condamnation ?

Si je romps avec Albert, je sais que je serai seule pour toujours. C'est tout ce que je peux voir — de la tristesse et de la solitude s'étendant à l'infini.

Ces distorsions du temps peuvent, mieux que toute autre expérience, vous faire comprendre que les origines de la soif d'attachement remontent à la petite enfance. Mais il y a un paradoxe : une fois que la soif d'attachement a pris le dessus, vous ne vous rendez pas compte que ce sont des distorsions ! Il faut que vous ayez au moins un pied en terrain ferme, hors de la soif d'attachement, pour voir le temps selon une perspective plus adulte et pour reconnaître que vous le déformez. C'est donc lorsque vous vous trouvez *hors* des griffes de la soif d'attachement que vous devez vous y préparer, en prévoyant les distorsions du temps et en trouvant des façons de rétablir une perception adulte du temps. La femme qui disait « Si je romps avec Albert, je sais que je serai seule pour toujours... », cette femme a commencé par se rendre compte qu'elle ne ressentait cela que lorsqu'elle était dans les affres de la soif d'attachement. Elle ne voyait pas les choses de la même façon quand ses perspectives, n'étant pas troublées par la panique, étaient plus réalistes. Elle a donc commencé à écrire une série de ce qu'elle appelait des « Messages à moi-même ». Ainsi, l'un d'entre eux :

À : mon Petit Moi
DE LA PART DE : mon Grand Moi

Si tu romps avec Albert, tu vas avoir l'impression que tu vas rester seule pour toujours. Tu vas être terrifiée à l'idée de l'éternelle peine d'une solitude éternelle. Mais c'est juste ta perception infantile du temps. En tant qu'adulte, je peux t'assurer qu'il y a un lendemain, et je te promets que tu vas recommencer à te sentir bien.

IMPORTANT : Je t'ordonne de prendre ce message et de le relire encore et encore au premier signe de panique.

Un autre message disait :

> Tu auras l'impression que ton angoisse durera toujours. Tu vas vraiment y croire et tu seras tentée de te soulager en lui téléphonant et en faisant tout recommencer. Ne le fais pas ! Cela te ramènerait au point de départ. Appelle une amie, prends un bain, bois du vin, refais le rangement de tes placards, mais ne l'appelle pas. L'angoisse finira par passer.

Et un autre :

> Si tu arrives à passer à travers cette première nuit de désespoir qui aura l'air sans fin, *et tu peux y arriver*, alors tu pourras passer à travers la nuit suivante. Et la douleur sera de moins en moins forte. La douleur n'est pas infinie. Il y a un lendemain. Tiens bon, et tu pourras vivre un nouveau commencement.

Écrire ces messages l'a aidée. Les lire, quand elle était submergée par la douleur et le temps infantile, l'a aidée. Elle lui a pourtant téléphoné quelques fois, et elle s'est rendu compte à nouveau que c'était une erreur. Alors elle s'écrivait un message sur son erreur. Petit à petit, elle est arrivée à se maintenir dans le temps adulte, et, de cette hauteur, elle s'étonnait d'avoir pu perdre une telle perspective.

Les amis qui savent que vous essayez de rompre une relation fortement dépendante peuvent vous aider à ne pas prendre d'initiatives quand vous êtes sous l'emprise du temps infantile.

L'homme qui « éprouvait l'envie insupportable d'appeler Solange avant qu'elle parte pour le week-end », celui qui s'imaginait avec horreur que ce week-end sans Solange allait durer « quarante-huit ans de solitude », cet homme était prêt à céder à la panique, et il a pris le téléphone pour appeler Solange. Mais au moment de composer le numéro, il s'est arrêté et a composé à la place le numéro d'un ami qui connaissait son combat intérieur pour rompre avec Solange. « Je ne peux pas le supporter », dit-il à son ami. « Je ne vais jamais arriver à tenir tout le week-end. » Son ami avait déjà fait lui-même l'expérience d'un tel état, et il lui dit : « Bien sûr que tu vas traverser ce week-end — ça ne dure que deux jours, pas deux siècles. Écoute, ce soir je vais à une fête pour célébrer l'ouverture du nouveau magasin de mon frère. Ça devrait être animé. Tu viens ? On pourra parler après. » Ce contact avec son ami, cette confirmation que le week-end ne durerait pas une éternité, cette invitation à aller à la fête et à parler ensuite, tout cela lui a permis d'éviter d'appeler Solange et de traverser le week-end avec beaucoup moins de souffrances qu'il ne l'avait imaginé.

Non seulement cela l'a-t-il aidé à rétablir sa perception du temps, mais le fait de constater que son ami était disponible a satisfait une partie du manque existant au niveau de sa soif d'attachement. Cette découverte lui a permis de réaliser qu'il y avait d'autres gens vers lesquels il pouvait se tourner, qu'il pouvait prendre l'initiative de les rejoindre, et qu'il pouvait y avoir de la vie et de la lumière en dehors de sa relation avec cette personne, Solange.

Je connais quatre femmes qui sont amies et qui ont parlé entre elles de leur tendance à s'accrocher trop longtemps à de mauvaises relations. Elles firent un pacte pour s'entraider face à ce problème. Elles s'entendirent sur le fait qu'elles pouvaient s'appeler l'une l'autre chaque fois que la soif d'attachement devenait incontrôlable. Un des plus grands bienfaits qu'elles en retirèrent fut qu'elles s'aidèrent à passer à travers les moments de panique ou de douleur en se sauvant mutuellement de la tyrannie du temps infantile. Il suffisait parfois d'entendre : « Tu peux très bien traverser cette nuit, et tu te sentiras bien mieux demain – mais je suis là si tu as besoin de moi» pour non seulement soulager celle qui souffrait, mais aussi pour l'empêcher de prendre des initiatives qu'elle aurait regrettées plus tard (voir le chapitre 16).

Si vous trouvez que ça ressemble à des groupes comme les Alcooliques Anonymes, vous avez raison. Les alcooliques ont affaire à une dépendance, et vous aussi. Et l'organisation AA est depuis longtemps consciente du besoin qu'ont ses membres de s'entraider pour ne pas être submergés par le temps infantile, bien qu'ils ne s'y renvoient pas en ces termes. Ce n'est pas un hasard si le livre de Al-Anon s'appelle *One Day at a Time*[1] (Un jour à la fois). (Al-Anon regroupe les membres des familles d'alcooliques.) Si vous avez tendance à tomber dans un état de distorsions du temps quand vous rompez une mauvaise relation, ou quand vous vous y préparez, il est essentiel que vous sachiez identifier les moments où vous êtes sous l'emprise du temps infantile. Plus vous parvenez à vous empêcher d'agir quand vous voyez le monde de manière infantile (avec de la solitude-pour-toujours et des souffrances-éternelles), plus la panique s'efface. Au moment où cela arrive, le temps adulte reprend sa place dominante, devient plus rapide et même s'accélère. Les étés sans fin de l'enfance ont malheureusement laissé la place à la constatation étonnée: «On n'a plus d'été.» On a dit que la vie était un train qui partait comme un omnibus et qui finissait comme un express. Donc la question importante vis-à-vis du temps, ce n'est pas que vous soyez seul pour toujours ou blessé pour toujours, mais que le temps est trop précieux pour être gaspillé dans une mauvaise relation.

1. *One Day at a Time in Al-Anon* est édité par Al-Anon Family Group Headquarters, Inc., 1973, P.O. Box 182, Madison Square Station, New York, N.Y. 10010. Ce livre peut être d'une aide précieuse quand on a affaire à n'importe quelle dépendance, y compris envers une personne.

La mémoire corporelle

Il arrive souvent que les émotions liées au niveau de la soif d'attachement se rappellent physiquement à notre souvenir, parce que ce sont des émotions apparues avant les mots, avant que le nourrisson ait acquis un vocabulaire pour définir ces émotions et les exprimer. Les réactions corporelles individuelles varient en fonction de la satisfaction de la soif d'attachement. Voici la description de ce que quelqu'un peut ressentir quand ses besoins d'attachement *sont comblés* dans une relation amoureuse :

> Quand tout va bien entre nous, je me sens légère comme l'air. Je me sens lumineuse à l'intérieur, je suis heureuse… Je sais que mon visage rayonne et je suis tellement détendue, langoureuse même. Quelquefois, je m'étire comme un chat…

(On reconnaît là les symptômes de l'amour romantique, ou de l'aimantage, ce qui va souvent de pair avec la soif d'attachement.)

Mais quand une relation va mal et que les besoins d'attachement sont frustrés ou menacés, les gens décrivent ainsi leur expérience :

> C'est une attente de mon corps tout entier. Mon esprit me dit clairement que mon amie me fait du mal, mais ensuite mon esprit est envahi par cette douleur qui surgit vraiment de partout, surtout au ventre et à la poitrine. C'est comme si ma peau avait besoin de sa peau.
>
> J'ai rêvé qu'elle m'abandonnait et, quand je me suis réveillé, mon cœur battait la chamade et je haletais pour reprendre mon souffle. J'avais mal à la poitrine et j'ai cru que j'allais avoir une crise cardiaque. Je suppose que c'est ce qu'on veut dire quand on dit qu'on a le cœur brisé.
>
> La première fois où je lui ai dit que tout allait mal et qu'il fallait qu'on se sépare, je me suis d'abord sentie soulagée. Mais ensuite j'ai été envahie par une épouvantable

> tristesse. Il n'y avait pas moyen d'en sortir. Je pleurais, je pleurais à n'en plus finir, mais ça ne m'aidait même pas. Mes tripes étaient nouées, je ne pouvais rien avaler. J'ai perdu deux kilos en deux jours. Chaque fibre de mon corps voulait l'appeler, et il fallait que je relise mon journal pour me rappeler à quel point ça allait mal entre nous…

La soif d'attachement est composée d'émotions primitives et puissantes qui sont profondément inscrites dans votre musculature et dans la chimie de votre organisme. Comment peut-on éviter d'être dominé par ces intenses réactions physiologiques ? Tout d'abord, vous pouvez commencer par arrêter de vous raconter des histoires avec vos croyances en forme de clichés, comme si le fait de ressentir votre lien avec l'autre personne de façon si intense et si physique (« je le sens dans mon cœur, je le sens dans mes tripes ») signifiait que ces réactions sont des signes de vérité, que c'est *réellement* ça que vous sentez et que vous voulez. Pas un mot de vrai. Ces fortes réactions physiques ne sont pas plus *réelles* que le jugement pesé et rationnel qui vous dit de rompre cette relation (ou que ces autres réactions physiques de dépression ou de tension que vous vivez quand vous restez dans cette relation). Les réactions physiques de la soif d'attachement viennent seulement d'un autre niveau que votre jugement, un niveau si précoce dans votre histoire qu'il peut difficilement vous servir de guide dans vos décisions d'adulte. Il est donc essentiel que vous arrêtiez d'*idéaliser* vos sentiments d'attachement s'ils vous poussent à prendre des décisions contraires à votre intérêt. Il faudra aussi que vous vous empêchiez de prendre des décisions concernant votre relation quand vous serez sous l'emprise de ces sentiments primitifs. Vous devrez vous retenir jusqu'à ce que votre corps se détende, que votre esprit s'éclaircisse et que vous ayez retrouvé vos perspectives adultes. C'est souvent extrêmement difficile, car les sensations physiques ont souvent une intensité si forte qu'elles peuvent vous faire perdre de vue l'ensemble de la situation et oublier vos objectifs.

Hélène parlait ainsi de Pierre : « *Chaque fibre de mon corps* voulait l'appeler, et j'avais besoin de me rappeler à quel point ça allait mal entre nous. » Ses réactions physiques et émotives envers Pierre étaient si fortes que, quand elles survenaient, elles effaçaient de sa mémoire sa décision de mettre fin à la relation ! Elle ne pouvait même pas se souvenir de ce qui allait mal entre eux (c'est une réaction courante). Ou bien, si elle s'en souvenait, elle transformait ses sentiments en : « Ce n'était pas si pire. » Je l'ai poussée à tenir un journal de tous les incidents destructeurs qui la rendaient malheureuse, et à écrire ce qu'elle ressentait le plus tôt possible après leur occurrence. Ainsi, elle pourrait revenir en arrière, se rappeler ces incidents, et s'en servir pour se souvenir des raisons qui la poussaient à vouloir rompre. Elle a tenu ce journal, et, chaque fois que Pierre lui manquait et qu'elle ne voyait pas pourquoi elle ne le verrait pas, elle relisait ce qu'elle avait écrit. Alors, lentement, et souvent après quelque résistance, elle revenait à la réalité. C'était très efficace pour renforcer sa résolution. (Voir, au chapitre 15, les diverses techniques d'écriture utiles pour rompre une dépendance.) Plus elle s'est rendu compte que ses intenses réactions physiques n'exprimaient pas des vérités de l'instant mais de vieux souvenirs, plus elle est arrivée à s'empêcher d'agir pendant qu'elle était sous leur emprise.

Chapitre 4
Je ne peux pas vivre sans toi

La soif d'attachement est souvent accompagnée du sentiment que la continuation ou la fin d'une relation est une question de vie ou de mort. En y regardant de près, ce n'est pas surprenant. À une lointaine époque de votre vie, vous aviez besoin que quelqu'un s'occupe de vous sinon vous seriez mort. Et ce fait est inscrit dans vos neurones. Maintenant, vous êtes biologiquement autosuffisant. Vous pouvez satisfaire vos propres besoins de boire, de manger, de vous abriter et de vous nettoyer. Mais quand aujourd'hui vous êtes attaché à quelqu'un, le fait ou l'idée de le perdre peut réveiller en vous les vieilles peurs que votre vie même soit en danger. Une femme l'a exprimé en ces termes :

> Quand Martin est parti, j'ai cru que j'allais mourir. Et je ne dramatise pas. J'ai cru d'abord que la douleur allait me tuer, mais elle s'est transformée en engourdissement. Je restais au lit, je ne mangeais rien pendant des jours, je sentais mes forces s'affaiblir. Je n'avais pas peur de mourir, mais je ne voulais pas spécialement mourir. Je sentais simplement que j'allais vers la mort, comme si je m'épuisais à en mourir.

Cette femme a employé les mêmes mots que ceux utilisés par les médecins qui ont étudié les effets de l'« hospitalisme » sur les très jeunes enfants. Ces enfants qui ont été séparés de leurs parents et transférés dans des institutions impersonnelles où l'on satisfaisait leurs besoins physiques, mais où ils n'étaient pas portés, serrés, bercés, câlinés, où ils ne recevaient aucun contact affectueux. Au début, ces enfants hurlaient et manifestaient leur protestation par la colère, mais par la suite ils s'effondraient dans un état de désespoir et de détachement qui, avec le temps, entraînait un épuisement total dont l'ultime étape était souvent la mort. Nous avons ainsi appris que les jeunes enfants ont besoin d'une présence intime, peau contre peau et yeux dans les yeux, et que ce besoin est aussi indispensable à leur survie que leurs besoins physiques. Selon que ce besoin vital a été plus ou moins comblé durant votre enfance, vous avez un degré différent de confiance en vos capacités de survie le jour où vous perdez un lien important avec une personne proche. Bien sûr, pour que vous ayez, vous, des vestiges de sentiments que votre vie est en jeu dans une relation, il n'est pas nécessaire que vous ayez vécu une absence d'intimité aussi grave et aussi traumatisante que les enfants institutionnalisés mentionnés ci-dessus. Même si vous avez eu un passé beaucoup plus « normal », vous pouvez sentir comme pure vérité ce « Je ne peux pas vivre sans lui (ou sans elle) ».

La femme qui disait « Quand Martin est parti, j'ai cru que j'allais mourir » est effectivement restée au lit pendant plusieurs mois. Elle était trop dépressive pour aller travailler ou pour s'occuper des tâches ménagères. Elle n'avait plus d'énergie ni d'espoir, et elle se sentait vraiment en train de mourir. Le fait que sa dépression l'immobilisait l'a amenée à entreprendre une psychothérapie avec moi. En explorant ses premières relations, j'ai appris qu'au cours des premières années de sa vie, sa mère avait souffert d'une grave maladie intestinale qui la retenait souvent à l'hôpital. Ce n'était pas très difficile de voir le lien entre ses expériences répétées d'abandon, à une époque où sa survie était inséparable de son attachement avec sa mère, et son effondrement quand Martin l'a quittée. Plus elle a pris conscience de ce rapport, plus elle a pu voir clairement qu'elle était aujourd'hui paralysée parce qu'elle revivait ces expériences de terreur et d'abandon de son enfance, et plus elle s'est rendu compte qu'en tant que femme adulte elle pouvait continuer sa vie sans Martin. Ça a été pour elle un combat difficile, mais elle était soutenue par cette prise de conscience grandissante. Elle apprenait qu'en réalité elle pouvait survivre et reconstruire.

La plupart des gens qui croient qu'ils ne pourraient pas survivre à la perte d'un amour n'ont pas eu une enfance aussi troublée que celle de cette femme, et ils ne se mettent pas au lit pour des mois. Mais même si vous n'avez pas eu dans votre passé des manques aussi évidents de sécurité, vous pouvez être vulnérable à ce « Je ne peux pas vivre sans lui/elle » à cause d'expériences plus ordinaires durant votre enfance, par exemple l'absence occasionnelle d'un de vos parents, physiquement ou émotivement. Et *cette peur peut être aussi intense si vous êtes celui ou celle qui s'en va que celui ou celle qui est abandonné.*

Vous avez donc vous aussi à savoir faire la différence entre votre situation actuelle et les sentiments de dépendance qui viennent du niveau de votre soif d'attachement. Vous devez d'abord reconnaître que vos sentiments actuels sont un message venu de votre passé. Quelque chose a eu lieu au cours de votre existence qui a peut-être intensifié les doutes que vous entreteniez normalement durant votre enfance sur votre capacité à survivre quand une relation essentielle était rompue. Il est très utile de se concentrer sur cette période de votre vie. Qu'est-ce que vous en connaissez ? Certaines circonstances ont-elles pu troubler les sentiments rassurants quant à votre survie que vous communiquaient les personnes les plus proches de vous ? Est-ce que votre mère était souvent absente ? Était-elle malade ? Est-ce qu'elle a été spécialement préoccupée par d'autres facteurs d'inquiétude ? L'avez-vous « perdue » un moment à cause de la naissance d'un frère ou d'une sœur ? Vos parents étaient-ils souvent tous deux occupés et non disponibles ? Et vous-même ? Avez-vous été gravement malade au cours de vos premières années ? Avez-vous été hospitalisé ?

Il n'est pas nécessaire que ces circonstances soient aussi précises pour que vous ressentiez le besoin de vous accrocher au souvenir universel d'avoir besoin d'une autre personne pour survivre.

Rassemblez tous les souvenirs que vous pouvez trouver sur cette période, cela va vous aider. Posez des questions. Regardez des photos. Essayez de vous concentrer sur vos souvenirs les plus vagues. C'est généralement le souvenir d'une ambiance ou d'une humeur qui est le plus important, comme dans le cas de cette personne qui dit : « Je ne peux me souvenir de rien de spécial, mais il y a cette impression que ma mère était souvent distraite et que j'avais peur qu'elle me laisse tomber par terre. Mais à d'autres moments, quand elle était tout à fait là, je me sentais en sécurité. »

On a quelquefois des souvenirs plus spécifiques. Un homme a ainsi découvert que la terreur qu'il ressentait à l'idée de rompre une relation très destructrice lui laissait la même sensation que la terreur ressentie dans sa petite enfance, une nuit qu'il s'était éveillé avec une soif intense, et qu'il avait pleuré pour que ses parents viennent. D'habitude, ils arrivaient rapidement, mais pas cette nuit-là, parce qu'ils s'étaient absentés, sans doute pour un bref moment, chez leurs plus proches voisins. Cet homme pouvait se rappeler avoir ressenti qu'ils étaient partis pour toujours et qu'il allait mourir. Il se souvient qu'après avoir pleuré pendant ce qui lui avait semblé être une éternité, il s'était recroquevillé en gémissant dans un coin du berceau. Et il savait que c'était ces horribles émotions qu'il craignait de revivre s'il mettait fin à son attachement malheureux actuel. (Cet unique incident n'est pas *la cause* de l'intensité de ses réactions présentes. Une exploration approfondie a montré que l'« incident du berceau » symbolisait pour lui l'atmosphère familiale de non-disponibilité de ses parents.)

Sur mes conseils, il s'est écrit à lui-même des messages de la part de l'adulte en lui qui avait une perspective plus saine de la situation. L'un d'entre eux disait : « Ne panique pas, petit. Tu n'es plus un bébé. Tu ne pourrais même pas entrer dans ce berceau. Et si tu étais dedans et que tu avais soif, tu aurais juste à en sortir et à aller te chercher toi-même un verre d'eau ou te faire un Bloody Mary. Et tu n'as pas non plus besoin de Sylvie pour le faire à ta place. Tu peux vivre sans elle. » Il commençait à *comprendre* vraiment que ce n'était pas nécessaire à sa survie de maintenir son lien avec Sylvie.

Un examen de votre propre histoire au cours de vos premières années peut vous aider à trouver les périodes où vous avez pu vous sentir vulnérable. Même si vous n'en retrouvez pas beaucoup, cela va vous aider à vous concentrer sur le fait essentiel que la rupture de votre relation actuelle ne présente, en vérité, aucune menace pour votre vie, mais que vous en avez seulement l'impression parce que cela réveille des émotions issues d'une période plus fragile. Si vous avez survécu à cette période, vous pouvez certainement survivre aujourd'hui.

EXISTENCE OU NON-EXISTENCE

Il est bien plus important de survivre en tant qu'être humain que de simplement rester en vie physiquement. Votre attachement à votre mère a également joué un rôle important dans la survie de votre entité *psychologique*. Il y eut une période, quand vous étiez très jeune, où vous n'arriviez pas encore à distinguer votre individualité de celle de votre mère. Quand votre mère vous répondait en tant qu'être distinct, qu'elle comprenait le langage de vos pleurs, qu'elle vous renvoyait vos sourires, qu'elle vous parlait, qu'elle jouait avec vous, qu'elle échangeait avec vous, vous appreniez alors que vous étiez vous-même une entité qui pouvait provoquer des réactions chez une autre personne. Il n'est pas nécessaire qu'elle ait réagi adéquatement ou qu'elle vous ait tout le temps gratifié, mais si elle répondait la plupart du temps à vos besoins, elle vous aidait à vous percevoir comme une entité distincte d'elle, même si parfois elle ne vous répondait pas. Et maman n'était pas le seul facteur de ce développement. La réponse des autres personnes qui vous entouraient était aussi importante. Quand votre père communiquait et s'impliquait avec vous, il vous apprenait que vous n'aviez pas besoin de cette unique personne, votre mère, comme seule source de votre sens de l'existence. La solution de remplacement qu'il vous offrait vous aidait, même quand votre mère était empathiquement accordée avec vous et, si elle ne l'était pas, cette solution était cruciale. Un de vos parents, ou les deux, a pu manquer de cette disponibilité empathique, peut-être simplement parce qu'il en possédait peu, ou qu'il était déprimé ou soucieux. Dans ce cas, il se peut que vous n'ayez pas été très bon dans votre capacité de pouvoir réfléchir sur vous-même en ces termes : « Je suis assez important pour avoir une influence sur un autre être humain. J'existe réellement. »

Si vous avez quelque doute sur votre existence, il se peut que vous cherchiez à sentir que vous existez en vous attachant à des gens auxquels vous confiez la tâche de rectifier l'échec de vos parents à vous faire sentir réel. Et si ces personnes n'y arrivent pas non plus, vous pouvez très bien recommencer à avoir des doutes sur votre existence. Ceci est particulièrement vrai dans une relation amoureuse, mais peut même se manifester de mille petites façons dans des interactions ordinaires. Anne est une jeune femme venue me consulter parce qu'elle était découragée que ses relations avec les hommes ne durent jamais. Il lui arrivait souvent de mettre fin à une relation en congédiant son partenaire et en lui reprochant avec colère de ne pas avoir suffisamment répondu à ses attentes. (Parfois c'était les hommes qui rompaient en lui reprochant d'être trop exigeante.) Mais le même thème se manifestait aussi dans d'autres interactions. Une fois elle était en émoi parce que deux personnes avec qui elle travaillait étaient en train de parler à son arrivée et « n'avaient même pas levé la tête pour dire bonjour. Je me suis demandé ce qui se passait. Est-ce que je n'existe pas ? » Une autre fois, elle est arrivée à une session en disant : « Qu'est-ce qui ne va pas avec Alain, le préposé à l'ascenseur ? Non seulement il ne m'a pas saluée, mais il avait l'air de regarder au travers de moi comme si je n'étais pas là. » Quand nous avons reconstruit son histoire, il devint clair que sa mère avait souffert d'une dépression post-partum après sa naissance, et que sa dépression avait duré pendant les premières années de la vie d'Anne. Ce n'est pas difficile d'imaginer les innombrables fois où Anne, durant sa petite enfance et son enfance, a dû sentir sa mère dépressive « regarder au travers d'elle » et ne pas réagir à son existence.

Un auteur à succès de dramatiques télévisées, Marc, parlait souvent de la sensation d'être « ébranlé » ou « brisé » quand il sentait que les autres ne lui donnaient pas tout le soutien ou l'approbation qu'il demandait. Il cherchait désespérément des contacts qui puissent étayer la conscience fragile qu'il avait de lui-même. Il était souvent désespéré quand sa femme n'était pas assez attentive à ses besoins ou qu'elle ne répondait pas à ses attentes muettes. Au cours d'une session de thérapie, il a mentionné qu'il était parfois difficile pour lui d'identifier ses sentiments dans le court espace d'une session hebdomadaire. Vers la fin de l'heure, je lui ai dit : « Je vous ai entendu dire que vous aimeriez disposer de plus de temps. Je vais voir si je peux arranger des sessions supplémentaires. » Quand Marc est arrivé, la fois suivante, sa posture était plus ferme et son pas plus assuré. « Je me suis senti très fort, très bien... C'est comme si l'armature métallique qui me soutient avait été fragile et pleine de trous. Mais vous avez écouté mes besoins et vous y avez répondu, et le fait que vous ayez été en contact avec moi a fait disparaître les trous et consolidé l'armature. »

Les trous dans l'armature de Marc n'ont pas disparu une fois pour toutes dans un instant magique, mais il soulignait ainsi un aspect important du processus qui, pensait-il, pouvait renforcer son sens de l'existence. D'où venaient ces trous ? Il parlait souvent de sa petite enfance comme d'une période où il ne s'était pas senti regardé ni entendu dans sa famille. Il exprimait cette expérience de cette façon typique : « Je peux visualiser ma mère dans la cuisine. Elle est toujours là, mais toujours de dos. »

Si vous êtes devenu dépendant d'une personne pour vous faire sentir que vous existez, vous êtes alors en train de payer un prix émotionnel très élevé, même quand la relation est à son meilleur. Et si c'est une relation malheureuse (et elle l'est certainement si elle doit porter le fardeau de votre sens de l'existence), et que vous devez envisager la possibilité d'y mettre fin, vous allez avoir l'impression que votre existence est en jeu. Dans son livre *I'm Dancing as Fast as I Can*, Barbara Gordon écrit :

> J'essayais de m'accrocher à tous les souvenirs du week-end. Mais je pensais surtout à Luc et j'essayais de me rappeler chaque instant que nous avions passé ensemble et de le faire durer. Mais c'était fini. C'était déjà un souvenir. Comment tant d'heures de prévisions et d'attente ont-elles pu être aussi rapidement reléguées dans l'histoire ? Je commençais à me sentir vide, à me sentir de moins en moins réelle, le bref instant de communication que j'avais eu avec lui était fini. *J'étais invisible*[1].

Rompre une relation avec quelqu'un dont dépend votre sens de l'existence signifie que, tôt ou tard, vous allez devoir prendre le risque d'affronter la terreur de vos propres sentiments d'invisibilité et de non-existence. Une femme de quarante ans, Denise, avait mis fin à son mariage. Des années plus tard, elle était encore tellement terrifiée à l'idée d'être seule qu'elle ne passait jamais un week-end sans la compagnie d'un homme, même au prix de se maintenir ainsi dans des relations épouvantables. Et elle allait ainsi d'une relation épouvantable à une autre, parce que, pour pouvoir mettre fin à une relation désastreuse, elle s'accrochait à un autre homme sans trop s'occuper de savoir s'il lui convenait mieux. Denise est une des quatre femmes du groupe que j'ai mentionné plus haut, celles qui se sont mises ensemble pour s'aider à surmonter les problèmes d'attachement. Les trois autres la poussaient et l'encourageaient à passer un week-end toute seule, ne serait-ce que pour identifier ce qu'elle cherchait si désespérément à éviter. Elles lui montrèrent que même son mariage à dix-huit ans avec son premier amoureux avait été motivé en grande partie par cette peur. Avec

1. Barbara Gordon, *I'm Dancing as Fast as I Can*. New York, Harper & Row, 1979. (C'est nous qui soulignons.)

un grand courage, elle décida d'essayer malgré ses anxiétés. Ses amies lui ont alors suggéré de se laisser aller à vivre toutes ses émotions, même si ça devenait effrayant, et d'essayer d'écrire toutes ses pensées et toutes ses émotions pendant qu'elle passerait au travers de ces « symptômes de sevrage ». Elles lui ont également dit qu'elles seraient toutes trois disponibles si elle voulait les appeler. La semaine suivante, Denise leur raconta qu'elle avait tellement été au supplice, pendant ces jours et ces nuits, que, par moments, elle ne pouvait que hurler, assise dans son appartement. Par la suite, elle a lu ce qu'elle avait écrit pendant qu'elle était au cœur de sa frayeur et de sa douleur. En voici quelques passages :

Quand je ne suis pas en relation avec quelqu'un, je me sens flotter, comme si je n'avais pas d'attaches, comme si je planais au-dessus du sol, dérivant sans but ici et là, terrifiée, cherchant à toucher, à établir un contact…

> Que quelqu'un vienne ! Que quelqu'un vienne ! Prendre soin de moi. Faire attention à moi. Faire ce dont j'ai besoin. Me tenir. S'accorder avec moi. Je suis en train de penser tout ça, mais j'émets en même temps des sons comme un petit enfant terrifié ! Je *suis* un petit enfant terrifié !…
>
> Ne sais pas quoi faire. Lâchée ! Lâchée, pas d'amarres. Pas d'attaches. Pas de lien avec quoi que ce soit. Ne peux pas y voir pour écrire. Trop de larmes. Peux à peine tenir le stylo, peux à peine voir le papier.
>
> Peur, solitude. Tout le monde s'en fiche. Je pourrais mourir, et personne ne s'en soucierait. Seule. Terrifiée. Il n'y a personne nulle part qui se soucie de moi. Il n'y a jamais eu personne. Pas dans le sens où j'en ai besoin. J'en ai besoin. J'ai tellement peur. Tellement seule. Tellement à la dérive.
>
> Flottement, flottement. Je dois toucher. Quelque part quelque chose. Je ne peux pas être comme ça, détachée n'est même pas le mot. Pas de lien. Je vais juste partir dans

l'espace en flottant… Je vais faire n'importe quoi pour arrêter ça. Je vais faire n'importe quoi pour les avoir avec moi. Pour faire attention à moi. Pour prendre soin de moi. J'ai besoin d'elle[2]. Je ne ressens rien. J'ai peur de devenir rien. Je vais juste disparaître en flottant. Mon moi, mon corps vont se désintégrer. Que quelqu'un soit là. Que quelqu'un vienne ! S'il vous plaît s'il vous plaît s'il vous plaît s'il vous plaît.

Pour la première fois de sa vie, Denise avait affronté sa terreur, cette portion de sa soif d'attachement qui gouvernait sa vie. Et, aussi douloureux que ce soit, elle a découvert qu'elle pouvait y survivre, qu'elle avait toutes sortes de ressources — de la force, du courage, de la détermination et un large éventail d'intérêts —, et que ces qualités lui donnaient un sens concret de son existence. Ce week-end mémorable a été pour elle une expérience si forte qu'elle n'a plus jamais laissé la panique la mener dans une relation destructrice, même si sa peur ressurgissait parfois. Elle est devenue libre de choisir ses relations en fonction d'autres besoins, de ses inclinations, de ce qui l'attire.

Tôt ou tard, vous allez devoir affronter votre propre terreur de vivre sans la relation que vous savez devoir rompre, et il se peut que cette terreur soit en partie une terreur de non-existence. Mais il est important de dire que Denise n'a pas simplement décidé tout à coup : « Je vais passer un week-end toute seule et voir ce qui arrive. » Avec autant de frayeur non identifiée, il est douteux qu'elle ait pu prendre cette décision sans avoir fait d'abord beaucoup de travail de base. Et quel était ce travail de base ? Elle était arrivée à reconnaître que ses relations étaient de nature dépendante, au moyen du groupe d'amies qui la soutenaient et de sa psychothé-

2. Denise a été surprise d'écrire « J'ai besoin d'*elle* » alors qu'elle souffrait de ne pas être avec un *homme*, mais cela confirme que sa peur est au niveau de sa soif d'attachement, de la peur de perdre son lien avec sa mère.

rapie personnelle. Elle a pu voir que son besoin de créer des attachements était compulsif et que ce besoin la poussait à s'accrocher à la relation, même si c'était mauvais pour elle. Elle est aussi arrivée à comprendre les racines de sa soif d'attachement. Celle-ci avait été renforcée par la mort de son père, qui l'adorait, alors qu'elle était encore assez jeune et que sa mère n'avait pas la capacité de la soutenir. Denise savait donc qu'elle avait peur de vivre à nouveau ces émotions effrayantes de son enfance. Tout cela l'a aidée à comprendre pourquoi elle devait enfin affronter ses peurs de non-existence et découvrir qu'elle pouvait en venir à bout. Elle savait que, si elle arrivait à le faire, elle avait une chance de se libérer de ses vieux schémas et de mettre fin à sa dépendance.

L'IMPORTANCE DES AMIS

Pour en arriver là, Denise a été aidée par sa thérapie et par son groupe d'amies. Cependant, vous pouvez vous-même y parvenir en reconnaissant que vous êtes dépendant, en voyant ce que cela fait à votre vie, et en comprenant comment la soif d'attachement et ses distorsions agissent sur vous. Mais quand arrive le moment de passer effectivement au sevrage, et surtout s'il y a, sous-jacente à votre dépendance, une terreur de non-existence, vous pouvez avoir besoin d'être aidé par d'autres gens, exactement de la même façon qu'un alcoolique ou un drogué peut avoir besoin d'aide pour se désintoxiquer. Denise a choisi de n'appeler aucune des amies de son groupe pendant qu'elle traversait son supplice, mais elle savait qu'elle aurait pu le faire si elle l'avait voulu. Elle savait que ses amies étaient là, qu'elles étaient cent pour cent avec elle dans ses efforts pour venir à bout de sa dépendance, et qu'elles savaient à quel point ça pouvait être difficile. Ainsi leur « présence » a contribué à la soutenir. De même, cela peut énormément vous aider d'avoir votre propre « groupe » pour vous soutenir si vous allez affronter vos propres monstres en mettant fin à votre dépendance envers quelqu'un. Un tel groupe n'a pas besoin d'être formel.

Encore une fois, quelques amis peuvent faire toute la différence si ce sont des amis qui, individuellement ou tous ensemble, comprennent ce que vous essayez de faire, qui peuvent sympathiser avec vos efforts, et qui s'engagent à être vos alliés dans un tel combat. On a vu à quel point l'aide d'amis peut être importante quand on est sous l'emprise du temps infantile ou quand on a tendance à oublier les raisons de vouloir mettre fin à une relation. De la même façon, un ami ou un réseau d'amis peut affirmer que vous existez, confirmer que vous êtes visible, et vous servir d'amarres quand vous vous sentez dériver. (Pour plus de détails sur la façon d'aider vos amis à vous aider, voir le chapitre 16.)

Chapitre 5
Tu es mon miroir

« Certaines personnes en utilisent d'autres comme une sorte de miroir pour se confirmer qu'elles existent. De la même façon, d'autres personnes utilisent les gens dont ils dépendent comme un miroir pour se définir, pour se dire qui ils sont[1]. » C'est ainsi qu'Althea Horner décrit l'une des chausse-trappes qui peuvent emporter et détruire une bonne relation. Et cela peut aussi être une des raisons pour s'accrocher à une mauvaise relation. Cette dépendance envers une personne pour vous dire qui vous êtes, pour délimiter et même pour créer votre identité, peut vous faire penser que la perte de cette personne signifie la perte de votre Moi. Écoutez ce que disait Hélène après une des nombreuses fois où elle a arrêté de voir Pierre, mais avant qu'elle n'ait pu rompre définitivement avec lui :

> Quand j'étais avec Pierre, je croyais que je connaissais mes propres pensées. Mais maintenant que nous sommes séparés, je ne sais même pas quoi commander au restaurant. Est-ce que c'était de lui que je prenais mes idées ? Je ne sais pas ce que je veux, ni qui je suis, ni qui je suis supposée être. Je peux faire mon travail et être avec des gens, mais je n'ai pas l'impression que ce soit un « moi » qui le fasse.

Hélène sait qu'elle existe, mais son sens de l'identité personnelle est très chancelant. Pendant des années, elle a tiré son identité

1. Althea Horner, *Being and Loving*, New York, Schocken, 1978, p. 17.

de sa relation avec Pierre. Comment peut-il arriver qu'une personne adulte, capable de mener sa vie et de fonctionner efficacement, puisse encore avoir un sens vague de son identité ?

L'expérience d'avoir une identité personnelle a elle aussi des origines anciennes, comme le sens de votre existence et votre foi dans vos capacités de survie. Vos parents vous ont aidé à prendre conscience de votre personnalité propre et unique dans la mesure où ils vous ont considéré comme l'individu particulier que vous étiez plutôt que comme « un enfant » ou « leur enfant » ou une extension d'eux-mêmes. Vous en êtes arrivé à penser non seulement « je suis » mais aussi « voilà ce que je suis ». Cela ne veut pas dire que le comportement de vos parents est la seule source de votre personnalité. En plus d'être influencé par les réactions d'autres personnes, vous avez développé une grande partie de votre sens du « moi » par l'expérience de votre propre corps — ses contours, ses capacités, ses limites — et par l'énergie et les sensations dont il était parcouru. Votre vie intérieure — votre imagination, vos idées, le développement de votre pensée — a aussi été une source de vos sentiments d'identité. Mais le sens de « qui vous êtes » a été principalement formé par les personnes les plus proches de vous au cours de vos premières années. À titre d'exemple, des réponses comme celles-ci vous auraient aidé à vous définir :

> Je sais que tu es en colère (effrayé, excité, etc.).
> Oh ! Regarde comme tu es fort !
> Bonjour, yeux bleus.
> Tu as un joli petit nez en bouton.
> Tu aimes vraiment manger.

D'autres types de réponses parentales peuvent aussi avoir tendance à vous définir, mais en fonction des besoins, des sentiments et des jugements de valeur de vos parents :

> Tu es un gentil (méchant) garçon.

Tu casses tout ce que tu touches.
Tu perdrais ta tête si elle n'était pas si bien attachée.

Si vous avez l'impression que votre sens de l'identité est précaire, il peut être utile de vous demander quel genre de miroir vos parents ont été en vous renvoyant votre propre image. Il y a plusieurs sortes d'altérations de l'identité qui peuvent venir d'une image mal réfléchie. L'une d'entre elles est lorsque vos sentiments de «qui vous êtes» sont vagues et sans forme. C'est ce que certaines personnes veulent dire quand elles déclarent: «Je n'ai pas de personnalité.» C'est la sensation d'être sans identité, ou insignifiant.

Si vous avez l'impression que c'est vrai pour vous, cela peut indiquer que vos parents ont été des miroirs faibles ou embrumés, vous donnant ainsi une image de vous-même mal définie, avec peu de réactions et des réponses minimales. Ce serait encore plus vraisemblable si vos parents ont été dépressifs, renfermés, préoccupés, détachés, ou simplement souvent absents durant vos premières années.

Vous pouvez éprouver une deuxième sorte d'altération de l'identité. Vous pouvez sentir au fond de vous-même que vous n'êtes pas une personne entière, que vous n'êtes pas *complet* tant que vous ne faites pas partie de quelqu'un d'autre. Si cela est vrai, alors vos parents n'étaient sans doute pas un miroir embrumé mais un miroir déformant, un miroir courbé par leur besoin de vous voir comme une extension d'eux-mêmes, ou par leur besoin de vous voir comme ils le voulaient plutôt que de vous réfléchir votre propre image. Cela a pu se manifester par des phrases de ce genre:

Tu es la petite fille à papa.
Tu ne peux pas avoir peur du noir. Regarde, moi, je n'ai pas peur.
Heureusement que tu es là pour aider maman.
Tu n'apprendras jamais à nager — j'ai peur de l'eau.
Tu ne peux rien faire sans moi.

Tout le monde a sans doute entendu ses parents dire ce genre de choses un jour ou l'autre. Mais si vous avez des difficultés à vous sentir une personne complète au lieu d'être dépendant d'une autre personne ou l'extension de ses désirs, alors il est possible que vos parents ne vous aient pas aidé autant qu'ils l'auraient pu en réfléchissant une image de votre *individualité*. Et vous auriez eu besoin de toute l'aide possible parce que, pendant votre petite enfance, le premier sens de « qui vous êtes » incluait votre mère, ou celle qui en tenait lieu. L'individu que vous savez être aujourd'hui n'était alors qu'une partie d'une plus grande entité. Vous ne pouvez vous sentir maintenant comme un être complet en lui-même que dans la mesure où vous avez réussi à concevoir un sens de l'existence comme individu à part et entier, en dehors de cette matrice mère-enfant. Mais si vous n'y êtes jamais parvenu, votre sentiment de *totalité* va dépendre de votre rattachement à quelqu'un d'autre. Pour la plupart des adultes, cette autre personne n'est plus la mère. Il est possible que vous soyez parvenu depuis longtemps à mettre fin au sentiment qu'elle et vous ne faites qu'un[2]. Mais si vous éprouvez le sentiment que vous n'êtes pas complet, il se peut que vous ayez transféré sur quelqu'un d'autre votre quête d'un achèvement. Dans ce cas, lorsque vous êtes sans cette personne ou que vous pensez à rompre avec elle, il peut vous arriver de régresser jusqu'à ce terrible sentiment de vide. Comme l'exprimait un homme marié depuis longtemps : « J'avais l'habitude de l'appeler ma meilleure moitié. Maintenant, je ne la perçois plus comme ma *meilleure* moitié. Mais, même s'il n'y a entre nous rien d'autre que du silence et de la haine, quand je pense à la quitter j'ai l'impression de m'arracher une moitié de moi-même. Je ne sais pas si c'est la moitié de droite ou de gauche, ma moitié supérieure, inférieure, ou, plus vraisemblablement, intérieure, mais quelque chose me manquerait. »

2. Il arrive parfois que persistent à l'âge adulte des liens trop forts et trop restrictifs avec les parents. Si c'est votre cas, je vous suggère mon livre *Cutting Loose : An Adult Guide to Coming to Terms with Your Parents* (édition originale : New York, Simon & Schuster, 1977 ; livre de poche : Bantam, 1978).

Il y a de grandes variations du sens du « moi » d'une personne à l'autre. À un extrême, je pense à un homme que j'avais évalué du point de vue psychologique pendant mon internat dans un hôpital psychiatrique. Dans l'un des tests, il devait dessiner un personnage. Il prit un crayon et dessina un nez dans le coin inférieur gauche de sa feuille. Puis, en se concentrant très fort, il continua par un œil dans le coin supérieur droit, puis par un pied au milieu de la page. Je ne saurai jamais dans quelle mesure il avait une conscience aiguë de ce qu'il faisait, mais il me disait ainsi à quel point son sens du moi était horriblement disloqué et fragmenté.

À l'autre extrême, il y a ces gens qui ont un sens si aigu de « qui ils sont » qu'ils peuvent le maintenir dans différentes situations, dans divers rôles et dans plusieurs relations. La plupart des gens sont entre ces deux extrêmes et sont selon les circonstances plus ou moins fragiles au sujet de leur identité. Comme Hélène, beaucoup acquièrent leur identité en se faisant définir par quelqu'un d'autre. Si Pierre lui disait « Tu es ma femme » ou « Tu es une fille super », ou « Tu es sexy », Hélène se sentait imprégnée de cette identité. Et quand il lui disait « Tu es une garce, je ne supporterai pas que tu me traites comme ça », elle savait où étaient ses limites. Et ce n'était pas seulement ce qu'il disait. Elle se définissait comme sa femme. Elle se définissait comme mauvaise quand il était en colère et comme bonne quand il était content. Elle se définissait comme séduisante quand il réagissait sexuellement et comme peu attrayante quand il n'était pas intéressé. Selon ses réactions à lui, elle se regardait dans un miroir et se voyait clairement belle, ou elle se regardait dans le même miroir et ne voyait qu'un nez trop gros, des seins trop petits et des cuisses trop grasses. Leur relation terminée, elle se sentait informe et désorganisée. Et, bien qu'elle ne fût pas psychotique, comme l'homme qui avait dessiné un personnage en morceaux, elle avait parfois peur de « s'effondrer » ou d'« avoir une dépression nerveuse » si Pierre n'était pas dans son existence.

Les impressions d'être sans forme, amorphe ou de s'effondrer en morceaux ont des racines profondes, mais, bien que leurs origines soient précoces, elles ne sont pas coulées dans le béton. On peut les changer. Mais cela prend beaucoup de travail. Comme d'habitude, cela doit commencer par la prise de conscience que l'altération de votre identité vient du niveau de votre soif d'attachement. En tant que telle, elle est une distorsion de la réalité de « qui vous êtes ». Vous êtes une personne unique, entière et particulière qui ressent faussement qu'elle ne l'est pas. Vous allez devoir trouver toutes sortes de façons de vous le dire. Vos premières tentatives pourront vous sembler des mots vides de sens, mais, si vous les répétez, ils peuvent finir par faire partie de « qui vous êtes ». Par exemple, dans *I'm Dancing as Fast as I Can*, Barbara Gordon mène une lutte pour retrouver son identité : « Je commençai ma litanie. Je suis Barbara, fille de Sally et Lou. Je suis, je suis, je suis. Ce catéchisme ne m'aide pas vraiment. Mais je me dis qu'un jour je marcherai et je parlerai comme n'importe qui d'autre, spontanément et sans répétitions. D'ici là, je pratiquerai mes saluts à Barbara. À force, ça devait marcher. »

Quand Hélène se débattait pour rompre son lien avec Pierre, elle était terrifiée parce qu'elle sentait disparaître son sens du « moi » chaque fois qu'elle sentait se défaire son lien avec lui. Je lui ai alors donné une liste de phrases incomplètes et lui ai demandé de les compléter. Voici quelques-unes de ses réponses :

Je suis

Marie Hélène Simon
une femme
intelligente
rédactrice
catholique
raisonnablement séduisante
gentille
trop grosse

J'étais

Lolo

une mignonne petite fille avec des souliers vernis

une brillante étudiante

timide

Je serai

rédactrice en chef ! ? !

mère

morte

J'aime avant tout

dormir tard

faire du ski

écrire un article de couverture

Ce que j'aime le mieux en moi

je suis honnête

j'essaie de ne faire de mal à personne

j'ai un bon sens de l'humour

Je crois profondément

en Dieu

que je peux avoir un jour une bonne relation amoureuse

aux fées

Si ma relation avec Pierre devait finir

je pleurerais beaucoup et me saoulerais un bon coup

je trouverais tôt ou tard une meilleure relation

je serais encore moi-même

Hélène savait qu'il était important qu'elle développe un sens de « qui elle était » et qu'elle s'y tienne, aussi a-t-elle travaillé fort à des exercices comme celui-ci. Elle faisait souvent des débuts de phrase et s'appliquait à les compléter. Cela l'a aidée à voir qu'elle était une personne hors de Pierre, ce qui était un pas important de sa libération de sa dépendance envers lui. (Vous trouverez au chapitre 17 une liste de phrases incomplètes que vous pourrez compléter en guise d'exercice pour vous aider à trouver et à affirmer votre identité sans la personne dont vous essayez de vous séparer.)

Il peut aussi vous être utile d'obtenir les réactions de gens qui vous connaissent bien.

Benoît, un jeune homme ébranlé par la fin d'une longue liaison amoureuse, avoua à un de ses amis : « Je me sens comme si je n'étais personne, comme une sorte de spectre qui erre dans les rues sans forme définie et sans but. Je ne peux pas voir si j'ai laissé une trace sur quiconque. Peut-être est-ce que je n'ai pas de trace à laisser. Est-ce que j'en ai ? Me vois-tu comme une personne bien définie ? » « Bien sûr que oui », lui répondit son ami. Il lui parla alors des nombreuses façons dont Benoît l'avait influencé. « J'ai toujours admiré ta façon de prendre des décisions en affaires et de ne pas regarder en arrière. Alors que moi, je suis toujours en train de penser « peut-être que j'aurais dû » ou « si seulement j'avais ». Dans des moments comme ça, j'essaie de trouver la façon dont tu aurais réagi. » Et il continua à énumérer d'autres aspects pour lesquels lui-même et sa femme voyaient en Benoît une personne très définie dont ils respectaient les réactions. Benoît absorba tout cela, se vit par leurs yeux, essaya de sentir ce qui allait et ce qui n'allait pas.

L'idéal serait que votre sens de l'identité soit clair et assuré à ce moment de votre vie. Mais si, comme la plupart d'entre nous, vous avez besoin de l'appréciation des autres pour vous affirmer, il vaut beaucoup mieux que vous obteniez l'opinion de *beaucoup* de gens plutôt que de dépendre pour cela d'une seule personne. Chacun peut avoir un point de vue déformé ou des intérêts personnels à servir. Et, surtout, dépendre de l'opinion d'une seule personne, c'est rendre cette personne trop importante pour votre sens de l'identité.

Chapitre 6
Tu es la couverture qui me sécurise

Hélène m'a dit un jour :

Depuis que Pierre et moi avons rompu, j'ai des crises affreuses d'anxiété. Parfois, je me réveille terrifiée. D'autres fois, la peur me frappe d'un seul coup, par exemple quand je quitte le bureau pour aller déjeuner. Ou quand je vais faire des courses. C'est comme si le monde entier était devenu dangereux… Il y a une sorte de danger imprécis qui plane juste hors de ma vue… Avec Pierre, même quand tout allait mal, je n'ai jamais rien ressenti de pareil. Le simple fait qu'il soit dans ma vie faisait que je me sentais en sûreté. Il était la couverture qui me sécurisait.

La couverture qui la sécurisait. L'emploi même de ce mot révèle les origines enfantines de l'un des besoins les plus pressants d'Hélène dans cette relation. C'est le tout petit enfant au fond d'Hélène qui ressent : « En ne faisant qu'un avec ma mère, je suis protégée, je suis unie à sa puissance, rien ne peut me faire peur. Le monde est sûr et amical[1]. » Mais, pour Hélène (ou pour vous-même), quand maman quittait la chambre et éteignait la lumière, c'était le moment où surgissaient les monstres et les choses qui bondissent dans le noir. S'il vous arrivait de perdre votre mère dans un grand magasin plein de monde, le monde entier était tout à

1. Et, de fait, Pierre tenait la place de sa mère de plusieurs façons, de même qu'une couverture tient lieu pour un nourrisson d'une sorte de mère à portée de la main. D'autres fois, Pierre tenait la place d'un père fort et protecteur.

coup rempli d'étrangers hostiles ou indifférents. Si vous avez transféré dans le présent cette situation de l'enfance, vous pouvez alors être autant submergé de terreur que si vous étiez encore un nourrisson fragile et tremblant, et la personne à laquelle vous êtes attaché vous sert de parent protecteur.

J'en ai entendu d'autres qu'Hélène parler de la personne qui leur est proche comme de la couverture qui les sécurise. Et j'ai entendu des gens qui étaient dans les affres de la rupture d'une relation importante parler de la perte de leur port d'attache, de leur havre, de leurs amarres, de leur défenseur, du rocher sur lequel ils se tenaient. Une relation intime peut vous donner un sentiment de sécurité de mille façons réalistes et appropriées. (Je parle ici de sécurité affective, non de sécurité financière, bien qu'elles puissent être liées dans certaines situations.) Il peut y avoir un souci mutuel d'attention et de protection. L'autre peut vous apporter un soutien pour renforcer votre confiance en vous. Et en partageant la vie de quelqu'un on évite souvent des situations qui sont sources d'anxiété, par le simple fait que la plupart des relations de couple, même les plus ouvertes, sont plus ou moins insulaires et offrent une structure qui restreint la possibilité de prendre des risques individuellement. Toutes ces valeurs réalistes qui augmentent le sentiment de sécurité peuvent se retrouver dans toute relation de couple. Mais quand votre jugement vous dit que vous devez mettre fin à votre relation et que votre angoisse augmente de façon dramatique chaque fois que vous envisagez de le faire, il se peut alors que ce soient des vestiges d'insécurité de votre enfance qui vous poussent à vous accrocher.

Examinons de près l'état d'anxiété d'Hélène au moment où elle a finalement rompu sa relation avec Pierre. Elle appréhendait de sortir et de faire des choses par elle-même, comme d'aller acheter des vêtements ou de visiter un musée, et pourtant elle était nerveuse et effrayée quand elle était chez elle. Après sa rupture avec Pierre, elle a ajouté deux verrous sur sa porte, alors qu'elle n'avait jamais senti la nécessité de se protéger avec des verrous quand elle était seule à la maison du temps où elle sortait avec Pierre. Alors qu'elle se sentait souvent seule, elle avait peur de sortir avec de nouveaux hommes et elle évitait les occasions d'en rencontrer. Elle qui parlait si facilement ressentait soudain qu'elle n'avait rien à dire, qu'elle était mal à l'aise à un point insupportable. Elle qui était sexuellement très libre et audacieuse avec Pierre se sentait soudain terriblement timide et craignait de montrer son corps, un corps qui lui paraissait maintenant plein de défauts.

Hélène a pu facilement reconnaître que ces sentiments n'étaient qu'un retour d'anciennes angoisses et de vieilles sensations d'imperfection. Elle pouvait se souvenir de beaucoup de peurs qu'elle avait éprouvées dans son enfance : la peur du noir, des cambrioleurs, et la pire de toutes, la peur d'être interrogée en classe. Elle s'est rappelé de nombreux incidents pénibles et mortifiants sur sa timidité. Sa mère n'était pas une femme particulièrement sensible et capable de la soutenir. En fait, un des souvenirs les plus anciens d'Hélène remontait à l'âge de trois ou quatre ans : elle se cachait dans les jupes de sa mère et se serrait contre ses jambes parce qu'elles recevaient la visite de cousins qu'elle n'avait jamais vus. Elle se rappelait le ton de sa mère quand elle lui avait dit « Arrête de faire le bébé », et qu'elle l'avait poussée en avant pour qu'elle embrasse tous les visiteurs. À cet âge, Hélène découvrit que sa mère était ravie quand elle était polie et qu'elle ne faisait point honte à ses parents. Les besoins et les sentiments d'Hélène entraient peu en ligne de compte. Son père était officier dans la marine marchande et il était souvent absent. Quand il revenait à la maison, c'était avec beaucoup d'éclat, beaucoup d'excitation et beaucoup de cadeaux. Il prenait Hélène et ses deux frères dans ses bras, les projetait en l'air et s'amusait à se battre avec eux. Mais, après un jour ou deux de ces échanges énergiques, il commençait à réagir à Hélène et ses frères comme s'ils dérangeaient sa période de repos. Quand Hélène essayait de retenir son attention, il réagissait avec agacement. Alors elle se retirait dans sa chambre ou elle allait jouer avec ses frères, si ceux-ci l'acceptaient parmi eux. Elle se souvenait encore à quel point elle se sentait angoissée et perdue après ces incidents. Et peu après son père repartait une nouvelle fois.

En se rappelant les émotions de son enfance et en remarquant leur ressemblance avec ses émotions actuelles, Hélène a pu franchir un pas important vers la compréhension de son problème. Elle a pu voir qu'elle ne manquait pas de sécurité *parce que* Pierre n'était pas là, mais que son manque de sécurité était un sentiment qu'elle portait en elle depuis des années. Elle avait simplement utilisé sa relation avec Pierre pour se dissimuler son anxiété. Elle devait donc arrêter de faire l'erreur d'orienter son énergie sur des plans et des espoirs de faire renaître l'amour de Pierre, ou sur des efforts pour le remplacer par un autre Pierre qui apaiserait ses angoisses. Au lieu de ça, elle devait s'efforcer de développer *à l'intérieur* d'elle-même un plus grand sentiment de sécurité. Et c'est cela qui l'a conduite à sa plus importante révélation. Elle a d'abord découvert qu'elle n'avait toujours choisi que des hommes comme Pierre, et ça lui était arrivé assez souvent pour qu'elle se rende compte que ce n'était pas par accident. Elle a réalisé ainsi qu'elle choisissait toujours des hommes qui, tout en lui donnant l'illusion d'une sécurité, renforçaient à tout coup ses sentiments d'incertitude et d'insécurité. Au lieu de choisir des hommes qui l'auraient aidée, par leur affection et leur attention, à développer son assurance et sa confiance en elle, elle choisissait des hommes qui stimulaient les vieilles inquiétudes épouvantables qu'elle nourrissait sur elle-même.

Cela a conduit Hélène à se demander pourquoi elle retombait dans ce schéma d'échec. Et cela l'a menée à une autre importante révélation : elle a compris qu'elle s'obstinait à accomplir une tâche ancienne, une tâche qui remontait au niveau de sa soif d'attachement et de son enfance. Cette tâche jamais accomplie consistait à rendre ses parents inattentifs plus attentionnés, à se faire aider davantage par ses parents qui ne l'aidaient pas assez, à être mieux soutenue par ses parents qui ne la soutenaient pas assez. Elle s'est rendu compte qu'en choisissant des hommes qui la traitaient comme ses parents l'avaient traitée, et en essayant de les transformer, elle tentait de réaliser son souhait enfantin d'amener ses parents à réagir comme elle le désirait. En identifiant ce schéma et en reconnaissant qu'elle l'avait créé et perpétué, elle a pu se rendre compte qu'il était en son pouvoir de le changer. Le domaine de ses relations avec les hommes est devenu soudain moins arbitraire et moins inquiétant. Son découragement commença à disparaître.

Cet exemple illustre bien comment la compréhension de votre propre histoire peut modifier vos sentiments et vous offrir la possibilité de mener votre vie à partir d'une position de plus grande sécurité intérieure. Donc si vous vous accrochez à une mauvaise relation parce que vous seriez terrorisé sans elle, il est important que vous vous demandiez: «Quelle est cette peur? D'où vient-elle?» Si vous y pensez bien, je suis certain que vous allez découvrir que cette peur vient des émotions de votre enfance, quand vous vous sentiez trop petit, sans défense, et inadapté aux exigences du monde et à ses dangers. Il se peut que cette perception ait été fidèle à votre position d'alors, surtout si vos parents ne vous aidaient pas beaucoup à développer votre confiance en vos capacités, mais ce n'est pas du tout réaliste aujourd'hui. Vous allez devoir changer votre orientation intérieure pour découvrir que vous êtes maintenant parfaitement capable de mener votre vie tout seul. Mais vous n'y arriverez pas si vous continuez à dépendre de quelqu'un qui répète sur vous le même schéma en ne soutenant pas ou en sapant vos forces et votre confiance en vous. Il est donc important que vous examiniez les structures de vos relations pour voir s'il s'y répète un schéma autodestructeur. (Voir, au chapitre 15, la section sur la révision des relations.) Quand vous passez en revue les aspects des personnalités et les caractères des personnes avec lesquelles vous avez eu des relations amoureuses importantes, y a-t-il des similitudes? Y a-t-il des similitudes parmi les aspects les plus séduisants et les plus pénibles? Et qu'en est-il des schémas d'interaction? Qui avait le contrôle, la plupart du temps, qui décidait quand et comment vous étiez ensemble, qui semblait être le plus amoureux et le plus dévoué ? Quels sont vos besoins qui ont été les plus comblés ? Et les plus déçus ? Comment se sont terminées ces relations ? Qui y a mis fin ? Pourquoi ? Quels sentiments en gardez-vous ? Est-ce que la structure de ces relations passées ressemble à l'attachement que vous devriez rompre maintenant ? Si oui, cela semble révéler la présence d'une structure d'échec et sa répétition dans la relation actuelle.

Si une telle structure se manifeste, la prochaine étape est d'examiner vos relations avec votre famille pendant votre enfance. Il y a de fortes chances pour que vous soyez en train de répéter quelque chose que vous n'avez pas terminé à cette époque. Hélène essayait d'impliquer des parents qui ne s'impliquaient pas assez, et de retenir un père trop absent. J'ai vu des gens dont un des parents avait été dépressif pendant leur enfance se retrouver régulièrement avec des partenaires dépressifs, pour ensuite faire des pieds et des mains pour essayer de les faire sourire. J'ai vu des gens dont un des parents avait été très centré sur lui-même choisir des partenaires très narcissiques, pour ensuite mendier encore et encore leur attention. J'ai vu des gens dont un des parents était méchant choisir des partenaires cruels pour essayer ensuite de les rendre gentils. On peut être certain que ces structures vont perpétuer les sentiments d'insécurité qu'elles ont créés. Il est donc utile d'examiner quelles étaient les interactions de base dans votre famille en vous posant ce genre de questions :

Qui était le « patron » ?
Est-ce qu'un des deux parents était plus amoureux que l'autre ?
Quels moyens employait chacun de vos parents pour obtenir ce qu'il voulait de l'autre ? Et de vous ?
Pensez-vous que vos deux parents vous aimaient ?
Est-ce qu'un de vos parents vous aimait davantage ?
Est-ce que vous aimiez davantage un de vos parents ?

Lequel de vos parents vous faisait vous sentir bien ?
Lequel de vos parents vous faisait vous sentir mal ?
Comment essayiez-vous d'attirer l'affection, l'attention, une aide émotionnelle ?
Comment évitiez-vous la colère de chacun d'eux ?

Utilisez ces questions pour stimuler votre recherche, et posez-vous toute autre question qui pourra vous surgir à l'esprit, pour explorer aussi profondément que possible vos premières structures d'interaction. S'il y a des gens qui vous ont connu alors que vous étiez tout petit et pendant vos premières années, posez-leur des questions. Essayez ensuite de comparer ce que vous avez appris avec la structure de vos anciennes relations amoureuses et avec votre relation actuelle. Se pourrait-il que vous soyez en train de répéter une interaction de votre enfance, qu'à cause de cela vous ne vous sentiez pas en sécurité et que, pourtant, cela renforce votre lien avec votre partenaire, à cause même de cette insécurité ? La prise de conscience d'un tel enchaînement peut être un outil utile pour rompre une mauvaise relation. Mais, avant d'aborder la prochaine étape, examinons une question reliée de près à l'insécurité : le sens de votre valeur personnelle et l'influence de votre relation sur l'appréciation de celle-ci.

APPRÉCIATION OU DÉVALORISATION

Beaucoup de gens ont tendance à penser qu'ils ont plus de valeur quand ils sont attachés à une autre personne. Le simple fait d'être en couple, même avec quelqu'un qui n'encourage pas ou qui détruit leur confiance en eux-mêmes, leur donne l'impression d'être plus appréciables que s'ils n'avaient pas d'attaches. La perte de cette relation signifierait pour eux qu'ils ont peu ou pas de valeur. Une femme l'exprimait ainsi : « Ça me met en colère de sentir que ma perception de ma valeur dépend du fait d'être en relation avec un bonhomme quelconque, mais c'est comme ça. » Et ce n'est pas un sentiment particulier aux femmes. Beaucoup d'hommes pensent de la même façon qu'ils ont moins de valeur s'ils ne sont pas attachés à une femme, quelle qu'elle soit, ou à une femme particulière. Si vous pensez que tel est votre cas, il est important que vous réalisiez que cette pensée irrationnelle a son origine au niveau de votre soif d'attachement. Quand vous étiez un petit enfant, votre mère était l'être le plus puissant au monde, et vous vous sentiez tout-puissant en ne faisant qu'un avec elle. Ce sentiment de toute-puissance partagée peut se transférer sur une nouvelle personne dans une relation amoureuse. Cela peut multiplier de façon quasi mystique vos propres notions de valeur et de pouvoir. Un avocat, très amoureux de sa femme depuis de longues années, m'a dit : « Il y a longtemps que je pratique ce rituel. Juste avant de me lever pour questionner un témoin particulièrement important ou d'entamer un débat, je m'imagine en train de tenir ma femme dans mes bras. Ses bras sont autour de mon cou et on s'embrasse. C'est comme si ça rechargeait mes batteries. J'ai l'impression d'être un des meilleurs avocats qui soient. »

> Dans le cas présent, cet avocat était très heureux de sa relation avec sa femme et ne pensait pas du tout à rompre : son fantasme avait donc un effet constructif. En se mettant en contact avec les sentiments amoureux qu'il y avait entre sa femme et lui, il se mettait aussi peut-être en contact avec des sentiments plus anciens, quand il recevait amour et force de sa proximité avec sa mère. Mais cela peut présenter de gros risques de voir dans une autre personne la source principale de votre puissance, surtout si cela vous pousse à rester dans une mauvaise relation. À titre d'exemple, voici comment un autre homme décrivait ses sentiments :

Notre mariage allait très mal depuis des mois, et il semblait devoir se terminer. La façon dont Louise m'attaquait et s'éloignait de moi me faisait sentir moins que rien, comme si je n'avais pas une seule qualité pour me racheter. Je commençais à croire tous les jugements critiques qu'elle émettait sur moi. Je savais que j'aurais dû partir. Puis il y a eu une de ces améliorations sporadiques, et nous avons finalement rétabli notre contact. Ce dimanche matin, nous avons fait l'amour pour la première fois depuis des mois... Cet après-midi-là, je suis allé faire des réparations dans l'allée du garage. Je les remettais à plus tard depuis longtemps. Je pensais que je n'étais pas assez fort pour porter les sacs de gravier de vingt-cinq kilos qui étaient au garage, mais maintenant je pouvais les lancer comme s'ils avaient été pleins de plumes...

Je savais que cet homme venait d'une famille nombreuse. Ses parents s'épuisaient au travail et avaient toujours des soucis d'argent. Ils avaient l'air débordés et semblaient prendre mal le fait d'avoir eu beaucoup plus d'enfants que prévu. Cet homme n'avait jamais senti qu'il valait quelque chose ou qu'il était important dans sa famille. Il ne se sentait donc lui-même pas très important et ne s'accordait pas grande valeur. « Le pire », disait-il, « c'est que je n'ai jamais ressenti que ma présence leur *faisait plaisir*. J'ai besoin d'être apprécié. Dans ces occasions où Louise se réjouit d'être avec moi, j'oublie que cette relation est en train de me détruire. » Une jeune femme qui n'avait jamais été particulièrement valorisée ni appréciée durant son enfance (sauf quand elle avait de bonnes notes) s'est exprimée de façon semblable :

> Je savais que Henri et moi on allait devoir en finir. Il n'était pas question qu'il abandonne sa femme et ses enfants. Et ce lundi-là, qui aurait été l'anniversaire de notre rencontre, je me sentais tellement sans aucune importance que j'ai même dit « excusez-moi » à un serveur qui avait renversé du café sur moi. Puis je suis rentrée à la maison, où j'ai trouvé une lettre de Henri me disant que même si l'on ne pouvait pas mener nos vies ensemble, il m'aimerait toujours plus que quiconque. Et alors même que, objectivement, ça

ne changeait rien, mes sentiments vis-à-vis de moi-même ont changé immédiatement. Je me suis regardée dans un miroir et j'y ai vu une femme très belle.

Ces exemples montrent bien que le fait de s'apprécier ou de se dévaloriser sont les deux faces de la même soif d'attachement. Cela montre aussi à quel point ces jugements sur nous-même peuvent changer en fonction de la présence ou de l'absence de cette relation primordiale. Mais il est important de relever que chacune de ces trois personnes avait en elle-même la capacité de se sentir extraordinaire, et que l'attachement à l'autre personne ne faisait qu'activer sa capacité de la ressentir. L'avocat portait en lui la capacité de se sentir un des meilleurs avocats qui soient, la femme avait la capacité d'apprécier sa propre beauté, et l'homme marié avait manifestement toujours eu la force de transporter les sacs de gravier. Quand on reconnaît cette vérité, cela peut être l'amorce de changements importants.

L'homme qui était si malheureux de s'accrocher à Louise pour les moments sporadiques où elle l'« appréciait » et où il pouvait se sentir fort et valorisé, cet homme a fini par comprendre qu'il cherchait la satisfaction d'un très vieux manque. Il le faisait en cherchant à extraire le sentiment d'être apprécié auprès d'une personne qui l'appréciait rarement. Il commença à réaliser qu'il était engagé dans une quête futile et épuisante héritée de son propre passé. À un moment, il m'a dit :

S'il est important pour moi de me sentir apprécié, c'est donc ce dont j'ai besoin et ce que je veux, alors je ferais mieux de chercher quelqu'un qui m'apprécie vraiment. Mais en fait, je commence à me rendre compte que j'ai pas mal d'atouts, qu'il y ait quelqu'un pour l'apprécier ou non. Je suis vraiment fort. Louise ne m'a pas donné la force de lancer les sacs de gravier. Ni de réussir dans les affaires. Je dois essayer de m'accrocher à cette vérité.

Et il a vraiment lutté pour s'accrocher à cette vérité, en comprenant de plus en plus profondément comment il était arrivé à dépendre d'un attachement pour sentir qu'il avait de la valeur. Il y est arrivé en grande part en s'écrivant à lui-même sous la forme d'un journal. Il s'y disait ses découvertes sur sa propre valeur, puis, quand il se sentait complètement dévalorisé, il se forçait à relire ce qu'il avait écrit. Mais même ainsi, il se passa des mois avant qu'il se sente en terrain solide à propos de sa séparation d'avec Louise. (Dans le cas présent, Louise a perçu un changement en lui avant même qu'il ne soit capable de lui annoncer son intention de se séparer. Elle a pu sentir qu'il ne dépendait plus d'elle pour apprécier sa propre valeur, et, que ce soit par peur qu'il ne s'en aille ou parce que son nouveau regard sur lui-même le rendait plus séduisant, elle commença à modifier ses réactions envers lui. Il décida de rester avec elle, appréciant d'être apprécié davantage, mais il ne se sentait plus lié à elle par son ancien manque. Ce revirement de situation n'est pas rare, mais il faut remarquer que ce n'est pas arrivé à cause d'une manœuvre ou d'un « jeu », mais bien parce qu'il n'avait plus besoin d'elle pour se sentir bien avec lui-même.)

Si vous retirez vos sentiments de sécurité et d'appréciation d'une relation qui vous rend malheureux, alors il vous serait utile d'explorer les origines de votre insécurité et de votre sous-valorisation. L'objet de cette exploration est double : (a) découvrir que ces expériences qui vous ont formé ne sont plus pertinentes comme définition actuelle de vous-même (comme disait une femme : « Ce n'est pas parce que mes parents ne me prenaient pas au sérieux que je ne dois pas me prendre au sérieux ») ; (b) déterminer si vous choisissez des relations et des structures d'interaction qui sont la répétition d'un vieux drame futile. En d'autres mots, *le but de celte exploration de vous-même est de vous aider à replacer le passé dans le passé et le présent dans le présent.* Cette prise de conscience peut ne pas suffire à vous décider à rompre une mauvaise relation. Entre la compréhension de votre problème et le passage à l'action pour briser votre lien de dépendance, cela vous prendra encore du courage personnel, de la résolution et, souvent, l'aide de vos amis pour vous soutenir, vous donner du recul et affirmer votre valeur.

Chapitre 7
Des hauts et des bas

J'aime à me considérer comme une personne stable, dit Hélène, mais quand il s'agit de Pierre, mes émotions sont à peu près aussi stables qu'un tour de montagnes russes. Je peux passer des sommets de la joie à la dépression la plus morne, et si à ce moment-là il appuie sur les bons boutons, c'est reparti pour les nuages. Et je peux plonger des hauteurs du sentiment amoureux jusque dans la rage, même jusqu'à la haine meurtrière. Je ne peux pas supporter la façon dont évoluent mes sentiments entre ses mains.

Ce genre de montagnes russes émotionnelles est courant dans les relations amoureuses tourmentées. Des émotions positives comme la joie, la confiance, l'amour, peuvent alterner, et parfois rapidement, avec des émotions perturbantes comme la dépression, la jalousie ou la haine. Quand de tels sentiments sont si extrêmes et si changeants, c'est un signe presque certain que le niveau de la soif d'attachement joue un rôle important dans votre relation, ce qui signifie qu'il y a de fortes chances pour que ce soit une dépendance. Voyons comment cela se passe dans trois dimensions émotives différentes : amour/haine, confiance/jalousie, et joie/dépression.

AMOUR/HAINE

Quand la soif d'attachement est une composante majeure de la relation, il y a deux principales raisons pour que des sentiments amoureux se transforment instantanément en haine. L'une de ces raisons est illustrée par cet extrait d'un dialogue entre Robert et son ami Louis :

Robert : J'ai décidé de dire à Francine que je veux qu'on revienne ensemble et qu'on essaie que ça marche.

Louis : Pourquoi ?

Robert : Je l'aime beaucoup. Elle est vraiment une femme merveilleuse. Peut-être que j'ai été trop dur avec elle. Maintenant, je sens que je peux l'aimer vraiment et que je peux rattraper tout ça.

Louis : Et si elle ne veut pas revenir avec toi ?

Robert : Alors je vais avoir envie de la tuer, cette garce.

En un éclair, Robert est passé de l'amour à la haine meurtrière, à la seule pensée de ne pas obtenir ce qu'il voulait. La soif d'attachement était en train d'agir et, surgissant comme elle le fait pendant la petite enfance, elle voulait la satisfaction immédiate de ses exigences. La frustration de ces exigences peut entraîner la fureur chez le petit enfant et chez l'adulte qui a soif d'attachement. Robert ne perçoit pas vraiment Francine comme un être distinct mais comme une extension de ses désirs. Sa rage quand elle ne se plie pas à ses désirs fait autant partie de son lien avec elle que ses sentiments amoureux.

Une deuxième raison pour laquelle des sentiments d'amour et de colère peuvent coexister au sein de la soif d'attachement, c'est que lorsque quelqu'un se sent mal adapté, incomplet, perdu et malheureux sans une autre personne bien précise, il devient dépendant de cette personne pour se sentir adapté, complet, en sûreté et heureux. Si c'est ce qui vous arrive, alors quel pouvoir énorme vous placez dans les mains de quelqu'un d'autre ! Et quel ressentiment vous devez avoir envers ce pouvoir ! Surtout si vous avez l'impression que cette personne utilise ce pouvoir pour vous contrôler ou vous exploiter. De plus, comme vous devez attribuer à cette personne des qualités qui vous manquent, vous devez consciemment ou inconsciemment envier cet être idéalisé, et votre envie peut éclater sous forme de colère à n'importe quel moment. Une femme disait : « Alors que je suis timide et que je ne parle pas facilement, Christian est tellement à l'aise et si volubile. C'est une des raisons pour lesquelles je l'aime. Mais quand on va à des soirées, qu'il a l'air tellement à l'aise et qu'il devient le centre d'attention, je sens que je le hais. »

Il y a une troisième raison pour que vos sentiments passent si facilement de l'amour à la haine quand vous êtes dominé par vos besoins d'attachement. Au niveau primitif où s'abrite votre soif d'attachement, le petit enfant qui est en vous n'a pas la capacité de distinguer si la mère qui sourit, qui vous nourrit et qui vous fait vous sentir bien est la même personne que la mère qui est en colère, qui est préoccupée, qui s'en va et qui vous fait vous sentir si mal. C'est comme s'il y avait deux personnes différentes, la bonne mère que vous aimez et la mauvaise mère que vous haïssez. Quand la personne avec qui vous êtes intimement lié vous blesse ou vous déçoit, et que vos sentiments passent de l'amour à la haine, vous réagissez comme si l'objet de vos sentiments était deux personnes différentes. Un de mes patients était un enfant, un garçon de sept ans, qui percevait littéralement sa mère comme une personne quand elle était souriante et comme une autre personne (« une méchante sorcière ») quand elle donnait libre cours à de violentes colères. Il voulait tant que la sorcière meure, et il trouvait très difficile de comprendre qu'elle n'était qu'un autre aspect de la même mère. Au cours d'une session dans la salle de jeu, je pris un cube qui était peint d'une couleur différente sur chaque face, un cube avec lequel l'enfant avait souvent joué. Je lui présentai la face bleue et lui demandai : « De quelle couleur est ce cube ? »

— Il a beaucoup de couleurs.

— Mais maintenant tu ne vois que le bleu. Pourquoi ne pas dire que c'est un cube bleu ?

— Parce que je sais qu'il y a du rouge sur l'autre face, et du jaune et du blanc.

— Alors c'est un cube de plusieurs couleurs, et maintenant la face bleue est tournée vers toi.

— Oui.

— Et ta mère a aussi plusieurs faces, et quelquefois c'est la face souriante qui est tournée vers toi, d'autres fois c'est la face en colère. Mais ce sont toutes des parties de la même mère.

Plus il comprenait cela, plus il se rendait compte qu'il ne pouvait pas tuer la sorcière sans tuer la bonne mère ; il devait plutôt trouver une façon de s'accommoder avec sa complexité.

Quand vos sentiments sont à ce point versatiles, c'est que vous réagissez à la personne à laquelle vous êtes attaché à partir du point de vue de votre petite enfance. Vous ne voulez pas reconnaître que les aspects que vous haïssez font partie du même cube. Plutôt que de gaspiller vos énergies en invectivant le cube pour qu'il soit différent, vous devez accepter ou rejeter en entier le cube à plusieurs faces tel qu'il est. Lucie est un bon exemple d'une personne qui a des problèmes avec des sentiments dédoublés. Elle ne savait pas si elle devait ou non se décider à épouser Daniel, l'homme avec qui elle était en relation depuis plus de deux ans et avec lequel elle habitait depuis presque un an. Ses sentiments étaient sur des montagnes russes d'amour et de haine qui rendaient ses réactions envers Daniel inexplicablement instables. À tel point que Daniel, lui aussi, était sur des montagnes russes, ne sachant jamais à quoi s'attendre. Parfois elle se réveillait au milieu de la nuit en proie à la panique et pensait : « Il faut que j'en finisse. Je ne peux pas supporter d'être avec lui. » Au matin, elle était froide et odieuse avec lui. Mais souvent, dans le courant de l'après-midi, elle commençait à penser à tout ce qu'elle aimait en lui — il était gentil et prévenant, il la soutenait émotivement, il partageait beaucoup de ses intérêts — et elle se sentait à nouveau chaleureuse et affectueuse. Quand ses sentiments redevenaient négatifs, et ça arrivait inévitablement, elle se mettait à penser de lui : « Tu es un faible. Tu n'as aucune réelle ambition. Il n'y a rien qui t'excite vraiment, tu ne crois vraiment en rien. Tu es un perdant. Je ne peux pas te supporter. » Puis, plus tard, elle se sentait coupable d'avoir des sentiments aussi agressifs envers un si gentil garçon.

Lucie s'est débattue quelque temps dans ce dilemme. À un moment donné, je lui ai suggéré de s'écrire une lettre à elle-même de la part du « plus grand sage du monde », un sage qui demeure en elle (comme en chacun de nous), et de se laisser conseiller par lui. Elle a remis cela à plus tard pendant plus d'un mois, sans doute parce qu'elle craignait d'apprendre ce que ce sage aurait à lui dire. Puis elle a écrit cette lettre :

Chère Lucie,

Il n'y a aucun doute que tu aimes Daniel. On ne peut pas dire que tu ne l'aimes pas juste parce que, en même temps, il peut aussi te déplaire. Mais les choses qui te déplaisent te tracassent vraiment, et elles ne sont pas seulement dans ta tête, et ce n'est pas seulement parce que tu as peur du mariage. Daniel est vraiment gentil et affectionné. Mais il est également passif et il prend rarement l'initiative. Il a peur de s'affirmer ou de chercher à atteindre quoi que ce soit. La première fois que tu l'as rencontré, tu avais besoin de quelqu'un comme ça. Tu avais peu de confiance en toi et tu avais si peur du sexe que tu ne pouvais que te retrouver avec un homme sans danger et sans exigences… Tu savais qu'il deviendrait dépendant et que tu n'aurais pas à être en concurrence avec d'autres femmes ni à courir le risque d'être rejetée. Mais tu as changé. Tu as plus confiance en toi, peut-être à cause de ta relation avec Daniel. Mais tu ne peux pas te marier pour l'en remercier. De plus, quand on se marie ce n'est pas seulement avec une autre personne mais avec un mode de vie. Et maintenant, si tu es honnête, tu dois admettre que la vie que tu aurais avec lui serait beaucoup plus limitée que la vie que tu as envie de mener. Pendant ces instants de haine et de mépris, tu peux entrevoir les germes de ce qui pourrait devenir avec le temps ton sentiment prédominant envers Daniel, et qui exclurait l'amour. Tu ne peux pas te marier avec lui en ressentant cela.

Lucie était certaine qu'elle devrait rompre. (Tout le monde ne serait pas arrivé à la même conclusion. Chacun doit peser les arguments pour lui-même. Mais une partie importante de la décision consiste à évaluer honnêtement ce qu'il va advenir à chacune des deux personnes.) Mais, malgré sa conclusion, Lucie s'est retenue de passer à l'action par peur de se retrouver à la dérive et sans amour (« Il a été mon meilleur ami ; je vais me sentir toute seule ») aussi bien que par un énorme sentiment de culpabilité (« Comment pourrais-je faire mal à Daniel à ce point-là ? Il m'aime tellement, et il a toujours été bon pour moi »). Elle devint de plus en plus lunatique et irritable envers lui. À ce moment-là, elle s'est écrit une autre lettre de la part du grand sage en elle-même :

… Il ne sert à rien de prétendre qu'il ne sera pas extrêmement blessé si tu romps. Il le sera. Mais cela ne fait pas du mariage une bonne décision. Cela ne pourrait mener plus tard qu'à des souffrances encore pires pour tous les deux. Et au lieu d'une douleur rapide, ça peut devenir une souffrance interminable. Daniel serait aussi piégé que toi, au lieu d'être libre de trouver quelqu'un qui l'aimerait avec moins d'ambivalence…

Tu penserais différemment si tu pouvais – et cela rendrait tout plus facile – mais tu ne peux pas. Alors pourquoi te sentir coupable quand tu sais ce qu'il y a de mieux à faire ?

Il s'écoula encore de nombreuses semaines avant que Lucie puisse se décider à annoncer à Daniel qu'elle ne pourrait pas l'épouser et qu'ils allaient devoir rompre. Mais le point qu'il faut souligner ici c'est que Lucie a dû se demander si elle pourrait accepter Daniel tel qu'il était, avec ce qu'elle aimait en lui et ce qui lui déplaisait. Elle apprit qu'elle ne pouvait pas continuer la relation en prétendant que ce qui la tracassait ne la tracassait pas, ou en niant l'influence que cela aurait sur sa façon de vivre, ou en refusant de regarder en face ce qu'elle prévoyait déjà quant à ses propres sentiments. En faisant appel au grand sage en elle, elle a pu concrétiser ce que lui disait son jugement, et cela lui a permis de résister aux forces de la soif d'attachement qui la poussaient à s'accrocher à Daniel, qu'elle l'aime ou qu'elle le haïsse, et à vouloir qu'il soit autre que ce qu'il était.

Donc, si vous êtes vous-même dans une relation où vos sentiments oscillent de l'amour à la haine et à la colère, vous pouvez être certain que votre soif d'attachement est en action et que vous êtes en train d'essayer de maintenir une relation sans avoir accepté la complexité de l'autre personne. Vous espérez probablement changer cette personne, ce qui pourrait être, à la base, une façon de tenter d'accomplir l'ancienne tâche de transformer des parents qui ne vous satisfont pas en des parents qui vous gratifient. L'énergie que vous mettez à accomplir cette tâche et la rage qui l'accompagne peuvent faire partie de votre lien de dépendance tout autant que vos sentiments amoureux. Peut-être, comme Lucie, auriez-vous intérêt à consulter le vieux sage en vous-même, afin qu'il vous dise ce que l'oscillation de vos sentiments signifie pour votre avenir et ce que vous avez de mieux à faire à leur sujet.

CONFIANCE/JALOUSIE

Quand une relation amoureuse se déroule bien, elle se caractérise souvent par une confiance fondamentale. Cette confiance peut avoir ses racines dans la période symbiotique de votre petite enfance, et elle peut vous faire éprouver du contentement, de la relaxation, de l'autosatisfaction, peut-être même de la suffisance. Elle se fonde sur le sentiment que l'autre personne est vraiment là pour vous, que vous pouvez compter sur elle, et qu'elle ne posera jamais le moindre geste pour vous faire du mal ni pour vous trahir. Son opposé, la méfiance, peut très bien se manifester dans votre relation actuelle sous forme de jalousie. Si vous êtes jaloux, vous n'avez pas besoin que l'on vous dise à quel point on peut être torturé par cette obsession. Elle est basée sur la crainte que la personne dont vous êtes proche devienne si liée avec quelqu'un d'autre que vous vous retrouveriez quelque part face à ces deux éventualités : avoir à partager avec une autre personne son temps et son affection, ou encore être abandonné pour quelqu'un d'autre.

Les gens qui vivent une forte relation de couple et que la menace d'un remplacement ou d'une perte ne secouerait pas sont très rares, même parmi ceux qui vivent une relation principalement basée sur de l'affection et des échanges adultes. Après tout, la vie n'offre pas de garanties, et la possibilité de perdre une personne chère au profit de quelqu'un d'autre est réelle ; cela arrive, et quand cela se produit, c'est une des expériences les plus douloureuses qui soient. Il est donc normal qu'une certaine dose de jalousie fasse partie des préoccupations de toute personne adulte. Mais quand entrent dans le tableau des émotions issues de votre enfance au niveau de la soif d'attachement, ces sentiments peuvent prendre des proportions dramatiques. On peut se sentir humilié de façon insupportable, non seulement comme si on manquait de quelque chose, mais comme si on était disqualifié du statut de partenaire désirable. (C'est souvent plus vrai et plus intense pour les hommes que pour les femmes, sans doute à cause du double standard et de la crainte transmise culturellement d'être « cocufié ». Les hommes sont particulièrement vulnérables quand ils ont le sentiment que leur virilité est raillée et ridiculisée à la fois par leur partenaire et par leur rival, que ce dernier soit réel ou imaginaire.) Les soupçons peuvent alors frôler la paranoïa, et la rage peut atteindre des proportions meurtrières, ne serait-ce qu'en imagination. Et votre jalousie peut vous conduire à surévaluer votre partenaire et à embrouiller vos sentiments au point que vous ne sachiez plus ce que vous attendez réellement de votre relation.

Le thème de la jalousie est entré dans la relation de Lucie et Daniel quand Lucie se décida finalement à rompre. Daniel fut abasourdi et accablé quand elle le lui annonça. Il l'accusa de lui annoncer sans ménagements cette nouvelle « à l'improviste ». « Tu m'as laissé croire que tout se passait bien… Je sais que tu étais irritable de temps en temps, mais ça arrive à tout le monde. » Il obtint d'elle un délai et lui dit qu'il était sûr qu'il pouvait mieux répondre à ses attentes si elle lui disait ce qui la dérangeait. Sa demande d'un délai sembla raisonnable à Lucie, et elle décida de rester avec lui un peu plus longtemps. Malgré tout, elle en vint de plus en plus à penser que leur relation ne pourrait jamais marcher. Alors qu'elle était de plus en plus malheureuse, Daniel commença à avoir l'air de meilleure humeur. Il se mit à rentrer à la maison plus tard que d'habitude, puis, une nuit, il rentra à 4 heures du matin avec un alibi manifestement bidon. Lucie fut confondue de découvrir qu'elle était très jalouse. Elle se mit à surveiller ses allées et venues, et concentra davantage ses émotions sur lui. Elle se mit à réagir sexuellement avec lui plus qu'elle ne l'avait fait depuis longtemps. Elle commença à avoir peur de le perdre, tout en se demandant avec ahurissement : « Comment puis-je être jalouse de quelqu'un que j'étais sur le point de quitter ? » Lucie resta donc plus longtemps dans cette situation, tout en sachant objectivement que ce qui ne lui plaisait pas chez Daniel était toujours là, tout ce qui était incompatible avec ses propres besoins. Elle dut cependant admettre que s'il avait vraiment une aventure, il faisait ainsi preuve d'initiative, ce qu'elle lui avait toujours souhaité d'acquérir. Au bout d'un moment, Lucie réalisa que sa jalousie était basée sur des peurs d'être abandonnée qui venaient de sa soif d'attachement et sur des rivalités datant de son enfance qui lui faisaient surévaluer Daniel. Elle recommença à le voir de façon plus réaliste, et, de ce point de vue, elle envisagea presque avec soulagement la possibilité que Daniel ait une aventure, puisque ça lui permettrait de mettre plus facilement fin à la relation, et sans culpabilité. Alors qu'elle recommençait à s'éloigner de lui, c'est Daniel qui recommença à avoir très peur de *la* perdre, et c'est *lui* qui devint jaloux, soupçonneux, exigeant.

À partir de la fluctuation des sentiments de Lucie (et de Daniel), vous pouvez voir que la jalousie joue un rôle particulièrement important dans le cadre d'une dépendance interpersonnelle dans la mesure où elle peut vous conduire à *surévaluer une personne qui ne vous convient pas et à rester avec elle*. Une des démarches les plus importantes que vous puissiez faire pour relâcher une dépendance, c'est de prendre conscience à quel point votre jalousie peut vous faire surévaluer votre partenaire. À partir de là, vous pourrez reconnaître que *si la soif d'attachement et d'autres émotions infantiles sont à l'œuvre, vous pouvez éprouver de la jalousie envers quelqu'un que vous n'aimez pas, envers quelqu'un qui ne vous plaît pas, et même envers quelqu'un que vous détestez cordialement*.

Quand le regard que l'on pose sur quelqu'un est gonflé par la jalousie, comme le regard de Lucie sur Daniel, cela vient de deux croyances erronées :

1. Si quelqu'un d'autre le désire, il doit être meilleur que je ne pense.
2. S'il désire quelqu'un d'autre, cette autre personne doit être meilleure que moi, et je suis remplacée parce que je ne suis pas désirable.

Pour ce qui est de la première croyance, l'autre personne peut simplement avoir des besoins et des préférences qui sont différents des vôtres. Quant à la seconde, le fait que vous soyez désirable ne peut pas être mesuré par les réactions d'une seule personne ; ses préférences et ses goûts sont une affaire très individuelle et ont plus à voir avec l'état dans lequel cette personne se trouve à un moment précis de sa vie qu'avec le fait que vous soyez désirable.

La jalousie se manifeste de façons différentes suivant les gens. L'intensité de votre jalousie dépend de plusieurs facteurs de votre histoire[1].

Les origines de la jalousie. Les émotions du niveau de la soif d'attachement peuvent amplifier la jalousie de deux façons. D'abord et avant tout, ces émotions viennent d'une époque où votre mère était *tout* pour vous : votre survie, votre identité, votre valeur, votre bonheur et votre bien-être. Deuxièmement, c'était l'époque où elle était pour vous *seule et unique* : il n'y avait personne d'autre, et il était inconcevable qu'il puisse exister quelqu'un d'autre en dehors d'elle. Il est évident que si vous avez transféré ces sentiments primaires sur une autre personne, cela la rend très importante, et la menace d'un rejet produit sur vous un effet absolument dévastateur.

Des facteurs plus tardifs dans votre développement jouent également un rôle. Par exemple, pendant la période de la petite enfance que l'on appelle la phase œdipienne, la plupart des enfants entrent en rivalité avec le parent du même sexe qu'eux pour gagner l'exclusivité de l'affection du parent du sexe opposé. C'est une phase normale qui n'a pas de suites fâcheuses si les parents font comprendre clairement deux choses à l'enfant : (1) qu'ils ne vont pas le menacer ni l'humilier s'il éprouve ces sentiments normaux de rivalité ; (2) que l'amour qu'ils éprouvent l'un pour l'autre est fort et que c'est une sorte d'amour différente de l'amour qu'ils portent à l'enfant, donc qu'il n'a pas à s'inquiéter des bouleversements que pourrait provoquer cette rivalité. Dans le cas de Lucie, son père avait tendance à être très affectueux avec elle, et semblait souvent l'apprécier davantage que sa mère. Cela eut pour résultat de perpétuer chez Lucie les souhaits infantiles de

1. Elle dépend aussi de deux facteurs chez l'autre personne. Le premier, c'est la mesure dans laquelle l'autre personne appartient à un type qui a pour vous un certain magnétisme, votre « fétiche d'attachement ». Cet aspect est abordé au chapitre 8. Le second, l'usage par l'autre personne de manœuvres délibérées pour provoquer votre jalousie, est abordé au chapitre 10.

supplanter sa mère. Elle finit par avoir si peur de ces souhaits qu'elle réagit en ne s'intéressant que très tard aux relations avec les hommes. Elle choisit Daniel principalement parce qu'elle pensait qu'il n'avait pas assez de valeur pour provoquer l'envie ou des rivalités. Plus tard, quand elle soupçonna qu'il pouvait avoir une aventure, sa jalousie et ses sentiments compétitifs surgirent en force. Quand Lucie prit conscience des origines de sa jalousie, il lui fut plus facile de s'en débarrasser.

S'il y a en vous des vestiges d'un conflit œdipien non résolu, votre jalousie va être accentuée par la crainte inconsciente de revivre une ancienne défaite au profit d'un rival beaucoup plus puissant et désirable que vous. Et, comme Lucie, vous arriverez plus facilement à venir à bout de votre jalousie si vous prenez le temps de penser aux origines possibles de tels sentiments.

Votre jalousie peut être aussi renforcée par des restes d'anciennes rivalités avec vos frères et sœurs. Si vous avez disputé l'attention et l'affection de vos parents à un ou plusieurs de vos frères et sœurs, vous pouvez reporter dans la situation présente les souvenirs chargés d'émotions de ce combat. C'est comme si votre rival réel ou imaginaire était votre adversaire frère ou sœur et que la personne qui est dans votre vie était le parent pour lequel vous vous battiez avec vos frères et sœurs. Pensez donc encore une fois aux relations que vous aviez avec vos frères et sœurs pendant votre enfance. Y avait-il de la compétition ? Est-ce qu'elle se répète dans votre jalousie actuelle ?

Comment pouvez-vous être moins vulnérable à des réactions de jalousie, surtout si votre jalousie vous pousse à vous accrocher à quelqu'un que vous devriez normalement laisser partir ? Le plus important est sans doute de prendre conscience que tous les sentiments qui vous disent que votre partenaire est le *seul et unique* viennent du niveau de votre soif d'attachement (il n'y avait qu'une et une seule mère). Ensuite, vous pourrez confronter ces sentiments à la réalité, à savoir que rien de cela n'est vrai dans le monde adulte. Un seul et unique homme ou une seule et unique femme pour vous, cela n'existe pas. Il n'y a rien de tel que cette une seule et unique personne par qui vous seriez attiré, ou avec qui vous vous sentiriez bien, ou qui voudrait de vous. Il y a beaucoup de gens avec qui vous pourriez avoir une relation satisfaisante et excitante. Cela ne dépend que de vous d'avoir une autre relation. Je me rappelle une femme qui m'a dit: « J'ai découvert non seulement que j'aime Donald et qu'il m'aime, mais aussi que je suis capable d'une telle relation. Malgré tout l'amour que j'ai pour Donald, je sais maintenant que si je venais à le perdre, au bout d'un an ou deux j'aurais une bonne relation amoureuse avec quelqu'un d'autre parce que *ce désir et cette capacité d'aimer sont en moi.* » Ce qui est important, c'est que vous développiez votre confiance, non seulement en l'autre personne mais en votre propre capacité à former une nouvelle relation amoureuse si celle que vous vivez venait à prendre fin.

JOIE/DÉPRESSION

La gamme d'émotions qui va de la joie à la dépression est sans doute la plus sujette aux « tours de montagnes russes » dont parlait Hélène. Quand, dans une relation, votre soif d'attachement est satisfaite, il est probable que vous vous sentez heureux, et même euphorique. Et quand elle n'est pas satisfaite, vous pouvez sombrer dans la dépression et le désespoir. Ces émotions trouvent leurs sources à plusieurs niveaux. Au niveau le plus adulte, une relation intime et affectueuse entre deux personnes satisfait leurs besoins sexuels, leur besoin d'être deux et d'échanger. Une telle relation est un véritable trésor. Et il est vraisemblable que quand tout va bien, vous vous sentez bien, et quand vous êtes déçu, vous vous sentez mal.

En plus de ce niveau adulte, il y a le niveau de la soif d'attachement. À ce niveau, vous êtes envahi de plaisir du seul fait que votre mère vous sourie, vous prenne dans ses bras et vous apprécie. Ce genre de plaisir peut vous envahir intensément dans votre relation amoureuse actuelle sous l'effet d'un simple geste d'affection, d'un regard amoureux, d'un bras qui vous serre ou d'un cadeau particulièrement attentionné.

Et quand vous cessez de percevoir le flot d'émotions positives venant de votre partenaire, cela vous déprime exactement de la même façon que vous étiez désespéré lorsque s'interrompait le flot d'amour attentionné venant de votre mère. L'alternance entre la joie et la dépression peut être d'autant plus brusque et dévastatrice que ces humeurs émotives du niveau de la soif d'attachement peuvent être déclenchées par de petites nuances du comportement de votre partenaire : un ton rude, un regard passager coléreux ou indifférent, l'oubli d'un événement qui vous semble important.

ANGOISSE/DÉPRESSION

Les alternances d'une émotion à l'autre peuvent être fortes *à l'intérieur d'une relation*, mais elles peuvent devenir encore plus intenses quand vous mettez fin à la relation, ou quand vous envisagez de le faire. Lorsqu'une relation amoureuse tourne mal, vous pouvez éprouver deux sortes d'émotions désagréables, les deux venant de la perte de quelque chose qui vous avait apporté beaucoup de gratifications. La première est un état chronique de dépression, qui peut survenir lorsque l'on *reste* dans une relation longtemps après que la joie et l'amour ont disparu. Bien qu'une telle situation puisse être perçue comme une mort vivante, certains peuvent en retirer quelques gratifications, tels un sens de continuité ou même l'espoir de revenir à une situation heureuse antérieure.

La deuxième sorte d'émotions désagréables peut survenir lorsque l'on envisage de quitter, ou que l'on quitte effectivement, une relation dont la joie et l'amour se sont éteints. On éprouve alors l'impression douloureuse d'être seul, perdu, et on abandonne tout espoir de pouvoir un jour ranimer cette relation. Voilà comment Lucie a exprimé ses sentiments :

Je mourais à petit feu. Je savais que je n'étais plus amoureuse de Daniel. Souvent, je redoutais de rentrer à la maison. À table, on ne parlait qu'au niveau le plus superficiel, du genre « as-tu passé une bonne journée ? ». Je m'arrangeais pour ne pas aller au lit avant qu'il soit endormi. J'étais régulièrement déprimée. Et pourtant, j'avais l'impression d'avancer vers un gouffre chaque fois que je pensais à partir. Il me semblait plus terrifiant et déprimant de partir que de rester.

Ce dilemme peut se présenter même quand des sentiments d'aimantage ont survécu d'une manière ou d'une autre dans une mauvaise relation. Je pense, par exemple, à une femme que son mari repoussait continuellement d'une façon si cruelle qu'elle en vint à réaliser qu'elle devrait le quitter si elle voulait sauvegarder sa santé mentale, voire sa vie. Et pourtant, pendant les rares moments où il la tenait affectueusement dans ses bras, ou même quand elle imaginait qu'il le faisait, elle était envahie de joie et d'excitation au point que cela balayait toutes ses émotions négatives. « Je l'aime plus que n'importe qui ou n'importe quoi, même si je sais que je ne peux pas vivre avec lui. J'ai beau être malheureuse, la seule pensée de n'être plus jamais avec lui me donne l'impression de ne plus avoir de raison de vivre. »

Si votre relation actuelle vous rend plus malheureux qu'elle ne vous rend heureux, et si vous avez fait tout ce que vous pensez pouvoir faire pour l'améliorer, alors il y a des chances pour que vous ayez à choisir entre une dépression chronique si vous restez et une dépression terrifiante si vous partez. (Certaines personnes décident de rester et n'en sont pas très déprimées parce qu'elles diminuent leurs attentes vis-à-vis de la relation et qu'elles trouvent ailleurs d'autres sources de gratification.) En ce moment, vous ne savez pas avec certitude si vous allez être déprimé si vous partez, ni même ce que vous allez éprouver. Vous savez seulement que vous avez *peur* de partir, et peut-être que vous avez peur d'être déprimé si vous partez. Pour cette raison, il est plus exact de dire que *l'alternative désagréable qui se présente à vous est la dépression permanente ou l'angoisse*. Sur quelle base pouvez-vous faire un choix aussi déplaisant ?

Si vous restez coincé dans une mauvaise relation, cela peut approfondir votre dépression, ou la banaliser en une tristesse permanente. La dépression est un état émotionnel qui va souvent de pair avec les sentiments d'être sans défense et sans espoir. La dépression, c'est abandonner son propre pouvoir, c'est attendre passivement que quelqu'un d'autre intervienne pour changer l'état des choses, ou se résigner à ce qu'elles restent comme elles sont. En admettant que vous ayez épuisé toutes les possibilités d'améliorer la relation, le seul fait de vous décider à rompre vous mettra dans un état de tension, d'agitation et de frayeur intense, trois signes révélateurs de l'angoisse. Mais, à la différence d'une dépression prolongée, l'angoisse est un état qui va souvent de pair avec le changement, l'activité, le mouvement et le fait de prendre des risques. Et c'est souvent un état qui dure peu de temps, qui disparaît quand le pas vers la rupture a été franchi et maintenu. En d'autres mots, même si l'angoisse est un sentiment horrible à éprouver, c'est souvent une douleur qui permet d'évoluer. Si votre jugement vous amène à un choix qui vous angoisse, aussi déplaisant que ce soit il vaut toujours mieux choisir l'angoisse que la dépression.

Si vous ne vous sentez pas prêt à rompre, vous pouvez toujours passer par l'étape intermédiaire qui consiste à *vous offrir une séparation temporaire*. Que cela dure quelques mois ou quelques semaines, vous pourrez alors identifier quels sont ces sentiments si terribles qui vous effraient, et vous pourrez acquérir quelque idée sur la meilleure façon d'y faire face. Ce genre de séparation temporaire peut vous apprendre beaucoup de choses. Souvenez-vous par exemple de cette femme qui avait passé un épouvantable week-end toute seule et qui avait mis par écrit sa terreur de se sentir dériver dans l'espace, sans amarres, sans personne pour s'occuper d'elle, seule. Mais elle avait découvert qu'elle pouvait survivre et affronter son angoisse.

Claude est aussi quelqu'un qui a essayé une séparation temporaire. Il a trente-six ans, il est professeur d'anthropologie et il était très en amour (et en aimantage) avec Paule, une décoratrice de trente ans. Paule aussi aimait Claude, mais chacun avait des attentes très différentes. Claude aimait passer des soirées tranquilles à la maison, ou sortir à deux ou avec de bons amis. Il voulait s'installer et avoir des enfants. Paule était très active, elle voulait sortir presque tous les soirs avec beaucoup de gens dans des endroits très animés. Elle plaçait la liberté au-dessus de tout, trouvait que la fidélité sexuelle était une oppression et que « la plus grosse erreur que ma mère a faite, c'est d'avoir des enfants, et je ne vais pas refaire cette erreur ». Après avoir passé presque une année à essayer de convaincre Paule des plaisirs qu'offrait sa façon d'envisager la vie, Claude décida qu'il devait arrêter de la voir malgré l'attirance qu'il éprouvait pour elle et malgré les plaisirs qu'ils partageaient souvent. Il pouvait se rendre compte que les plaisirs allaient diminuant et que ses frustrations augmentaient. Mais il ne pouvait pas se décider à dire « C'est fini ». La douleur et l'angoisse qu'il s'attendait à éprouver lui paraissaient insurmontables. Il fut cependant capable de dire : « Essayons de ne pas nous voir pendant un mois et voyons si ça change quelque chose. »

Au début, Claude éprouva cette séparation comme une véritable torture. Au cours du premier week-end, il resta seul presque tout le temps et pleura beaucoup. Il avait honte de pleurer, mais il dit plus tard : « J'ai commencé à réaliser que c'était une force de pleurer, parce que j'en avais vraiment envie. Et je pleurais parce que j'étais en train de perdre quelque chose qui m'était très précieux. » Il écrivit beaucoup de ses émotions dans un carnet. Voici quelques extraits écrits pendant les premiers jours de la séparation :

> Je la hais tellement que je crois que je la tuerais si elle était ici. Comment peut-elle me préférer ses discothèques et le vide de sa stupide liberté ?

Paule, Paule, Paule. S'il te plaît, appelle-moi et dis-moi que tu me veux, que tu veux ce que je veux.

Je ne suis pas riche, je ne suis pas beau et je deviens chauve. Y a-t-il une autre femme qui voudra prendre dans ses bras ce corps maigre ?

Avec qui est-elle maintenant ? Je suis tout seul, mais je parie qu'elle ne l'est pas. J'ai envie de me tuer quand je l'imagine en train de faire avec un autre ce que l'on faisait ensemble.

Je viens de composer son numéro, mais j'ai raccroché après la première sonnerie.

J'ai commencé à m'habiller pour aller dans un bar pour célibataires, mais le seul fait d'y penser m'a déprimé davantage. Alors je suis resté ici en buvant jusqu'à tout oublier.

Paule, Paule, Paule. S'il te plaît.

Au cours des jours suivants, son journal commence à montrer quelques changements :

Ouahou ! Je viens de réaliser que j'ai passé la journée à travailler sans penser à Paule. Serais-je en train de me libérer ?

Je sens que je tente de me forcer à apprécier plus que je ne le ressens cette nouvelle fille que j'ai rencontrée au gymnase. Arrête.

Paule recommence à me manquer beaucoup. Mais je peux le supporter... Je peux aussi voir à quel point elle ne me convient pas.

Je commence à m'accommoder de tout ce que cela signifie d'être seul. Je n'aime pas ça, mais pourquoi le devrais-je alors que c'est si nouveau ? Et j'apprends qu'il ne suffit pas de vouloir fortement quelque chose et de former des vœux pour que cela arrive... Je vais avoir à combler tous les espaces vides qui sont en moi. Je voulais Paule pour qu'elle apporte de l'excitation dans ma vie, mais je vais devoir trouver mes propres sujets d'excitation.

Il y a de la dignité dans le fait d'être seul. C'est correct. Et ça ne veut pas dire que je suis tout seul. Yves et mon frère ont été là quand j'ai eu besoin d'eux.

Au bout d'un mois, Claude et Paule sont revenus ensemble comme il avait été prévu. Ils étaient encore attirés l'un par l'autre, et, pendant quelques semaines, ils se sont vus presque aussi souvent qu'avant. Mais, comme le dit Claude plus tard:

> Fondamentalement, rien n'avait changé. Paule est Paule, et je suis ce que je suis. Et finalement nous avons rompu. C'était triste, mais d'une certaine façon très agréable. Nous avons beaucoup fait l'amour cette nuit-là, puis nous sommes allés déjeuner à notre restaurant préféré, et, en guise de cadeau d'adieu, je lui ai acheté un paquet de ces noix enrobées de chocolat qu'elle aime tant. Si nous avions essayé de rester ensemble plus longtemps, ça aurait fini dans la haine et l'amertume. C'est encore triste, mais c'est bien aussi. C'est comme si ma fièvre était tombée pendant ce mois de séparation. Et maintenant je peux la laisser partir.

Ainsi, une fois de plus, si vous ne vous sentez pas prêt pour un sevrage total, une séparation temporaire peut vous aider à apprendre à affronter les émotions extrêmes qui sont en jeu lorsque l'on rompt une relation. Cela vous permet de faire l'expérience des sentiments que vous pouvez éprouver en l'absence de votre partenaire. Si vous voulez en tirer le plus d'enseignements possible, ne surchargez pas cette période de séparation avec trop de distractions, de gens à voir ou de travaux à faire. Prenez le temps de ressentir vos émotions. Laissez la fièvre monter, puis tomber. Ne mettez pas fin à la séparation au premier signe de détresse. Il est important d'affronter votre soif d'attachement et de découvrir que vous pouvez supporter les symptômes de sevrage afin de vous remettre en état de mener votre vie guidé par votre propre intérêt et non par votre dépendance.

Deuxième partie
LES FONCTIONNEMENTS DE LA DÉPENDANCE

Chapitre 8
L'objet de mon affection

En général, la soif d'attachement n'amène pas les gens à s'accrocher à n'importe qui. C'est plus sélectif que ça. On se sent amical envers certaines personnes, on est attiré par d'autres, mais elles ne deviennent pas nécessairement l'objet de notre soif d'attachement. D'habitude, une personne doit avoir une qualité bien particulière pour attirer et retenir notre soif d'attachement. Cette qualité est différente pour chacun d'entre nous, mais une personne qui en est dotée devient pour nous ce que j'appelle la *personne fétiche d'attachement*.

J'ai emprunté le terme « fétiche » au vocabulaire des désordres sexuels, où ce mot fait référence à un objet particulier, comme un vêtement ou une partie du corps, qui est utilisé d'une façon ou d'une autre par la personne fétichiste pour obtenir une excitation et une satisfaction sexuelles. Quand j'emploie le terme « personne fétiche d'attachement », cela ne désigne pas nécessairement une personne qui vous excite sexuellement. Je veux dire qu'il y a une qualité particulière qu'une personne *doit* avoir pour que votre soif d'attachement sélectionne *cette personne* pour la satisfaction de vos besoins symbiotiques. L'attraction sexuelle en fait parfois partie. Mais la présence d'une attraction sexuelle ou d'aimantage n'est pas nécessaire pour qu'une personne précise devienne un aimant pour votre soif d'attachement et donc l'objet de votre dépendance.

LES ATTRIBUTS DE LA PERSONNE FÉTICHE D'ATTACHEMENT

Les qualités particulières que quelqu'un doit posséder pour devenir l'objet de vos besoins d'attachement tombent généralement dans trois catégories :

1. Ses attributs physiques.
2. Les caractéristiques de sa personnalité.
3. Son attitude envers vous.

LES ATTRIBUTS PHYSIQUES

La plupart des gens sont plutôt attirés par un type physique particulier, et pas simplement dans le sens sexuel. Pour chacun d'entre nous, certains attributs physiques peuvent éveiller des échos aux niveaux les plus profonds de nos besoins d'attachement. Voici, par exemple, ce que disait un homme de trente et un ans :

> Je ne suis attiré que par des femmes petites, délicates, menues. C'est drôle, je mesure 1,95 mètre et, quand je vais à une soirée de célibataires, je suis accueilli dès mon arrivée par les sourires soulagés et invitants de toutes les femmes grandes qui sont là, puis je me dirige inévitablement vers une fille qui ne fait guère plus que 1,50 mètre… Peut-être que je me sens plus en sécurité avec quelqu'un de plus petit, ou que j'aime la façon dont elles me regardent en levant les yeux, ou encore que j'aime la sensation d'être si grand et si puissant quand je les tiens dans mes bras. Je ne sais pas, c'est juste que je me sens plus à l'aise avec elles, et qu'elles m'excitent.

Il est clair qu'il y a dans ce cas une attraction physique, mais il semble qu'elle repose sur un sentiment de sécurité et de détente qui sont plus proches des besoins d'attachement que du seul appétit sexuel. On peut relever le même aspect dans ces exemples:

> Guy a un regard chaud et velouté qui me donne envie de me blottir dans ses yeux pour y être au chaud et en sécurité.
>
> J'aime les femmes voluptueuses avec de gros seins - tu sais, le type maternel et abondant.
>
> Il y a quelque chose dans les yeux bleu acier qui me dit qu'un homme ne me laissera pas le bousculer, alors je me sens en sécurité et je suis très, très intéressée.
>
> Quand je la regarde, avec sa peau parfaite et ses pommettes hautes, et, par-dessus tout, quand j'écoute sa voix si douce, si mélodieuse, je fonds, tout simplement. C'est comme si je me fondais en elle… Je veux la serrer si fort qu'on ne fasse plus qu'un.
>
> Gilles est si frêle et il a l'air si sensible, un peu comme Woody Allen. J'ai envie de prendre bien soin de lui, ça me fait sentir si proche de lui…
>
> J'ai toujours été attirée par des armoires à glace… Pas seulement parce qu'ils ont un corps excitant, mais je me sens protégée quand je suis avec un gars bâti comme ça.

Dans toutes ces déclarations, on note la présence de l'attirance sexuelle, mais l'accent est davantage mis sur la gratification des besoins du niveau de la soif d'attachement que de ceux du niveau génital. La satisfaction de ces besoins peut ajouter d'immenses bienfaits à une bonne relation ou, tragiquement, peut lier quelqu'un dans une relation catastrophique.

LES CARACTÉRISTIQUES DE SA PERSONNALITÉ

Si vous pensez à tous les gens auxquels vous avez été intimement lié dans une relation amoureuse, il y a des chances pour que ces personnes aient beaucoup de points communs. Certains peuvent avoir des attributs physiques semblables, mais beaucoup doivent avoir des caractéristiques semblables dans leur personnalité. Une femme nommée Ève m'a dit: « Tous les hommes qui m'ont vraiment attirée ont été, d'une manière ou d'une autre, des hommes brillants. Plus encore, pour me plaire un homme doit aimer les idées, être capable de jouer avec, et de jongler avec elles comme avec des balles. Je suis excitée par ça. Je deviens comme un petit enfant béat qui applaudit un magicien ou un prestidigitateur. » Comme on le verra plus loin en détail, Ève avait tendance à se retrouver avec ces hommes dans des relations de type maître-esclave où elle disparaissait, où elle devenait leur assistante et leur infirmière, toujours à son propre désavantage. Voici quelques autres exemples de l'impact des caractéristiques de la personnalité sur l'attachement:

> Toutes les femmes avec lesquelles j'ai été sérieusement impliqué étaient très émotives, très intenses. Leur intensité me faisait me sentir en vie. Le seul problème, c'est qu'elles avaient généralement des sautes d'humeur excessives, et, au bout d'un moment, ça me rendait fou ou simplement ça m'exaspérait.
>
> Bernard est si calme et si réservé qu'il y a des fois où j'ai l'impression de mourir de faim. Mais ça a été la même chose avec presque tous les gars que j'ai aimés depuis mon adolescence. Je crois toujours que je vais arriver à les faire s'épanouir.
>
> Je suis accroché par les femmes qui ne pensent qu'à elles. Vous savez, ces femmes qui ont l'air sexy et dont tous les hommes ont envie, mais qui sont en réalité des petites filles vaches et égoïstes. Je me dis qu'avec moi elles vont se conduire différemment. Quand vais-je apprendre?
>
> J'ai toujours été attirée par des hommes aux ailes brisées ou affligés de quelque problème tragique — vous savez

extrêmement familier. Peu importe que ses effets soient bons ou mauvais, c'est le type de relation dans lequel on se sent le plus à l'aise, et on a tendance à penser qu'on en a besoin pour rester en vie, pour « garder le feu allumé ». Cela nous amène à ce que l'on pourrait appeler l'origine du *transfert* de notre choix des qualités particulières du fétiche d'attachement.

Ce transfert se remarque plus clairement chez les gens qui ont tendance à choisir des personnes qui ont des attributs physiques de personnages importants de leur enfance. J'ai donné plus haut l'exemple d'un homme de grande taille qui était régulièrement attiré par des femmes petites. Cet homme parlait du confort et de la sécurité qu'il éprouvait avec elles, et n'attribuait cela qu'au fait d'être assez grand pour se sentir fort et sûr de lui. Mais sa mère et sa sœur aînée étaient toutes les deux de très petites femmes, aussi la situation est-elle peut-être plus complexe qu'il ne le croyait. Peut-être y a-t-il dans son attraction un niveau de *transfert*, un niveau auquel les petites femmes qu'il choisit aujourd'hui réveillent des souvenirs émotionnels de son enfance, les souvenirs des sentiments de confort et d'affection qu'il éprouvait pendant son enfance avec ces deux petites femmes qu'étaient sa mère et sa sœur. Quand je le lui ai suggéré, il put reconnaître que les femmes qui l'attiraient aujourd'hui se ressemblaient sous d'autres aspects. « J'ai trouvé des photos de ma mère et moi quand j'étais bébé, et elle avait à peu près l'âge qu'ont les femmes avec qui je sors aujourd'hui ; c'est incroyable à quel point elle ressemble aux femmes qui m'attirent le plus, non seulement par la taille, mais par la couleur et la longueur des cheveux, par la forme du visage... ! »

En y pensant bien, ce n'est pas si incroyable que ça. Il est inévitable que les premières personnes qui nous ont aimé dans notre vie aient laissé leur marque sur nos sentiments et sur nos attentes, même si nous avons perdu par la suite la mémoire des expériences qui ont façonné ces attentes. J'ai souvent remarqué que les gens fortement attachés de façon fétichiste à des personnes dotées de traits caractéristiques de physique ou de personnalité, ont eu pendant leur enfance des expériences très fortes avec des personnes ayant les dits attributs. Les prototypes sont généralement leurs parents, mais pas toujours. Une femme était toujours attirée par des hommes grands et maigres comme des échalas, qui, elle le réalisa plus tard, ressemblaient à son frère aîné qui avait été affectueux et protecteur avec elle quand il était un adolescent et elle une petite fille. Et un homme dont la mère était une femme froide, mince et soucieuse de la mode fut plus tard attiré par des femmes boulottes, bien en chair et chaleureuses comme la sœur de sa mère, qui vivait à côté de chez eux quand il était petit et qui l'adorait. Même si l'on s'attache surtout à des gens qui ont des types de personnalité ou des attributs physiques particuliers, il est quelquefois difficile d'en retrouver les modèles dans notre enfance, mais, en cherchant bien, on y arrive la plupart du temps.

Cependant, il arrive parfois que, même si l'on est toujours accroché au même type de personnes, l'origine des qualités qui nous accrochent soit plus compliquée qu'un simple transfert d'une personne à l'autre. On peut considérer, par exemple, que cet homme attiré par des femmes plutôt grosses ne s'attachait pas seulement à des femmes qui ressemblaient à sa tante boulotte, mais aussi qu'il était attiré par des femmes qui étaient *différentes* de sa mère mince et froide. Et, de fait, beaucoup de gens ont régulièrement des relations profondes avec des gens aussi éloignés que possible des images parentales de leur enfance. Pour certains, cela se traduit en choisissant des gens qui ont une apparence différente, ou un accent différent, ou une attitude envers la vie différente. D'autres iront jusqu'à établir leurs relations les plus intimes avec des gens qui ont des origines totalement différentes des leurs, que ce soit au point de vue religieux, ethnique, socio-économique ou racial. Il y a par exemple des hommes et des femmes blancs qui sont incapables de s'attacher à d'autres partenaires que des noirs, et des noirs qui n'ont régulièrement des relations qu'avec des partenaires blancs. Et il y a des hommes et des femmes juifs qui ne se retrouvent qu'avec des partenaires non juifs, et des hommes et des femmes non juifs qui ne sont attirés que par des partenaires juifs. Ces gens ont tendance à concevoir des fétiches d'attachement d'*anti-transfert*. Dans quelques cas, comme celui de l'homme qui préférait les femmes d'un style opposé à celui de sa mère froide et réservée, il s'agit d'un éloignement de certains attributs associés à des rejets, des abus, des déceptions, des contraintes ou d'autres expériences négatives datant de la petite enfance. Mais encore une fois, cela peut être encore plus compliqué. Par exemple, des attachements de type anti-transfert peuvent se produire dans le cas d'un homme qui, pendant son enfance, éprouvait *trop* d'attraction ou d'attachement pour sa mère, ou d'une femme qui, pendant son enfance, éprouvait *trop* d'attraction ou d'attachement pour son père. Il se peut alors que ces gens effectuent leur choix non par rejet d'un comportement parental qui les a blessés, mais par rejet ou négation de leurs propres impulsions infantiles et probablement inconscientes. Ils ne peuvent pas se permettre de trop s'approcher de gens qui réveilleraient ces anciennes émotions, des émotions qui sont inacceptables parce qu'elles sont associées à des interdictions sexuelles (œdipiennes) ou parce qu'elles réveillent le souhait trop puissant de devenir passif et dépendant comme ils l'étaient dans leur petite enfance. Pour ces gens-là, les personnes qui ont des origines différentes semblent à la fois plus exotiques et plus rassurantes.

Les structures les plus contraignantes et les plus autodestructrices apparaissent chez ceux qui persistent à s'attacher à des gens dont la présence leur fait manifestement du mal. J'ai parlé plus haut d'Ève, la femme qui se retrouvait avec toute une série d'hommes brillants et volubiles qui jonglaient avec les idées « comme avec des balles ». Bien qu'Ève soit une femme très intelligente, capable et cultivée, elle se mettait dans une position de servilité telle que non seulement elle se retrouvait assistante de recherche, secrétaire, cuisinière et confidente, mais qu'elle se conduisait de façon humble et infantile dans les petits événements quotidiens de la relation. En plus d'être « brillants », ses hommes avaient aussi tendance à être autocratiques, exigeants et autoritaires. Elle s'éreintait ainsi pour quelqu'un qui considérait que ses soins lui étaient dus, qui la traitait avec dédain et qui n'éprouvait pas beaucoup le besoin de lui rendre la pareille. Au bout de quelque temps, la relation se terminait, soit parce qu'il avait une relation avec une autre femme, soit parce qu'à bout de désespoir et de dépression elle y mettait fin elle-même.

Il n'est pas difficile de voir dans l'histoire d'Ève les origines de son fétiche d'attachement. Son père était très intelligent, éminent professeur de biochimie, et Ève l'admirait et l'adorait. Depuis sa plus tendre enfance, elle avait découvert qu'il aimait les jeux de conversation avec elle et qu'il appréciait quand elle y prenait part avec esprit et finesse, mais elle découvrit aussi qu'il lui en voulait et qu'il se retirait quand elle était meilleure que lui. Ève « l'aidait » à faire ses mots croisés quand elle était petite, et plus tard, quand elle fut au collège, elle corrigeait et dactylographiait ses articles. La mère d'Ève s'occupait davantage d'achats et de décoration que de jeux de mots et d'idées, et elle était souvent une spectatrice muette des jeux d'Ève et de son père. Par ailleurs, le père d'Ève aimait sa femme de façon tolérante et protectrice.

Ève recevait ainsi plusieurs messages de son père : (1) on peut faire pétiller les yeux d'un homme en ayant une conversation brillante, et c'est la chose la plus excitante au monde ; (2) c'est bien de l'assister de toutes les façons possibles parce que c'est un être supérieur ; (3) elle a intérêt à ne pas sortir de son rôle d'assistante en réussissant trop bien parce que ça lui porterait ombrage et (4) il choisirait sans doute quelqu'un d'autre comme partenaire. Elle avait ainsi transféré sur d'autres ce qu'elle avait appris avec son père, et cela l'avait poussée à surévaluer certains hommes, à se sous-évaluer elle-même et à vivre toute une série de relations condamnées d'avance. (On verra plus loin que, pour Ève, la première étape du changement fut de prendre conscience de ce modèle de comportement et de ses origines.)

Un autre exemple de fétiche d'attachement autodestructeur est illustré par Bertrand, l'homme qui disait : « Elle est comme toutes les femmes avec qui je me suis retrouvé : centrée sur elle-même, égoïste et froide comme une statue. » Qu'est-ce qui peut faire que cet homme de trente-cinq ans, par ailleurs raisonnable, soit attiré par des femmes qui ne lui donnent rien ? Il est évident que nous avons tous besoin d'affection et de contact chaleureux, aussi peut-on se demander pourquoi des gens comme Bertrand se retrouvent avec des partenaires qui manifestement ne répondent pas à ces besoins. On comprend déjà mieux lorsqu'on apprend que la mère de Bertrand était une femme froide et distante qui se souciait moins de son fils que de la dernière mode ou de la décoration et la propreté de la maison. Bertrand décrivait les dîners à la maison comme des « cauchemars d'élégance » et disait : « Elle m'habillait comme un accessoire. » La privation d'affection et de réelle sollicitude vécue par Bertrand a multiplié d'autant sa soif d'attachement. On pourrait penser qu'il aurait plus tard été attiré par des femmes pouvant combler en partie ces besoins non satisfaits. Certaines personnes font ce genre de choix et forment des relations avec des gens qui leur donnent beaucoup plus que maman leur a jamais donné. Mais Bertrand, comme beaucoup d'autres, s'est au contraire attelé à la tâche d'essayer d'amener des femmes ressemblant à sa mère à lui donner enfin ce dont il a besoin. C'est comme s'il s'obstinait à vouloir obtenir du lait chaud d'une statue de marbre belle mais froide. La littérature romanesque, les mythes et la littérature classique sont pleins de ces hommes héroïques qui escaladent des montagnes de verre, combattent des dragons, s'épuisent et ruinent leur vie en tentant obstinément de séduire une femme hautaine et glacée. C'est une tâche futile et autodestructrice, et ce peut être aussi une dépendance fatale.

Jeanne illustre un autre exemple d'une personne qui est constamment attirée par des hommes qui lui font du mal. C'est elle qui disait, plus haut : « J'ai toujours été attirée par des hommes aux ailes brisées ou affligés de quelque problème tragique… » Son père était un homme superbe, mais passif et sans initiative, qui arrivait à dissimuler sa pusillanimité derrière la fortune dont il avait hérité et un charme distingué. Jeanne l'admirait quand elle était enfant, et en grandissant elle avait lutté contre elle-même pour ne pas voir les faiblesses de son père. Mais il avait continué à la décevoir, n'étant chaque fois jamais là quand il le fallait. Quand elle a fini par admettre la réalité de ce qu'il était, elle s'est sentie flouée. « Je l'ai idéalisé, j'ai créé une illusion, et puis, soudain, je n'ai plus pu le faire. Je l'ai vu comme un perdant pathétique. C'est encore douloureux. J'ai perdu tant d'années à le mettre sur un piédestal ! Quel gaspillage triste et stupide ! »

Quand Jeanne a pu voir clairement cet aspect de sa relation avec son père, il s'est encore passé quelque temps avant qu'elle cesse de transférer cette interaction sur les autres hommes. Je pensais à Jeanne et aux gens comme elle en écrivant :

> J'ai vu des femmes qui avaient eu des pères faibles choisir obstinément et invariablement, parmi le grand nombre d'hommes qu'elles avaient croisés dans leur vie, ceux qui étaient fondamentalement des petits garçons : des alcooliques, des drogués, des amoureux transis, des ratés, incapables de gagner leur vie et de s'affirmer, sauf peut-être comme petit garçon exigeant, boudeur et capricieux...[1]

Si vous êtes comme Jeanne, vous avez appris dès votre plus jeune âge que votre rôle dans une relation devait ressembler à ceci :

> Il s'agit, au moins au début, de nier les faiblesses fondamentales de votre homme, soit en vous aveuglant complètement, soit en les considérant comme des bizarreries amusantes ou sans gravité. Et puis un jour, quand vous

1. Howard Halpern, *Cutting Loose : Am Adult Guide to Coming to Terms with Your Parents*, New York, Simon & Schuster, 1977 ; livre de poche, Bantam, 1978. Ce passage est extrait du chapitre 4, « The Little Man Who Isn't There » (« Le petit homme qui n'est pas là »).

avez suffisamment de bleus sur la tête ou sur les fesses à force de vous cogner la tête ou de tomber à la renverse chaque fois que vous aviez pensé que votre homme était assez fort pour vous soutenir au point de vue émotif, moral ou pratique, ce jour-là vous réalisez peu à peu qu'il y a peut-être un défaut fondamental. Ce serait alors un bon moment pour réévaluer tous les aspects de votre relation. Mais si, dès votre enfance, vous vous êtes accrochée à ce fantasme de sauvetage et de réhabilitation avec votre père, alors, sans même y penser, vous allez vite revêtir l'uniforme correspondant à la mission qui vous appelle : infirmière, travailleuse sociale, conseillère d'orientation, mère bienveillante, agente de police. Alors commence l'épuisant processus d'aide, de réconfort, de soutien, de réassurance, jusqu'à ce que vous renonciez. Puis, après vous être brièvement reposée, vous recommencez à aider, etc.

Que ce soit une femme qui se porte au secours d'un homme incapable et sans défense ou un homme qui se porte au secours d'une femme incapable et sans défense, ce type d'opération de sauvetage se fonde généralement sur une tentative de résolution d'une ancienne frustration éprouvée avec ce genre de parent. Si vous vous retrouvez dans ce rôle, vous savez à quel point une telle tâche peut provoquer de dépendance.

Tous ces exemples de fétiches d'attachement autodestructeurs ont un point commun : ils reflètent que tous ces gens ont une piètre estime d'eux-mêmes. Qu'il s'agisse d'Ève et de son attraction pour les chevaliers au verbe fleuri, de Bertrand et de ses relations avec des femmes froides comme des statues, de Jeanne et de sa propension à sauver des hommes aux ailes brisées, ou qu'il s'agisse d'une attirance persistante pour des gens qui ne sont pas disponibles, ou qui sont cruels, ou qui sont déprimés, ou tout autre type de fétiche qui a, au départ, un défaut majeur, tout cela est basé sur la même supposition de transfert : si vous arrivez à transformer l'autre en une personne forte et aimante, il ou elle vous fera vous sentir complet, adapté, en sécurité, heureux. Ce qui est une autre façon de dire que sans cette personne vous pensez que vous êtes incomplet, inadapté, inquiet et malheureux. Tant que vous continuerez à y croire, vous serez toujours vulnérable à votre genre particulier d'attachements autodestructeurs.

Chacun d'entre nous tend sans doute à avoir des fétiches d'attachement. Cela veut simplement dire que lorsque nous recherchons la gratification de nos besoins d'attachement, nous sommes chaque fois plus attirés par des personnes possédant certaines qualités plutôt que d'autres. Ces qualités sont inscrites dans l'histoire individuelle de chacun, même s'il arrive que nous ayons oublié depuis longtemps les personnes, les incidents et les émotions qui en sont la source. L'existence de ces fétiches n'est pas un problème en soi. La plupart des fétiches d'attachement sont inoffensifs, sauf quand ils éliminent la possibilité d'une relation intime avec une personne qui, par ailleurs, conviendrait parfaitement. Ces fétiches peuvent être positifs s'ils vous conduisent à une relation bonne et enrichissante, parce qu'ils peuvent créer une interaction particulièrement belle et profonde. En fait, lorsque le fétiche d'attachement est une forte composante d'une relation raisonnablement compatible, le pouvoir de cette attirance peut former un lien maintenant les partenaires ensemble au travers des tempêtes et des difficultés qu'ont à affronter deux humains qui essaient de traverser la vie l'un avec l'autre. Les fétiches d'attachement deviennent nuisibles quand ils conduisent à un échec ou à une défaite inévitables (comme dans le cas de ceux qui sont attirés par la méchanceté de quelqu'un, ou par des personnes non disponibles), ou quand les qualités fétiches ont un tel pouvoir magnétique qu'elles vous retiennent dans une relation qui vous est nuisible par d'autres aspects importants. Quand cela arrive, vous devez travailler à diminuer le pouvoir de ces qualités fétiches afin d'être libre d'établir des relations avec un cercle plus grand de personnes plus satisfaisantes.

C'est une tâche difficile mais non impossible. Pour Ève, ça a commencé par une série de prises de conscience. Elle s'est d'abord rendu compte que le problème ne résidait pas seulement dans son attirance pour des hommes brillants et volubiles : elle connaissait depuis longtemps cette prédilection et s'en était toujours vantée. Mais elle se rendit compte alors que ces hommes avaient aussi deux caractéristiques essentielles : l'arrogance et la non-disponibilité. Et ces deux caractéristiques, par définition, éliminaient toute possibilité de relation durable et réussie. Elle se rendit compte de la ressemblance de ces hommes avec son père : tous brillants, parlant bien, arrogants et non disponibles (son père jouait avec elle mais appartenait à sa mère). Finalement, Ève se rendit compte qu'elle rejouait un vieux drame de famille : elle avait été l'assistante et la compagne de jeux de son père, mais jamais sa femme. Elle ne s'autorisait pas à avoir un homme à elle : c'était le territoire de maman.

Des petits changements ont commencé à se manifester à la suite de ces prises de conscience. Ève avait une relation profonde avec un homme qui était directeur de recherches dans une importante compagnie d'ordinateurs. Il était pénétrant, spirituel, arrogant et marié. Mais cette fois, au lieu de se faire croire qu'avec lui ce serait différent, elle put voir qu'il y avait dès le départ, dans cette relation, les termes d'une rupture inévitable. Elle commença à ne plus supporter d'être au service de cet homme non seulement en voyant que ça ne mènerait nulle part, mais aussi en réalisant à quel point elle se limitait et se diminuait dans une situation aussi servile. Ce type de relation commençait à perdre son intérêt et lui apparaissait révoltant et étouffant. Finalement, à la veille d'un week-end qu'ils devaient passer ensemble, elle reçut de lui un message avec le texte d'une conférence qu'il devait prononcer, et qu'il lui demandait de réviser. Elle lui renvoya son texte avec le messager, en y ajoutant une note ainsi rédigée : « C'était amusant, mais ça ne l'est plus. Merci pour tout et adieu. »

Ève continua par la suite à trouver séduisants de tels hommes, mais, dit-elle, « dès que je reniflais leur arrogance, ou leur non-disponibilité, ou que je devenais « la petite assistante de papa », tous mes systèmes d'alarme se mettaient en branle. Au début, j'ai dû me forcer à me rappeler ce que je savais pour me tenir éloignée de ces hommes. J'aime toujours les hommes brillants et qui parlent bien, mais il existe aussi beaucoup d'hommes agréables et disponibles, au moins théoriquement. » Les relations d'Ève ont manifestement pris une meilleure orientation.

Chapitre 9
Comment on s'abuse soi-même dans une dépendance

Il est difficile de rester dans une relation de dépendance quand celle-ci vous rend malheureux, vous fait souffrir et vous déçoit. Pour vous maintenir dans une telle situation, vous pouvez avoir appris à vous raconter des histoires qui vous disent que vous êtes heureux, à anesthésier vos douleurs, à vous cacher vos propres déceptions[1]. Il est compréhensible que l'on s'abuse soi-même sur des réalités désagréables quand la soif d'attachement nous pousse à nous y accrocher, mais c'est aussi dangereux que de prendre des analgésiques qui éliminent les symptômes d'une grave maladie. Nous allons donc regarder de près les manœuvres que l'on peut employer pour s'abuser soi-même afin de rester dans une situation destructrice.

LA RATIONALISATION

Votre soif d'attachement cherche désespérément à maintenir un lien, quelles qu'en soient les conséquences, et vos capacités de jugement peuvent s'en faire complices, permettant ainsi à la soif d'attachement de contrôler vos actes. La rationalisation est une technique qui vous donne de bons arguments pour dissimuler d'autres arguments sous-jacents. J'ai montré dans le premier

1. Il arrive parfois que, pour modifier leurs humeurs ou pour pouvoir continuer à ne pas regarder en face la réalité de leur relation, des gens prennent des produits comme l'alcool, les tranquillisants, les antidépresseurs, les amphétamines, les barbituriques, etc.

chapitre comment on peut utiliser cette technique pour maintenir une dépendance. J'ai cité une femme qui disait : « Ce n'est pas qu'il ne m'aime pas. Il a juste peur de s'engager. »

Dans ce cas précis, il est apparu clairement que cet homme ne se souciait pas beaucoup d'elle et ne l'aimait pas. Il lui aurait suffi d'ouvrir les yeux pour s'en rendre compte, mais elle s'arrangeait pour déformer le sens des évidences (sa froideur et la distance qu'il maintenait) plutôt que d'affronter une vérité douloureuse qui l'aurait menée à rompre la relation. Il y a des cas où ce genre de rationalisation peut être vrai : quand une personne se soucie vraiment d'une autre tout en ayant peur de s'engager. Dans ces cas-là, il peut arriver que l'on se serve de la rationalisation pour éviter de se poser la question : « Est-il important que je compte pour lui sans qu'il puisse s'engager si, pour moi, c'est l'engagement qui compte ? » Il n'y a alors que vous qui puissiez décider s'il vaut mieux rester ou partir. Mais vous seriez dans une meilleure position pour prendre une décision éclairée si au moins vous mettiez en doute la rationalisation et si vous regardiez la réalité en face, peut-être avec l'aide de personnes plus objectives. Il existe pour cela une règle de base, c'est de considérer le comportement frustrant de votre partenaire *tel qu'il se manifeste* au lieu de faire des acrobaties mentales fantaisistes pour tenter de le déguiser. Vous pourrez alors voir si, pour vous, ce comportement tel qu'il se manifeste est acceptable. S'il ne l'est pas, *vous aurez* alors le choix entre vivre avec, le modifier ou le quitter, mais au moins vous cesserez de vous abuser vous-même.

L'IDÉALISATION

Lorsque quelqu'un est votre personne fétiche d'attachement (surtout s'il y a aimantage), il est très facile d'en déformer l'image de façon à accentuer ses qualités et à diminuer ou ignorer ses défauts. Ce genre de distorsion peut être inoffensif et peut même parfois mettre de l'huile sur les quelques rouages qui accrochent inévitablement dans toute relation. Mais quand vous idéalisez les aspects qui posent le plus de problèmes, ou quand cette idéalisation vous aveugle sur les aspects qui vous blessent, alors cette idéalisation devient une façon dangereuse de vous abuser vous-même.

Une des formes les plus communes de cette idéalisation dangereuse est une manœuvre mentale que les hommes et les femmes pratiquent avec autant de dextérité. Il s'agit d'interpréter de travers l'inaptitude d'une personne à aimer, à être généreuse, à venir en aide, et de la faire passer pour une force au lieu d'une faiblesse ou d'une infirmité. Linda, par exemple, était depuis longtemps avec Julien, un homme qui était d'une impassibilité de granit quand elle souhaitait qu'il soit plus personnel, plus émotif, plus engagé. Il lui répétait souvent: «Je ne vais pas te materner.» Et sa réponse classique, chaque fois qu'elle lui demandait s'il l'aimait: «Si tu ne le sais pas, je ne vais pas te le dire.» Elle le voyait comme un être fort et autonome et se voyait en comparaison faible et plaintive. «J'admire sa force. Il est comme un roc. Il n'a besoin de personne. Je peux comprendre que mes exigences affectives le refroidissent.» Elle continuait à souffrir de son manque d'affection et de ses rebuffades, mais elle essayait de toutes ses forces de s'en accommoder en se disant que c'était la faute de sa propre «dépendance infantile».

Peu à peu, Linda prit conscience que beaucoup de choses allaient mal dans la vie de Julien, au point de s'effondrer, et qu'il était pourtant incapable de lui parler de ses soucis ou de son découragement. Il devint de plus en plus réservé, renfrogné et inapprochable. Elle commença à réaliser que ce qu'elle prenait pour une grande force était en réalité une façon désespérée de se défendre, tout en le niant, de son propre énorme besoin de quelqu'un d'autre. Elle put voir que sa dureté envers elle était une façon de dissimuler et de dédaigner sa propre vulnérabilité. Ses demandes à elle le menaçaient parce qu'il avait emmuré ses propres besoins et ne voulait rien qui puisse les lui rappeler. Elle avait excusé ce qu'elle croyait être de la force et de l'indépendance alors que ce n'était, elle le voyait maintenant, qu'un grave handicap psychologique.

Linda se souvint que ses parents étaient des gens plutôt pratiques, distants et peu émotifs, qui se défendaient fortement contre tout sentiment ou toute dépendance. En parlant avec Linda de son enfance, sa mère lui avait dit récemment: «Je ne croyais pas à ces histoires d'"instinct maternel". » Linda releva à quel point cela ressemblait à ce que disait Julien: «Je ne vais pas te materner. » Linda n'arriva pas à se rappeler une seule conversation avec son père sur ses sentiments, ses besoins ou ses projets. Jusque-là, Linda avait toujours considéré que ses parents n'étaient pas démonstratifs, mais qu'ils étaient des gens forts sur lesquels on pouvait compter, et elle avait toujours pensé que ses besoins émotifs étaient une faiblesse honteuse. Au cours des dernières années, Linda s'était rendu compte à quel point ses parents s'étaient limités en abordant ainsi l'existence, mais c'est seulement récemment, en voyant l'armure que Julien s'était construite contre ses sentiments et sa vulnérabilité, qu'elle a compris que les défenses de ses parents étaient du même ordre. Elle réalisa que quand elle était petite et incapable d'obtenir de ses parents les réponses affectives qu'elle voulait, elle avait pensé que, contrairement à elle, ils étaient forts et au-dessus de tout besoin d'affection. Comme elle était incapable de voir la froideur de ses parents comme une limitation, elle en avait conclu qu'il y avait quelque chose qui n'allait pas en elle. En revoyant l'histoire de ses relations à la lumière de ce nouvel éclairage, elle vit qu'elle avait toujours mis sur un piédestal des hommes qui avaient de gros défauts et qui manquaient d'assurance, et qu'elle s'était trompée en prenant leur froideur pour de la maturité. Maintenant, elle devait se demander ce qu'elle ressentait envers Julien et ce qu'elle voulait faire de leur relation avec un jugement libéré de toute idéalisation.

De la même façon, certains hommes idéalisent en « vraies femmes » des femmes frivoles, superficielles, séductrices, excentriques, capricieuses, en refusant de voir l'infantilisme qui est souvent sous-jacent à ce genre de comportement. Ces hommes se demandent toujours avec étonnement pourquoi les merveilles qu'ils attendaient de ce genre de relation ne se réalisent jamais. Ils se sentent alors frustrés et désespérés, mais en pensant souvent que c'est de leur faute, qu'ils ne sont pas assez virils pour de telles femmes, plutôt que de reconnaître qu'ils sont coincés dans une relation avec une petite fille bornée. Quand on veut s'abuser soi-même, on peut idéaliser quasiment n'importe quel trait, n'importe quelle caractéristique.

LES ESPOIRS SANS FONDEMENT

On connaît l'histoire du petit garçon optimiste qui, recevant en cadeau une caisse de crottin, prend une pelle et dit: « Il doit y avoir un cheval quelque part là-dedans. » De la même façon, beaucoup de gens qui se retrouvent dans une relation décevante et désagréable essaient de découvrir des aspects plus positifs. Et il y en a quelquefois. Il arrive parfois que l'acceptation de la relation *telle qu'elle est* la transforme en une relation bien meilleure. Il arrive parfois qu'en dessous des exaspérations défensives et des jeux de frustrations il existe une relation de grande valeur que l'on peut retrouver à la fois par l'acceptation et par une confrontation difficile, honnête et attentive. Parfois, c'est vrai, cela vaut la peine de prendre une pelle et de se mettre à creuser. Mais vous devez savoir aussi quand vous arrêter de creuser, quand admettre qu'il y a beaucoup de crottin et pas de cheval. S'il est bien certain que l'espoir et l'optimisme sont des valeurs précieuses quand il s'agit de bâtir quelque chose d'aussi précaire qu'une bonne relation, il est non moins certain que tout espoir non fondé devient une illusion dont vous pouvez vous servir pour rester indéfiniment dans une relation qui vous blesse. C'était le cas d'une de mes patientes qui était mariée depuis dix ans avec un homme qui avait des accès de rage au cours desquels il brisait le mobilier, terrorisait les enfants et l'avait même plusieurs fois sévèrement battue. Après de tels accès, il avait des remords, et il était plusieurs fois entré en thérapie, soit seul, soit avec elle, pour résoudre le problème. Mais, chaque fois, il suivait le traitement pendant quelque temps, se convainquait que tout allait bien et cessait brusquement le traitement, jusqu'à son prochain accès de rage. Une fois, il avait été particulièrement violent et il était retourné en thérapie. Deux semaines après, elle me dit au cours d'une session, en parlant de lui : « Quand Laurent ira mieux… » Je l'interrompis : « Et s'il n'allait jamais mieux ? » Elle fut abasourdie. « Mais c'est sûr. Il est retourné voir son docteur. » On passa alors en revue leur histoire commune, et elle dut convenir que ses accès de colère étaient devenus plus violents et plus fréquents avec les années. Elle admit qu'elle pouvait se rendre compte qu'il n'avait aucun désir réel de s'attaquer à son problème, et qu'il n'entrait en thérapie après chaque épisode violent que poussé par un bref sentiment de culpabilité et pour l'apaiser, elle, afin qu'elle ne le quitte pas. Et s'il y avait des changements, généralement c'était vers le pire. « Je refuse d'accepter ça, même si je sais que c'est vrai… Toute la pièce tourne… Si je pense que ça n'ira pas mieux, je sais ce que j'aurais à faire, et je ne peux pas ; ça me fait peur. »

La plupart des cas de faux espoirs ne sont pas aussi dramatiques que celui-là, où il s'agit de violences physiques, mais cette façon de s'abuser soi-même pour rester dans une mauvaise relation est assez courante :

> Si elle ne m'aimait pas vraiment, elle ne continuerait pas à sortir avec moi.
>
> Il dit qu'il ne voudra jamais se marier, mais beaucoup d'hommes l'ont dit qui sont aujourd'hui mariés.
>
> Elle reconnaît parfois qu'elle me mène la vie dure, et cela me donne toujours l'espoir qu'elle finira par arrêter.
>
> Il (elle) dit qu'il va arrêter de boire (de jouer, de prendre des drogues, d'être cruel, de s'absenter, d'être irresponsable, de travailler trop fort, de me déséquilibrer, de me critiquer, de me tromper, de ne pas m'aider, etc.), et même s'il me l'a déjà dit souvent, cette fois je crois qu'il le pense pour de bon.

Comme faire la différence entre un espoir légitime et un espoir sans fondement ? En regardant les faits froidement et attentivement. Est-ce que l'autre personne déclare qu'elle veut que les choses se passent différemment ? Est-ce qu'elle fait quelque chose dans ce sens ? Est-ce que vous et lui (elle) voulez réellement la même chose, ou vous imaginez-vous qu'il en est ainsi ? Voulez-vous des changements de direction précis ? Avez-vous vraiment fait des efforts pour que ça aille mieux ? Quel a été le résultat de ces efforts ? Depuis combien de temps êtes-vous insatisfait(e) ? Y a-t-il la moindre chance que ça s'améliore avec le temps ?

En explorant objectivement ces questions, vous pourrez savoir un peu mieux si vous vous abusez vous-même avec de faux espoirs ou si vous vous remontez le moral pendant une période difficile avec un optimisme légitime basé sur une appréciation réaliste des faits et des potentialités. Mais étant donné qu'il est difficile de faire cela tout seul, il pourrait vous être utile d'avoir le point de vue d'autres personnes, à condition qu'elles n'aient pas d'idées préconçues sur votre relation.

LA PERSISTANCE D'UNE ILLUSION

Les rationalisations et les idéalisations que nous avons examinées font souvent elles-mêmes partie de tout un réseau de techniques servant à maintenir une illusion. Et l'illusion de base, qui est elle-même une distorsion de la réalité, c'est : « Si je peux me lier à cette personne et que ça marche bien, ma vie sera merveilleuse ; et si je n'y arrive pas, ma vie sera épouvantable, vide et malheureuse. » Comme nous l'avons vu, ceci est basé sur le désir inconscient de recréer l'expérience du lien bienheureux avec la mère tel qu'il existait dans la petite enfance et/ou un lien spécial et excitant avec le père un peu plus tard. Le père d'une jeune femme avait agi littéralement comme un « génie magicien » en lui promettant et en lui donnant tout ce qu'elle demandait, l'amenant ainsi à penser qu'elle pouvait réellement l'avoir, lui. Elle reproduisit cette relation en se retrouvant avec des hommes qui n'étaient pas disponibles, mais qui lui permettaient de maintenir l'illusion qu'ils étaient totalement disponibles en lui faisant de temps en temps une déclaration dramatique. Il lui fut long et difficile de se défaire de ses illusions. Un jour, elle me raconta un rêve qu'elle venait de faire. À cette époque, elle avait reporté l'image de son illusion sur un homme marié dont elle espérait, contre toute évidence, qu'il laisserait sa femme pour venir avec elle. Elle avait rêvé que son ami était mort, mais que, juste avant de mourir, il lui avait donné un palais gigantesque « comme ceux des Mille et Une Nuits ». Dans son rêve, elle était allée à l'enterrement. La femme et les enfants de cet homme y étaient, et elle avait douloureusement réalisé à quel point elle n'avait joué qu'un rôle marginal dans sa vie. Ce n'était pas difficile de déchiffrer le message de ce rêve : cet homme était pour elle le « génie magicien » qu'avait été son père, mais la relation principale de cet homme (et de son père) était avec quelqu'un d'autre. Elle avait fait ce rêve à un moment où elle commençait à prendre ses distances vis-à-vis de cet homme (ce qui était symbolisé par sa mort) et, ce qui était plus important, elle avait commencé à réaliser que sa quête d'une relation qui transformerait son monde en un jardin enchanté était elle-même une illusion.

Si vous voulez aussi arrêter de vous abuser vous-même, vous devez essayer de prendre conscience de toutes les fois où vous vous retrouvez en train de penser que la personne avec qui vous êtes est la « seule et unique » qui puisse vous rendre heureuse, que vous puissiez aimer, qui vous excite sexuellement, etc. Dès que vous introduisez l'expression « seule et unique », vous n'êtes pas dans la réalité, mais vous essayez de retrouver les anciennes émotions que vous éprouviez avec votre « seule et unique mère » (ou père). Votre père et votre mère étaient alors votre monde tout entier, à une époque où votre monde était aussi limité que vos capacités de vous exprimer. Votre monde est aujourd'hui plus grand, et vous avez la capacité de créer et de générer votre propre bonheur ; et même si une relation amoureuse satisfaisante peut être une grande part de ce bonheur, c'est s'accrocher à une illusion qui peut vous conduire aux pires malheurs que de croire que seul un attachement à cette personne peut vous rendre heureux. Et il y a des croyances qui peuvent étayer vos illusions. Des croyances comme « Ça doit marcher » ou « Il (ou elle) doit m'aimer puisque je l'aime tellement ». Vous vous feriez le plus grand bien en mettant en doute quelques-uns de vos a priori sur les relations en général et sur celle qui vous préoccupe en ce moment, si vous avez l'intention de vous désillusionner. Il ne fait aucun doute que certaines illusions sont le sel de l'existence, mais pas celles qui vous trompent en vous maintenant bloqué dans une relation malheureuse.

Chapitre 10
L'art de rester accroché

Puisque le but obsessif de votre soif d'attachement est de maintenir votre lien avec l'autre, vous avez sans doute développé des techniques pour atteindre ce but. Les méthodes que vous utilisez peuvent être inconscientes, et le rôle qu'elles jouent dans votre interaction avec l'autre peut être minime ou très important, mais, si vous examinez honnêtement cette interaction, vous pourrez découvrir comment vous essayez de *contrôler* la relation afin que vos besoins d'attachement soient satisfaits.

Il y a cinq techniques de contrôle que l'on retrouve fréquemment :

1. Le contrôle par le pouvoir ;
2. Le contrôle par la faiblesse ;
3. Le contrôle par la servitude ;
4. Le contrôle par la culpabilité ;
5. Le contrôle par la jalousie.

Un examen de ces techniques peut vous aider à reconnaître les méthodes que vous (ou votre partenaire) employez peut-être pour vous assurer de rester accroché.

LE CONTRÔLE PAR LE POUVOIR

D'une certaine façon, cette méthode est la plus directe pour contrôler une relation et la maintenir au service de vos propres besoins. Dans ses formes extrêmes, c'est la position de l'homme macho ou de la femme garce dont la principale affirmation est : « Agis comme je veux, sinon... » Et l'ultime menace est : «... sinon je vais te quitter. » Ceux qui jouent le mieux ce jeu sont ceux qui croient que leur partenaire a plus besoin d'eux qu'eux n'ont besoin de leur partenaire. L'exemple le plus révélateur qui me vienne à l'esprit est celui d'un homme à qui sa femme avait demandé de l'aider à faire la vaisselle au cours des premières semaines de leur mariage. Aussitôt, l'homme a pris une à une les assiettes de porcelaine reçues en cadeau de mariage et les a laissées méthodiquement tomber au sol. Puis il a dit : « Si tu me le redemandes une seule fois, je prends la porte et tu ne me verras plus jamais. » Ça a marché. Elle ne lui demanda plus jamais de l'aider pour les « travaux de femme ». Mais un vide mortel semblait planer au-dessus de leur relation.

Il est important de noter que l'usage que cet homme a fait de son pouvoir d'adulte ne signifie pas que des besoins intenses de dépendance n'existaient pas chez lui. Il est probable que si sa femme lui avait dit que son attitude était inacceptable, si elle avait insisté pour qu'il l'aide dans les travaux domestiques et si elle l'avait menacé de partir, elle, s'il la bousculait une fois de plus, alors, peut-être, *ses* propres peurs de *la* perdre auraient-elles pu faire surface. Tous deux auraient pu alors découvrir que les besoins d'attachement et les désirs de rester ensemble étaient aussi grands chez lui que chez elle. Mais, la plupart du temps, aucun des deux n'a le loisir de connaître l'étendue des besoins affectifs de la personne autoritaire parce que sa façon de contrôler la relation par le pouvoir n'est pas contestée. De fait, les observateurs extérieurs pensent souvent que le partenaire qui détient le pouvoir ne se soucie pas beaucoup de son partenaire plus dépendant. Et c'est parfois vrai. Mais, en travaillant avec des couples, j'ai vu souvent le partenaire dominant tomber littéralement à genoux pour supplier l'autre de ne pas le (ou la) quitter quand ce dernier (ou cette dernière) déclarait : « J'en ai assez. »

Supposez que *vous* êtes la personne qui utilise cette technique de pouvoir pour contrôler votre partenaire. Qu'est-ce qui pourrait vous amener à avoir besoin de contrôler une autre personne par la menace du « sinon... » ? Ce n'est certainement pas la part de vous qui est la plus adulte. C'est plutôt l'enfant criard en vous, cette part de vous qui criait, hurlait et tyrannisait quand vous étiez un nourrisson et que vous n'aviez pas ce que vous vouliez ou que votre soif d'attachement n'était pas satisfaite. Peut-être cette manipulation du pouvoir a-t-elle été consolidée parce qu'elle a marché trop bien pendant trop longtemps avec vos parents, ou peut-être avez-vous calqué cette attitude sur celle d'un de vos parents envers l'autre ou envers vous-même. Peut-être cette manipulation du pouvoir vous a-t-elle servi à dissimuler votre propre dépendance que vous ne vouliez pas accepter, votre peur que votre soif d'attachement vous rende faible et vulnérable. Je pense à une jeune femme dont les relations étaient caractérisées par son besoin de dominer et d'avoir toujours raison. On comprendra alors que l'histoire de ses relations était un catalogue de désastres, et c'est parce que cela se répétait qu'elle était entrée en psychothérapie. Au cours d'une session, elle parla d'une grosse dispute qu'elle avait eue avec son ami à propos d'un film qu'il avait aimé et elle non. « Tu ne peux pas l'avoir aimé », lui dit-elle. Et comme la discussion se prolongeait, elle lui avait dit : « Ce film n'avait aucun goût et toi non plus », ce qui l'avait rendu furieux. Elle réalisa qu'elle avait réagi trop fort et de façon destructrice. Comme nous examinions sa réaction, elle dit : « S'il a vraiment aimé ce film, alors nous sommes différents. » Je lui dis : « Donc vous êtes vraiment des personnes indépendantes, vous ne faites pas qu'un. » Elle acquiesça et commença à raconter à quel point c'était difficile pour elle d'accepter que la personne avec qui elle était puisse avoir des émotions, des opinions et des préférences différentes parce que ces différences étaient pour elle l'image d'une séparation intolérable. À un moment, elle dit : « Si je me représente comme un être séparé, indépendant, je me sens toute petite, minuscule, perdue dans un tunnel sombre, je suis mouillée et le vent souffle dans le tunnel. J'ai froid, je suis toute seule, et je vais rester comme ça pour toujours. » Elle montrait ainsi qu'elle avait pris contact avec la peur issue du niveau de la soif d'attachement, cette peur primitive d'un désert de solitude éternelle qu'éprouve le petit enfant quand il en est arrivé au point où la fusion avec la mère prend fin. Elle dit à un autre moment : « Je suppose que si on est indépendants, cela veut dire qu'il peut me quitter. » Cette jeune femme ordonnait à sa mère, sous la forme de son ami, de faire ce qu'elle demandait, de voir les choses comme elle les voyait, et reconnaissait qu'elle avait raison de maintenir l'illusion qu'ils ne faisaient qu'un afin d'éviter la terreur de la séparation.

Si vous vous trouvez dans une relation dans laquelle vous dominez mais dans laquelle vous vous sentez assez malheureux pour vouloir en sortir, cela pourra vous aider de considérer ces quelques questions :

> Se peut-il qu'il y ait un lien entre votre domination et votre désir de mettre fin à la relation ? Pensez-vous réellement que vous puissiez connaître, admirer, respecter et aider à s'épanouir quelqu'un que vous intimidez ? Pouvez-vous vous empêcher d'en vouloir à quelqu'un qui vous laisse agir ainsi ? Et si vous ne pouvez pas réellement respecter votre partenaire, pouvez-vous continuer à ressentir pour lui (ou elle) des sentiments amoureux ?
>
> Sous votre tendance à rester aux commandes, quels besoins fondamentaux issus du niveau de la soif d'attachement dissimulez-vous ? Si vous contrôlez votre partenaire, est-ce que cela veut dire que vous avez peur qu'il (ou elle) soit séparé(e) de vous ? En avez-vous peur ?
>
> Sous votre domination, craignez-vous d'être vulnérable ? D'être faible ? Et, par-dessus tout, avez-vous peur d'être abandonné(e) ?
>
> Est-ce que vous vous sentez tellement coupable de dominer votre partenaire que vous vous en sentez trop responsable pour oser le (la) quitter ?

Que pensez-vous qu'il arriverait si vous abandonniez votre position de pouvoir ? Est-ce que ça vaut la peine d'essayer pour voir ce qui arriverait avant de prendre la décision de mettre fin à cette relation ?

Après avoir considéré ces questions, vous pourriez penser à un vieil adage pour voir s'il ne s'applique pas à vous. Voici ce que dit cet adage : « Ne vous faites pas si important ; vous n'êtes pas si insignifiant. »

Supposez maintenant que ce ne soit pas vous qui essayez toujours d'être aux commandes, mais que ce soit votre partenaire. Il est vraisemblable que le fait que vous pensiez à quitter cette relation ait à voir avec cette domination. Mais d'abord, il vous serait peut-être utile de vous demander si le problème réside dans le besoin qu'a l'autre de vous dominer ou dans votre façon d'y réagir. Si vous vous êtes *soumis*, il se peut que vous éprouviez l'étouffement, le découragement, la colère et l'indignation qui accompagnent souvent un tel rôle d'abnégation. Et vous pourriez penser que la seule façon d'en sortir est de mettre fin à la relation. Si vous êtes entré en *compétition* avec votre partenaire pour prendre le contrôle de la relation, vous devez être tendu, fatigué de vous battre, assailli par l'amertume et le souvenir d'émotions amoureuses brisées par cette rivalité sans fin. Là encore, il se peut que la seule solution que vous puissiez envisager soit de mettre fin à la relation. Que votre réaction ait été de vous soumettre ou de vous battre, vous avez contribué au déclin de vos sentiments mutuels. Cela vous serait utile de savoir pourquoi. Est-ce que c'est parce que vous ne connaissez aucune autre façon de réagir à la domination exagérée de votre partenaire ? Peut-être. Mais si vous regardez de plus près, vous risquez de découvrir que votre réaction peut être votre façon à vous de maintenir un lien au service de votre propre soif d'attachement. Si vous vous soumettez, ce peut être parce que vous avez peur, sinon, de n'être pas aimé et d'être abandonné, une perspective horrifiante pour le petit enfant qui est en vous. Si vous êtes combatif, ce n'est peut-être pas simplement pour éviter de vous soumettre, mais cela peut venir de vos propres besoins de domination, c'est-à-dire de vos tentatives pour ne faire qu'un avec l'autre, mais à vos propres conditions. Et le combat lui-même — les discussions, les batailles, le vitriol — peut créer avec l'autre personne un lien émotionnel intense que l'enfant en vous et sa soif d'attachement peuvent apprécier davantage que d'autres formes de relation plus tranquilles mais moins stimulantes.

Aussi, avant de conclure que la seule solution est de quitter l'autre, il vaudrait peut-être la peine d'essayer d'avoir avec lui (ou elle) une autre sorte de relation. Vous refuserez de vous soumettre à la domination abusive de l'autre, et vous n'aurez pas non plus à vous battre pour la suprématie. Vous prendrez une attitude qui s'exprime ainsi: « Non, je ne vais pas répondre à ces exigences parce que je ne serais pas moi-même et je ne me respecterais pas. Je veux négocier pour essayer de trouver une solution qui soit agréable pour tous les deux. Mais le fait que je ne me soumets pas à ce que tu veux ne signifie pas que je ne t'aime pas. » Ainsi, une femme insistait tellement pour que les choses se passent à sa façon que son mariage était en danger. Une raison pour laquelle ils se disputaient souvent était que son mari demandait régulièrement qu'elle n'accepte aucun engagement pour un jour et un soir de chaque week-end afin qu'ils puissent avoir ensemble quelques moments de détente. Mais elle aimait se retrouver dans un tourbillon d'activités et elle acceptait régulièrement des invitations qui meublaient leurs week-ends. Pendant un moment il se soumettait tout en bouillant intérieurement de rage. Mais souvent il explosait et il insistait pour qu'elle annule les engagements qu'elle avait pris, sous menace de le voir se renfermer et ne plus lui adresser la parole pendant plusieurs jours. Mais, au bout d'un moment, il n'eut plus besoin de maintenir un lien en se soumettant ou en combattant, et il prit une attitude envers sa femme qui, en gros, s'exprimait ainsi: « Il est essentiel pour moi d'avoir du temps libre. Il est très important pour toi d'être entourée de monde. Par respect pour mes propres besoins, je réclame une journée et un soir de chaque week-end pour me retrouver seul ou avec toi. Si tu prends trop d'engagements, je ne vais pas participer à certains, et tu pourras choisir les activités auxquelles tu aimerais que je participe avec toi. Je souhaiterais aimer faire les mêmes choses que toi pendant le week-end, parce que j'aime faire ce qui te rend heureuse, mais de continuer ainsi serait aller à l'encontre de besoins personnels fondamentaux. » Il maintint cette position, même si souvent la pression était forte, et peu à peu ils arrivèrent à s'entendre de façon satisfaisante. Ils traitèrent ainsi d'autres sujets de discorde, et il découvrit un jour que l'obsession terrifiante de vouloir divorcer commençait à s'estomper. Si sa femme avait insisté pour que les choses se passent à sa façon en dépit de la position qu'il avait prise, et si elle avait continué à le punir d'agir ainsi, il se peut qu'il eût fini par conclure que la meilleure solution était de la quitter.

Certaines manipulations du pouvoir peuvent être effrayantes. « Si tu me quittes, je vais te battre, te nuire, tout briser dans la maison, blesser les enfants ou te tuer » : ce genre de menace a maintenu beaucoup de gens dans des relations dont ils ne voulaient plus. On voit souvent dans les journaux des histoires de gens qui ont mis à exécution leur menace « si tu me quittes, ce sera la dernière chose que tu feras ». Si vous êtes dans une telle situation, il est très important d'évaluer aussi soigneusement que possible si ce genre de menaces est sérieux ou s'il s'agit de menaces en l'air. Si c'est sérieux, il faut que vous prévoyiez des façons réalistes de sortir de là plutôt que d'accepter d'être réduit en esclavage par ces menaces. Il se peut que vous ayez besoin de l'aide de vos amis et même d'avocats, de travailleurs sociaux, d'organismes d'entraide, de tout support qui pourra vous aider à empêcher votre partenaire de tyranniser votre vie et de contrôler votre destin. Parce que, que ces menaces soient grandes et dangereuses, ou mineures et agaçantes, il est essentiel que vous reconnaissiez que le jeu de pouvoir de votre partenaire n'est pas un jeu solitaire : vous y jouez avec lui. Il se peut que sa rudesse tombe sur une partie vulnérable de l'enfant en vous, dans ce cas votre partenaire vous semblera plus effrayant qu'il ne l'est parce qu'il représentera un personnage terrifiant de votre passé. Et il se peut que ce ne soit pas seulement la peur qui vous pousse à jouer ce jeu redoutable : la peur peut se combiner à votre soif d'attachement pour vous paralyser et vous maintenir en place. Si vous voulez introduire des changements, il faut que vous soyez honnête avec vous-même en vous posant la question suivante : « Est-ce que je reste uniquement parce que j'ai peur, ou est-ce que ma peur dissimule la répugnance infantile de ma soif d'attachement à rompre ce lien ? »

LE CONTRÔLE PAR LA FAIBLESSE

Certaines personnes sont capables de manier leur faiblesse avec autant de force que d'autres manient leur club de golf. Leur attitude fondamentale s'exprime ainsi : « Je suis faible, sans défense, dépendant, et sans toi je m'effondrerais. En conséquence, tu dois prendre soin de moi, tu dois faire ce que je veux que tu fasses, tu dois être mon rocher inébranlable et tu ne dois pas me quitter. » Quelle faiblesse ! C'est une attitude de domination capable de manipuler quelqu'un avec tant d'efficacité que l'on peut se demander pourquoi quiconque dirige par la faiblesse voudrait mettre fin à une relation. Mais si vous vous servez de l'inadaptation et de l'inefficacité pour maintenir l'autre personne dans un lien avec vous, et que vous voulez briser ce lien, alors vous devez bien deviner quelques-unes des raisons derrière ce désir. Avant tout, il se peut que ça ne marche pas. Votre partenaire a pu se fatiguer du rôle de protecteur et avoir éteint ses sentiments à votre égard. Et même s'il ne l'a pas fait, vous êtes en train de payer un prix très élevé pour ce genre de manipulation : vous devez maintenir votre position de faiblesse et rester ainsi moins qu'une personne complète. Je pense à un couple qui était venu me voir pour une consultation à un moment où leur mariage était dans un état désespéré. La femme, Josée, maîtresse de maison habitant la banlieue, avait évité d'apprendre à conduire. Elle dépendait donc de son mari, de ses amis et de ses voisins pour faire ses courses, aller chercher les enfants, etc. Quand ses enfants étaient malades, se blessaient ou se conduisaient mal, elle appelait souvent son mari au travail en s'affolant comme si elle ne pouvait rien faire. Elle évitait d'apprendre quoi que ce soit sur le budget familial ou même sur la façon de changer une ampoule. Son petit monde isolé s'effondra quand elle découvrit que son mari avait une liaison. Je me rappelle très bien la première session. Elle avait les yeux rouges et était tout intimidée tandis qu'il avait l'air las et méprisant. Quand elle lui demanda ce que l'autre femme avait réellement de plus qu'elle, il répondit : « Tu es beaucoup plus jolie qu'elle, tu es plus gentille qu'elle, tu es même plus jeune qu'elle. Mais, bon Dieu, elle se tient debout sur ses deux jambes. » Au cours des séances avec moi, elle finit par faire toute une série de découvertes sur elle-même. Tout d'abord, elle comprit quelle charge elle représentait pour son mari et pour les autres, et à quel point une femme adulte et sans ressources pouvait être peu attrayante. Elle se rendit compte que sous cet aspect elle ressemblait beaucoup à sa mère. Josée vit aussi que sa mère avait non seulement été pour elle le modèle de son inefficacité, mais aussi que chaque fois que Josée, en grandissant, avait fait preuve de compétence et d'indépendance, cela avait menacé de rompre son lien avec sa mère puisque ce lien était basé sur leur commune incapacité. Son père, dédaigneux et renfrogné, prenait tout en charge, à l'exception des tâches les plus insignifiantes. Josée réalisa qu'en endossant le rôle de la femme sans défense elle restait symboliquement liée à sa mère, et qu'elle recréait à sa façon le mariage de ses parents. Elle vit qu'elle essayait de s'accrocher à son mari en étant plutôt sa petite fille que son égale. Cela la poussa à commencer à affronter les peurs qu'elle nourrissait depuis toujours d'être forte et capable de mener sa vie. Elle dit à son mari : « Je ne suis pas tout à fait dépourvue de ressources. Après tout, c'est moi qui ai pris l'initiative de trouver un thérapeute et qui suis arrivée à te décider à venir ici. »

Vous payez cher, en termes de respect de soi, d'être sans défense et dépendant, même quand ça semble être efficace pour satisfaire votre besoin de vous attacher l'autre personne. Vous pouvez vous mettre dans une situation de double contrainte où vous en venez à haïr la personne dont vous dépendez tant, tout en vous sentant incapable de la quitter à cause de cette dépendance. Dans le contrôle par la faiblesse, comme dans toutes les manipulations de dépendance, l'objectif premier n'est pas de rompre avec votre partenaire, mais de mettre un terme à ces manœuvres destructrices. Si vous arrivez à le faire, vous serez alors moins sous le joug de votre soif d'attachement et vous pourrez soit améliorer la relation, soit y mettre fin si c'est la meilleure solution.

Si c'est votre partenaire qui vous contrôle par la faiblesse, vous savez à quel point il vous est facile d'en venir à penser que l'estime que se porte l'autre personne, son sens de l'existence et même sa survie dépendent de vous. Et même si sa dépendance vous étouffe, comment oseriez-vous l'abandonner ? En parlant de l'apparente fragilité de son mari, une femme me disait : « Je le perçois comme une de ces figurines de *La Ménagerie de verre*. Si je ne fais pas attention, je vais le briser… et si je le quitte, j'ai peur qu'il ne s'effondre. » Mais votre partenaire n'est pas fragile et sans défense à ce point-là. Il a vécu dans ce monde avant que vous soyez dans sa vie, et il peut continuer si vous n'y êtes plus. Si vous arrivez à ne plus être sous le contrôle de la dépendance de votre partenaire, peut-être n'aurez-vous plus envie de le quitter. Mais il ne faut pas que vous restiez parce que vous croyez au mythe selon lequel il ne peut vivre qu'avec votre aide et votre soutien.

LE CONTRÔLE PAR LA SERVITUDE

J'ai donné plus haut l'exemple d'un couple qui était venu me consulter. Nous avons vu la femme se rendre compte à quel point elle avait contribué à conduire leur mariage au bord de la ruine par ses tentatives de contrôle par la faiblesse. Mais son mari aussi avait beaucoup à apprendre. Au début, il endossait le rôle de l'homme accablé qui s'était épuisé à la tâche malheureuse mais inévitable de prendre soin de son épouse incapable. Mais quand je lui demandai pourquoi il avait endossé ce rôle, il arriva peu à peu à se rendre compte que cette position satisfaisait aussi beaucoup de ses besoins. Il doutait profondément que quiconque puisse vraiment l'aimer, et il avait adopté un rôle de servitude afin d'éviter d'être rejeté comme il craignait de l'être. Ensemble, nous pûmes voir que malgré les plaintes qu'il formulait contre l'incapacité de sa femme, il était important pour lui de la maintenir dans un état de dépendance. Il en vint aussi à comprendre comment ses doutes sur lui-même étaient apparus dans sa relation avec ses parents, des gens qui travaillaient beaucoup, qui étaient consciencieux mais qui avaient peu d'ouverture émotive. Il lui avait été difficile d'obtenir d'eux des réactions affectueuses, mais il avait appris très tôt qu'ils l'appréciaient quand il travaillait fort et qu'il rendait service, et qu'il pouvait se sentir aimé en étant serviable. En transposant ce modèle sur son mariage, à la fois en choisissant une femme qui se sentait dépendante puis en la prenant en charge, il avait pu s'assurer que l'incapacité de sa femme l'empêcherait pour toujours de le quitter. Mais il éprouvait de plus en plus d'irritation et de rancœur d'avoir à la soutenir, et il se sentait de plus en plus attiré par des femmes qui paraissaient avoir plus de ressources.

Si vous jouez le jeu de la servitude, il est important que vous identifiiez comment vous servez votre soif d'attachement quand vous énoncez : « Je vais me rendre tellement utile, tellement indispensable que tu seras lié à moi et que tu ne pourras jamais me quitter. » Puis vous devez vous demander : « Est-ce que tout ce que j'ai à offrir c'est d'être à son service ? D'où m'est venue cette idée ? Quels sont les besoins que je renie, quels sont les aspects de moi-même auxquels je fais violence en jouant ce rôle mielleux ? » Et, enfin, la question la plus importante de toutes : « Est-ce que je vais oser arrêter d'être l'assistant toujours prêt, le serviteur, le secrétaire, le remontant, etc., et prendre le risque de savoir si je peux être apprécié, aimé et si on ne va pas me quitter même si je ne suis plus "utile" ? »

Si c'est vous qui *êtes* l'objet de la servitude de votre partenaire, vous avez aussi quelques questions à affronter. Vous pourriez vous demander si le fait qu'il (elle) soit à votre service a quelque chose à voir dans votre insatisfaction envers la relation. Je me souviens d'un homme qui disait : « C'est déroutant. J'aime ça (« ça » se rapportant au fait que sa femme répondait toujours efficacement à ses besoins), mais je *la* déteste parce qu'elle *le* fait. » Et cela arrive souvent. Il est d'abord agréable d'avoir quelqu'un qui s'occupe de vous, c'est pratique et c'est sécurisant. Mais si l'on se rend compte que l'autre personne le fait au détriment de ses propres besoins, de son autonomie, de son épanouissement, on peut alors facilement éprouver un sentiment de mépris qui va à l'encontre du respect et des sentiments amoureux qu'on lui porte. Vous pouvez pourtant participer à cette interaction destructrice non seulement à cause des avantages que vous retirez d'être si bien servi, mais aussi parce que cela vous rappelle ce temps béni et « oublié » de votre petite enfance où vous étiez adoré et où vous étiez le centre de l'attention et des énergies de quelqu'un. Il se peut enfin que vous ayez besoin de la sécurité offerte par l'idée que quiconque devenant un tel prolongement de vos désirs doit vous aimer tellement qu'il ne pourra jamais vous quitter. Mais d'aimer *ça* peut vous amener à *le* ou *la* haïr au point de vouloir rompre. Peut-être devriez-vous arrêter de jouer ce jeu de maître et servante (ou maîtresse et serviteur) avant de vous décider à rompre, afin de pouvoir d'abord savoir ce qui se passe quand vous êtes deux personnes égales qui se respectent.

LE CONTRÔLE PAR LA CULPABILITÉ

L'esprit humain n'a sans doute pas inventé de méthode plus efficace pour contrôler quelqu'un (à l'exception des menaces directes de violences physiques) que de provoquer chez cette personne des sentiments de culpabilité. Si vos parents se sont servis de la culpabilité pour contrôler votre comportement, il est vraisemblable à la fois que vous vous en servirez (par imitation) et que vous y serez vulnérable (en vous y exposant). J'ai parlé dans un livre précédent de l'impact qu'ont les « mères martyres » sur leurs enfants quand elles les contrôlent en leur faisant sentir qu'ils sont la cause du malheur, de l'angoisse, de la maladie, et même de la mort prochaine de leur mère. J'ai relevé que c'est une méthode efficace parce que la mère l'applique très tôt, quand l'enfant veut désespérément empêcher que sa mère soit malheureuse parce que sa survie à lui en dépend. Si cela vous est arrivé, cela a créé en vous un point faible, un territoire intime de culpabilité « rempli de tout ce que vous avez fait ou pensé et que vous croyez être mal. Il y a là certains de vos secrets les plus honteux. Mais avant tout s'y trouve votre entraînement précoce à croire que si vous voulez, si vous faites, ou si vous êtes quelque chose que maman n'approuve pas, cela va la rendre malheureuse et donc que vous êtes mauvais puisque vous êtes la cause de son malheur. Non seulement vous avez reçu le message suivant : « Fais ce que je veux et je vais t'aimer ; ne fais pas ce que je veux et je ne vais pas t'aimer » — une injonction qui a un énorme pouvoir sur un enfant dépendant —, mais la mère martyre a ajouté un autre message : « Si tu ne fais pas ce que je veux, ça me fait souffrir, et tu es méchant et égoïste. » Ces messages marquent très fort l'enfant en vous au coin de la culpabilité et de la dépendance, et mettent des termites dans les soubassements de votre personnalité[1]. »

Dans une relation amoureuse, on peut rendre quelqu'un coupable de nombreuses façons. C'est souvent subtil et non énoncé — un regard souffrant, un soupir, des yeux au bord des larmes, un silence. Mais c'est quelquefois énoncé avec des mots si banals que cela peut ressembler à une satire quand on les raconte, mais ces

1. Howard Halpern, *Cutting Loose : An Adult Guide to Coming to Terms with Your Parents*, New York, Simon & Schuster, 1977, p. 53 ; édition en livre de poche : Bantam, 1978, p. 40.

mots peuvent être d'une efficacité mortelle dans une situation réelle. Certaines des phrases qui suivent vous sont-elles familières ?

Tu étais trop occupé pour te souvenir de mon anniversaire ?

J'aurais vraiment pu réussir ma carrière si tu n'avais pas insisté pour avoir des enfants tout de suite.

Bien sûr que je suis souvent malade, mais je parie que ça n'arriverait pas si on faisait l'amour plus souvent.

Tu savais que j'avais une entrevue pour un travail, mais tu ne m'as pas appelé pour me souhaiter bonne chance.

Si tu étais plus gentil avec moi je n'aurais pas besoin de boire.

J'ai travaillé fort toute la journée, et tu n'es même pas capable de préparer le dîner à l'heure.

Arrête de me crier après. Je recommence à avoir des douleurs dans la poitrine.

Va donc t'amuser. De toute façon, on ne fait jamais rien ensemble.

Si tu avais été d'accord pour qu'on déménage, je serais vice-président aujourd'hui.

Si tu pensais à moi, tu ne m'aurais pas laissé attendre sous la pluie. Je vais attraper une pneumonie.

Je suis content qu'il y en ait un de nous deux qui soit heureux de ce projet de vacances.

Bien sûr que les enfants ont des problèmes. Tu ne t'occupes jamais d'eux.

Tous les autres ont appelé pour avoir des nouvelles de l'opération de mon père.

Le médecin a dit que tu me faisais avoir une dépression nerveuse.

Il est arrivé à tout le monde un jour ou l'autre d'envoyer ou de recevoir de tels messages, mais quand ils deviennent un thème permanent de la relation, cela revient à dire: «Je suis bon et tu es mauvais. Je suis la victime et tu es mon persécuteur. Et puisque tu me fais du mal, tu as une dette envers moi et tu dois être gentil avec moi.» Quand ce thème devient une composante du conflit entre votre désir de maintenir la relation et celui d'y mettre fin, la provocation de la culpabilité peut être une arme de plusieurs mégatonnes dans l'arsenal de la soif d'attachement. Celui (ou celle) qui culpabilise l'autre déclare ou sous-entend que «si tu me quittes, je vais m'effondrer (je n'aurai plus de raison de vivre, je vais être seul et malheureux pour toujours, je vais me laisser mourir, je vais me tuer, etc.), et ce sera entièrement de ta faute. Après tout ce que j'ai fait pour toi, après tout ce qu'on a fait ensemble, après tous nos projets, après que j'ai compté sur toi, comment peux-tu me faire une chose pareille?» Et même quand ce genre de déclaration survient dans une relation déjà malheureuse et destructrice, cela peut suffire à maintenir en place le partenaire accusé. En fait, il arrive souvent que cela fasse appel à sa propre soif d'attachement, ses propres peurs de rompre, et que cela lui offre une rationalisation qui lui permette de rester. En d'autres mots, quand on dit:

«Je ne suis pas méchant au point de lui faire mal et de trahir sa confiance», cela peut dissimuler une émotion de la soif d'attachement: «Je suis terrifié à l'idée de rompre.»

Il arrive fréquemment que les deux personnes soient culpabilisantes: «Tu crois vraiment que j'abuse de *toi*? Avec tout ce que tu m'as fait à *moi*?» Cela devient une espèce d'escalade d'accusations, une bataille où, pour vaincre, vous devez avoir des blessures plus sanglantes que votre partenaire. Il y a des gens qui peuvent rester indéfiniment ensemble en pratiquant ce jeu pervers de reproches, mais ils en paient le prix par un désespoir toujours plus grand. Si vous êtes le martyr culpabilisant, vous devriez examiner comment vous utilisez la culpabilité pour contrôler votre partenaire et vous devriez prendre conscience des effets destructeurs que cette technique a sur chacun de vous. Il faudrait ensuite vous demander pourquoi vous employez une technique de manipulation aussi minable. Confrontée à cette question, une femme finit par répondre : « La première raison pour laquelle je le fais, c'est que mes parents me l'ont fait, du genre « Tu me feras mourir ». La seconde raison pour laquelle je me sers de la culpabilité, c'est que ça me donne une emprise sur Jules, et je pense parfois que c'est tout ce que j'ai pour le retenir. »

Votre usage de la culpabilité a peut-être contribué à dégrader la relation aussi bien pour vous que pour votre partenaire parce que, pour ce faire, vous avez dû vous maintenir dans le rôle de la victime, un rôle puissant mais malheureux. Rien ne pourra s'améliorer tant que vous n'arrêterez pas de vous servir des armes de cette guerre : accuser, faire des reproches, vous faire mal, exposer vos blessures, employer des phrases comme « Tout est de ta faute », « Si ce n'était pas pour toi... », « Regarde ce que tu m'as fait », et autres techniques du même genre pour que votre partenaire se sente mal. Il vous suffirait de reconnaître que c'est là votre technique pour contrôler l'autre et que cela empoisonne la relation pour avoir la motivation de cesser de le faire. Mais ce ne sera pas facile d'arrêter, parce que vous avez appris très jeune cette technique, parce qu'elle est efficace jusqu'à un certain point, parce que cela signifie que vous devrez prendre le risque que l'autre veuille vraiment rester avec vous, pense vraiment à vous et satisfasse vraiment vos besoins même si vous ne le culpabilisez pas. Si vous cessez vos accusations, cela peut améliorer la relation au point que vous ne voudrez plus rompre. Mais même si ça ne l'améliore pas, vous vous sentirez plus libre de rompre si c'est cela que vous décidez, et ce, parce que vous ne serez plus prisonnier de cet échange de sentiments négatifs qui doit vous rendre aussi coupable que votre partenaire.

Si c'est votre partenaire qui joue la « victime » et qui vous accuse de le (ou la) persécuter, examinez le plus objectivement possible si oui ou non vous êtes vraiment aussi méchant et aussi blessant. Si c'est possible, demandez l'avis de quelques amis dont vous respectez l'opinion. S'ils relèvent que certains de vos actes justifient ces accusations, vous pouvez essayer de modifier votre comportement. Cela vaudrait mieux que d'entrer dans le jeu des reproches en contre-attaquant ou que de s'en repentir jusqu'à la soumission. Et il y a des chances pour que vous ne soyez pas aussi « mauvais » que votre partenaire culpabilisant voudrait bien vous le faire sentir. Si vous le comprenez, cela peut vous aider à prendre conscience que, si vous ne le voulez pas, vous n'avez pas à rester dans une relation en étant manipulé par la culpabilité. Et, par-dessus tout, il faut que vous preniez conscience que votre partenaire ne va pas nécessairement s'effondrer, vivre malheureux pour toujours, se tuer ou quoi que ce soit. De telles conséquences dépendront pour une grande part de son choix, et non de votre départ. Pour votre partenaire, cela peut même être l'occasion d'une vie nouvelle et meilleure, comme cela arrive souvent. Souvenez-vous donc que vous pouvez avoir de bonnes raisons pour rester dans cette relation, mais que le chantage par la culpabilité n'en est pas une.

LE CONTRÔLE PAR LA JALOUSIE

Il est rare de trouver quelqu'un entièrement à l'abri de la jalousie. Notre vulnérabilité à la jalousie est basée sur deux peurs. La première est la peur de perdre l'autre personne, et ce peut être une menace terrifiante pour beaucoup de nos besoins, y compris ceux du niveau de la soif d'attachement pour lesquels l'idée d'une telle perte est catastrophique. La deuxième est la peur de découvrir que si notre partenaire a une relation avec quelqu'un d'autre, c'est que nous ne valons rien. On peut facilement croire que notre rival est meilleur que nous-mêmes (plus séduisant, plus attrayant, plus intéressant), car pourquoi notre partenaire s'intéresserait-il à cette personne si nous n'avions pas à souffrir de la comparaison ? Cela peut faire remonter de vieux sentiments d'inadaptation ou des rivalités malheureuses de l'enfance. (Voir au chapitre 7 une étude plus complète de la jalousie.)

Cette vulnérabilité rend possible la provocation de votre jalousie par votre partenaire. Il le fera pour que vous soyez plus impliqué envers lui et afin que vous l'appréciiez davantage, car l'éveil de la jalousie a ces deux effets. Et la conscience que vous avez de la vulnérabilité de votre partenaire rend possible la provocation, par vous, de sa jalousie, afin qu'il soit plus impliqué envers vous et qu'il vous apprécie davantage. On voit donc que la stimulation de la jalousie peut être une manipulation puissante mais dangereuse dans une relation amoureuse. C'est dangereux parce que cela éveille des sentiments qui sont directement opposés à ceux qui composent une bonne relation amoureuse : la méfiance au lieu de la confiance ; la rage au lieu de la tendresse ; l'agressivité au lieu de l'amitié ; l'inquiétude au lieu de la sérénité. Mais c'est quelquefois tellement efficace ! Une femme disait : « Chaque fois que je sens que Joël s'intéresse moins à moi, tout ce que j'ai à faire c'est de flirter avec un autre homme pendant une soirée, ou même simplement de citer le nom d'un ancien ami. » Et un homme disait : « Quand Béatrice devient égoïste et désagréable, je m'arrange simplement pour « travailler tard » quelques soirs de suite. Je ne vois même pas une autre femme. Elle devient soupçonneuse, elle me pose des questions, mais c'est sûr qu'elle fait plus attention à moi. Et savez-vous quelle est la combinaison magique ? « Travailler tard » et ensuite ramener des petits cadeaux à la maison. »

De petits jeux de jalousie peuvent être sans danger, ils peuvent même en l'occurrence agrémenter la sexualité à cause des effets stimulants de ce que les sexologues appellent « l'effet de barrière ». Mais les conséquences peuvent être désastreuses quand ces manœuvres éveillent plus de sentiments négatifs que les personnes en cause ne sont capables d'en supporter (pouvant même conduire à des « crimes passionnels »), ou quand on s'en sert pour retenir une personne qui veut rompre. Une femme dans la trentaine qui vivait une relation orageuse depuis trois ans m'a dit :

Je sais que Léon veut partir. Il me l'a assez dit. Et, quand je raisonne, je sais que s'il veut s'en aller je dois le laisser faire. Mais je ne peux pas supporter l'idée que ce soit fini, ni l'idée d'être rejetée. Alors, quelquefois, je ne réponds pas au téléphone de toute la nuit, ou je laisse traîner des boîtes d'allumettes de restaurants ou de motels où nous ne sommes jamais allés. Et il ne tarde pas à me déclarer son amour éternel. Si tout ça échoue, je n'ai qu'à enlever mon diaphragme de sa boîte dans l'armoire à pharmacie.

Et Léon m'a dit :

J'aurais dû rompre avec Irène depuis longtemps. On se fait du mal l'un à l'autre. Et je ne l'aime pas vraiment. Elle ne me plaît même plus beaucoup. Mais quand certains indices me portent à croire qu'elle voit un autre homme, je deviens fou de jalousie. Je les imagine ensemble en train de faire ce qu'elle fait avec moi, je me demande si elle en éprouve plus de plaisir, s'il est sexuellement meilleur que moi, et bientôt je me dis qu'elle est la plus belle, la plus merveilleuse femme au monde, que je risque de perdre ce seul et unique trésor inestimable si je ne me dépêche pas de l'empêcher de s'éloigner. Et une fois que je sens que je l'ai reprise, c'est la même vieille affaire.

Ce que dit Léon révèle quelques vérités importantes :

Il n'est pas nécessaire d'aimer quelqu'un, ni même que cette personne vous plaise, pour devenir jaloux. (En fait, vous pouvez être jaloux de quelqu'un que vous ne pouvez pas supporter.)

Quand vous êtes dans les affres de la jalousie, vous pouvez penser que vous aimez follement l'autre personne, mais ce peut être une illusion.

Quand vous êtes dans les affres de la jalousie, vous idéalisez l'autre personne et vous sous-estimez votre propre valeur et votre séduction.

Le sentiment que l'autre est « le seul et unique » va souvent de pair avec la jalousie. Ce sentiment vient du niveau de la soif d'attachement de la petite enfance, lorsque maman était la plus belle, la plus merveilleuse, la « seule et unique » qui satisfaisait vos besoins les plus profonds.

La jalousie est le plus mauvais guide qui soit pour rester dans une relation ou pour en sortir.

Si vous restez dans une relation à cause de votre jalousie ou en manipulant la jalousie de l'autre, vous vous assurez des tensions et des tourments sans fin.

Le premier pas qu'il vous faut franchir pour éviter d'être pris au piège par votre jalousie, c'est de prendre conscience des vérités ci-dessus. Vous pouvez ensuite utiliser cette compréhension de différentes façons : en cessant de vous faire croire que vous devez être amoureux puisque vous êtes jaloux, en cessant de surévaluer votre partenaire et de vous sous-estimer chaque fois que vous sentez qu'il y a peut-être quelqu'un d'autre dans le paysage, et en cessant de permettre à votre soif d'attachement infantile de vous effrayer et de vous amener à penser que votre partenaire est pour vous la « seule et unique » personne. Et vous devrez aussi contester les croyances culturelles, peut-être bien ancrées en vous, selon lesquelles ce serait pour vous une honte et une humiliation si votre partenaire avait une liaison avec quelqu'un d'autre. Cette liaison pourrait révéler beaucoup de choses sur votre partenaire et sur votre relation mutuelle, mais ce n'est pas une évaluation de votre valeur ni de votre séduction.

Si vous vous servez de la jalousie pour vous accrocher à quelqu'un tout en ayant des doutes sur votre relation, vous devez vous poser certaines questions. Est-ce par besoin de contrôler votre partenaire ? de le tourmenter ? de vous venger ? Est-ce pour lui extorquer des manifestations de son amour ? de son lien avec vous ? Est-ce votre soif d'attachement qui a peur d'une rupture de la relation et qui vous pousse à provoquer la jalousie de votre partenaire pour qu'il vous reste attaché ? Que vous soyez le marionnettiste qui provoque la jalousie ou la marionnette jalouse, vous êtes à une des deux extrémités de ce fil malsain. Si vous osez reconnaître les distorsions provoquées par la soif d'attachement et les fausses croyances qui se dissimulent sous ces manipulations, vous pourrez alors lâcher le fil et vous offrir la liberté de décider en tant qu'adulte conscient ce que vous ressentez envers cette relation et ce que vous voulez en faire.

Mettre fin à la tricherie

Toutes ces manœuvres en vue de maintenir un attachement ont un point commun : la tricherie. Qu'il s'agisse du contrôle par le pouvoir, par la faiblesse, par la servitude, par la culpabilité ou par la jalousie, ces manœuvres ont pour effet de chasser l'authenticité et l'honnêteté de la relation. Si vous employez de tels moyens, il se peut que vous mainteniez dans la relation quelqu'un qui ne veut pas être avec vous et qui ne vous aime pas. Est-ce que c'est vraiment ça que vous voulez ? Si quelqu'un se sert de ces manœuvres avec vous, on exploite votre vulnérabilité pour vous empêcher d'être vous-même et de savoir ce que vous voulez de cette relation. Il y a beaucoup de bonnes raisons pour que vous repreniez le contrôle du petit enfant en vous qui a soif d'attachement : en employant ces manipulations ou en supportant les manipulations de votre partenaire, ce petit enfant en vous-même préserve intacts vos liens de dépendance.

Chapitre 11
La soif d'attachement : est-elle bonne ou mauvaise ?

Quand la soif d'attachement dirige vos émotions et vos actes, elle peut provoquer de fortes réactions physiques et émotives qui peuvent outrepasser votre jugement, déformer vos perceptions du temps et des gens, et façonner vos sentiments envers vous-même. Elle est à la base de vos liens avec les autres. Tout cela semble faire de la soif d'attachement une force destructrice dont on aurait intérêt à se débarrasser. Mais la soif d'attachement est-elle toujours destructrice ? Doit-on la déraciner ? Ne peut-elle avoir sa place dans une bonne relation ?

J'ai indiqué dans le chapitre 2 que la soif d'attachement pouvait avoir des effets positifs sur vos émotions et sur votre comportement. J'ai fait référence à une expérience de Lloyd Silverman (voir page 29) dans laquelle des gens qui avaient des phobies d'insectes voyaient leur peur diminuer de façon notable après avoir regardé dans un tachistoscope où les mots *Maman et moi ne faisons qu'un* étaient projetés de façon subliminale. Dans une autre étude, « deux groupes d'étudiants de niveau collégial ayant des résultats scolaires équivalents ont reçu des stimulations au tachistoscope au début d'un cours de droit, quatre fois par semaine pendant une session d'été de six semaines. Un des groupes recevait le message subliminal *Maman et moi ne faisons qu'un* alors que le groupe témoin recevait le message neutre *Les gens marchent.* À l'examen final, les étudiants du premier groupe ont obtenu des résultats significativement meilleurs que ceux du groupe témoin (les copies d'examen étaient identiques) ; les résultats ont été respectivement 90,4 % et 82,7 %)[1].» Au cours d'autres études rapportées dans le même article, l'exposition subliminale aux mots *Maman et moi ne faisons qu'un* a eu des effets thérapeutiques et calmants sur des phobies, sur l'obésité, sur la symptomatologie schizophrénique et sur d'autres désordres émotionnels. Le Dr Silverman émet l'hypothèse que cette phrase a de tels effets positifs sur ces sujets pour plusieurs raisons, parmi lesquelles «la satisfaction magique de (…) désirs issus des plus précoces niveaux de développement, en particulier les désirs de gratification orale et de chaleur maternelle» ; l'assurance que maman ne les quittera ni ne les abandonnera, et la réduction de la menace éprouvée au cours de séparations temporaires parce que, après tout, maman et moi ne faisons qu'un ; et une fusion avec la force de maman qui peut guérir de façon magique toutes les fatigues et tous les ennuis (p. 574).

Manifestement, la soif d'attachement peut nous influencer de diverses façons très complexes et contradictoires. Elle se trouve à la source des dépendances interpersonnelles qui provoquent des relations malheureuses et autodestructrices, et pourtant il est évident que la satisfaction de la soif d'attachement a des effets bénéfiques. On peut ou bien gagner beaucoup à rechercher la gratification de notre désir primaire (et sans doute universel) d'éprouver à nouveau l'état «oublié» de ne faire qu'un avec notre mère, ou bien être détruits par cette quête. Ce n'est pas vraiment une contradiction. Comme dans beaucoup de situations humaines, cela dépend de notre façon d'aborder les choses. Et, avant tout, c'est le prix que nous avons à payer pour cette gratification qui détermine si ses effets vont nous combler ou nous ruiner.

---

1. Cette citation est extraite d'un article de Lloyd Silverman, Ph.D. Cet article est intitulé : «Unconscious Symbiotic Fantasy : A Ubiquitous, Therapeutic Agent», publié dans l'*International Journal of Psychoanalytic Psychotherapy*, 1978-1979, volume 7, p. 568. Il rapporte ici une étude de K. Parker intitulée : «The Effects of Subliminal Merging Stimuli on the Academic Performance of College Students», 1977, thèse de doctorat non publiée, New York University.

On cherche le plus souvent la gratification de la soif d'attachement dans la relation amoureuse, mais il existe aussi d'autres domaines pouvant y répondre. La satisfaction symbiotique est également une bonne part de ce qu'offrent la plupart des religions. Ne faire « qu'un avec Dieu », ou prendre le corps et le sang de Jésus dans votre propre corps, ou éprouver la certitude sécurisante que vous êtes aimé par un pouvoir d'En Haut, tout cela satisfait certains aspects de ce désir symbiotique[2]. Les religions qui mettent l'accent sur le fait de ne faire qu'un avec l'univers et qui encouragent les états de transcendance stimulent le sentiment d'être relié à quelque chose de plus grand que soi-même. Il en est de même pour les rituels issus de traditions anciennes, avec des chants et des prières à l'unisson, et pour les états de conscience altérés qui peuvent survenir par le chant, la méditation, le jeûne, les danses tournoyantes et les expériences de transes. Dans leur chapitre sur « The Search for Oneness in the Real World » (La recherche de la fusion dans le monde réel[3]), Silverman et ses coauteurs parlent en détail de la quête de ce sentiment de fusion dans la méditation religieuse et non religieuse, dans les drogues qui modifient la conscience, dans les cultes et dans le jogging. (Ils citent un coureur qui disait: « J'ai éprouvé (…) le plus fort d'une sensation (…) j'ai pris l'univers autour de moi, je me suis enveloppé dedans et je n'ai fait qu'un avec lui[4]. »

Toutes ces quêtes ont manifestement des effets très bénéfiques sur ceux qui y participent, sans doute par la gratification du désir symbiotique en grande partie inconscient. Ces expériences vont au-delà des sentiments d'isolement, d'égarement, de petitesse et

2. Le fait que certains de ces exemples concernent des personnalisations masculines suggère que la recherche de l'expérience de l'unicité peut être souvent un désir de fusion avec le père, et que l'objet n'est pas toujours la mère ni un simple transfert de la mère sur des personnalisations masculines. Des observations psychodynamiques d'hommes et de femmes en psychothérapie accréditent la présence fréquente d'un puissant désir de fusion avec le père.
3. Silverman *et al.*, *op. cit.*, chapitre 6.
4. Sheehan, *Running and Being*, New York, Simon & Schuster, 1978, p. 227, 229.

de vulnérabilité, et elles peuvent créer des sentiments d'union, de signifiance, de sérénité et de force, tous sentiments qui peuvent se traduire en une attitude forte et harmonieuse envers l'existence. Mais tous ces champs d'activités, dépendant de la façon dont on les pratique et du prix qu'on paie, peuvent aussi conduire à des catastrophes émotives. Quelqu'un peut, par exemple, obtenir un grand soulagement et une grande sécurité par sa religion en sentant qu'il ne fait qu'un avec Dieu, avec ses coreligionnaires et avec une ancienne tradition. Mais s'il doit payer le prix de ce soulagement par une vision étroite du monde, par une diminution de ses capacités de penser par lui-même, ou par le mépris et la haine de ceux qui ont des croyances ou des comportements différents du sien, alors le prix est très élevé, et les effets destructeurs peuvent outrepasser les effets constructifs. Chacun doit peser pour soi-même ces contreparties. On en voit des cas extrêmes lorsque les groupes religieux deviennent des cultes. Il n'y a pas de doute que Jim Jones ait satisfait les soifs d'attachement de ses fidèles, leur permettant de *s'unir* à son pouvoir, et de partager la force, la joie et l'harmonie de cette union. Mais cette union, née de la soif d'attachement, en détruisant leur croyance dans le jugement et la sagesse de leur moi individuel, les a conduits à se soumettre à l'ordre que leur a donné Jim Jones de mourir, et peut-être l'ont-ils fait en recherchant par la mort une union encore plus complète.

On pourrait faire le même genre de réflexion à propos des drogues qui modifient la conscience. Beaucoup de gens racontent des expériences cosmiques, des sensations de dissolution de leurs frontières physiques et un sens de fusion avec l'univers quand ils sont dans des états provoqués par des drogues, en particulier avec les drogues hallucinogènes. D'autres éprouvent une sensation de béatitude, d'aisance et de sérénité qui évoque les sensations du stade symbiotique primaire. Beaucoup de gens pensent que leurs expériences avec les drogues ont été bénéfiques et ont transformé leur vie. Des participants à un programme expérimental de thérapie au LSD ont rapporté que c'était la thérapie la plus efficace de toutes celles auxquelles ils avaient participé. Mais il est évident que lorsque l'abus ou l'usage inconsidéré de ces substances conduit à une dépendance envers une drogue, à la détérioration physique, à une déchéance intellectuelle et à une diminution de la motivation à conduire efficacement sa propre vie, alors le prix à payer dépasse les gratifications qu'a pu trouver la soif d'attachement.

Même le jogging, qui offre beaucoup d'avantages émotifs et physiques, peut présenter des dangers, en particulier quand, par imprudence, on s'y prépare mal ou on en fait trop. On peut avoir alors de sérieux problèmes orthopédiques et cela peut même provoquer les crises cardiaques que le jogging est censé éviter. On peut aussi devenir dépendant du jogging. J'ai vu des gens en devenir si obsédés qu'ils se sentaient mal et angoissés à l'idée de manquer une séance, à tel point que cela empiétait sur d'autres domaines importants de leur vie. On peut penser que l'état mental provoqué par le jogging, le mouvement rythmique et l'harmonie spirituelle avec l'environnement rapportée par certains coureurs permettent de revivre intensément des sensations euphoriques (sensations semblables à la symbiose originelle), à tel point que la recherche de cette expérience gratifiante peut devenir une obsession.

De la même façon, une relation importante et intime avec une autre personne peut ressembler à l'intimité de l'interaction entre la mère et l'enfant (qui comprend généralement une intimité physique assortie d'intenses liens affectifs). À cause de cela, une relation avec une autre personne peut être la façon la plus profonde et la plus précieuse que les gens connaissent pour gratifier leur besoin de fusion. Qu'on l'appelle une relation amoureuse, un engagement prioritaire, un aimantage ou une familiarité affectueuse, cela offre la possibilité de satisfaire des désirs profonds qui surgissent de nombreux niveaux différents : les besoins pratiques qui sont mieux satisfaits quand les gens collaborent, les joies particulières à partager des expériences, les plaisirs de l'amour adulte, la satisfaction d'aider quelqu'un et d'en prendre soin et la *gratification de la soif d'attachement*. Quand la soif d'attachement est ainsi satisfaite, les gens se sentent généralement bien, et la plupart vont en éprouver plus de bonheur, de force, de confiance et de santé à condition toutefois que le prix émotif qu'ils ont à payer ne dépasse pas les bénéfices qu'ils en ont retirés.

Si vous vous demandez si la meilleure des choses que vous ayez à faire est de rompre la relation dans laquelle vous vous trouvez, voici une des plus importantes questions que vous devez vous poser : est-ce que le prix à payer en termes de respect de soi-même, de croissance personnelle et de satisfaction générale vaut la gratification qu'il procure des besoins d'attachement infantiles ? Comment pouvez-vous évaluer les deux plateaux de cette délicate balance ? Quand le prix est-il trop élevé ? À quel moment pouvez-vous savoir que le prix est tellement élevé et inchangeable que rompre devient la meilleure des choses à faire ? Bien que cette décision soit personnelle et complexe, nous allons voir qu'il existe quelques points de repère.

Chapitre 12
Mais est-ce que je dois rompre ?

> Quelquefois, je suis tout à fait certaine que je devrais mettre fin à cette relation. En fait, ça me semble souvent la *seule* chose intelligente à faire. Et d'autres fois, je pense qu'il serait fou d'y mettre fin – que j'en retire beaucoup de choses et que je ne veux pas perdre tout ça. Le pire, c'est de ne pas être capable de me décider.

La décision de mettre fin ou non à une relation met en jeu des facteurs très complexes, entièrement subjectifs et dotés d'une grande puissance émotionnelle. Il n'y a en général pas de solution évidente ni de « meilleure chose à faire » facilement discernable. En essayant de vous décider, il se peut que vous vous sentiez piégé entre deux dangers opposés mais tout aussi destructeurs. Le premier fait partie intégrante du choix de rester dans une relation malheureuse, malsaine et réductrice. Nous avons déjà examiné ce danger en détail. Mais il faut aussi savoir que votre partenaire et vous-même encourriez de graves dommages en décidant de rompre de façon impulsive ou prématurée sous prétexte que votre relation a vécu des échecs décevants par rapport à vos attentes, alors que ces attentes n'étaient sans doute pas réalistes en premier lieu.

Ces risques opposés montrent que le processus de la décision de rompre une relation doit être abordé avec beaucoup de patience, d'interrogations et d'honnêteté – et en évaluant judicieusement tous les aspects pratiques et émotifs qui entrent en ligne de compte. Il y a deux questions particulièrement importantes qu'il faut que vous vous posiez aussi objectivement que possible avant de déterminer ce que vous allez faire :

1. Est-ce que les bénéfices que je retire de cette relation sont plus importants que ce qu'il m'en coûte, ou vice versa ?
2. Se peut-il que mes attentes et mes besoins infantiles et narcissiques me poussent à rompre cette relation pour de mauvaises raisons ?

Ces questions sont si cruciales dans le processus de votre décision qu'il est utile de les examiner systématiquement l'une après l'autre.

L'ANALYSE DES COÛTS ET DES BÉNÉFICES

Aussi bonne que soit une relation, il y a un prix à payer — même si ce prix n'est que la perte de quelques degrés de liberté qui va toujours de pair avec une relation. Et aussi mauvaise que soit une relation, on en retire toujours quelques bénéfices. Fondamentalement, la question de savoir s'il vaut mieux pour vous de rester avec votre partenaire ou de le quitter dépend de votre évaluation des bénéfices que vous recevez de sa présence : dépassent-ils largement ce qu'il vous en coûte, ou le prix à payer est-il trop élevé par rapport aux bonnes choses que vous retirez ? Mais si vous êtes dans un état de confusion vis-à-vis d'une relation amoureuse, il est vraisemblable que vos pensées et vos sentiments soient confus, et cela vous rend difficile la tâche d'évaluer clairement ce que la relation vous apporte, ce qu'elle ne vous apporte pas et, peut-être, ce en quoi elle vous blesse. Il serait intéressant qu'il existe un cahier budgétaire où vous pourriez inscrire les plus et les moins et en arriver à une réponse aussi définitive qu'un état de compte d'expert-comptable, mais ce n'est pas possible dans le domaine complexe des émotions humaines. Même si l'inventaire d'auto-évaluation qui suit n'est donc pas conçu pour vous donner une réponse quantifiable, il peut vous aider à penser plus clairement à votre relation et à identifier ce qui vous satisfait et ce qui ne vous satisfait pas. Il est conçu pour vous aider à faire une analyse plus objective des coûts et bénéfices de la relation. Peut-être vous sera-t-il utile pour vérifier, au moins mentalement, votre évaluation des aspects importants qui suivent:

LES DEGRÉS DE SATISFACTION DE LA RELATION

Très élevé *élevé* *moyen* *bas* *très bas*

1. Satisfaction affective générale
2. Communication
3. Complicité
4. Intérêts communs
5. Soutien pratique
6. Soutien affectif
7. Soutien de croissance personnelle
8. Sentiment d'être aimé par mon partenaire
9. Sentiment d'aimer mon partenaire
10. Sentiment de respect pour mon partenaire
11. Sentiment d'être respecté par mon partenaire
12. Sentiment de confiance envers mon partenaire
13. Sentiment que mon partenaire a confiance en moi
14. Sentiment d'être enrichi par mon partenaire
15. Sentiment d'enrichir mon partenaire
16. Plaisir d'être ensemble
17. Chaleur
18. Satisfaction sexuelle
19. Sentiment d'estime de moi dans la relation
20. Désir de passer du temps avec mon partenaire

Une fois que vous avez fait ces évaluations, examinez-les. Avez-vous été tout à fait honnête? Sinon, effectuez les modifications qui reflètent mieux vos sentiments. Puis regardez les domaines où votre satisfaction est très élevée. Y en a-t-il plus que de domaines d'insatisfaction ? Ou est-ce l'inverse ? Il se peut que le *nombre* de domaines de satisfaction ou d'insatisfaction ne soit pas aussi important que l'importance que vous accordez à tel ou tel domaine. Imaginons par exemple que le domaine sexuel *n'ait pas* beaucoup d'importance pour vous ; dans ce cas-là, une basse évaluation de votre satisfaction sexuelle peut n'avoir que peu de poids dans la colonne « coûts » face à d'autres satisfactions que vous retirez, ou encore une évaluation élevée de votre satisfaction sexuelle peut être d'un poids insignifiant face à des insatisfactions dans des domaines que vous considérez plus importants. Mais si la satisfaction sexuelle est un domaine auquel vous attachez beaucoup d'importance, votre insatisfaction peut peser plus lourd que beaucoup d'autres appréciations positives, et votre satisfaction peut peser plus lourd que beaucoup d'appréciations négatives. L'importance relative de ces domaines est particulière à chacun, et même s'il n'y a que vous qui puissiez déterminer l'importance de chaque domaine dans votre bonheur, si vous regardez l'ensemble du tableau d'un point de vue plus objectif, vous pourrez être amené à vous demander si vous ne surévaluez pas certains domaines en en sous-évaluant d'autres, peut-être d'une façon qui va à l'encontre de votre intérêt.

Pour compléter cet examen général de vos satisfactions et de vos insatisfactions, demandez-vous s'il y a des domaines qui ne sont pas inclus dans cet inventaire des satisfactions de la relation. Demandez-vous : « Qu'est-ce que j'aime le plus chez mon partenaire, qu'est-ce qui me plaît le plus et qu'est-ce que j'apprécie le plus en lui ? Qu'est-ce qui me déplaît le plus ? Qu'est-ce qui me rend le plus heureux et que j'apprécie le plus dans cette relation ? Et qu'est-ce qui me rend le plus malheureux ? Comment cette relation aide-t-elle à ma croissance, et en quoi m'empêche-t-elle d'évoluer ? »

Servez-vous de tout cela — les évaluations, l'importance subjective de chacune, vos réponses aux questions ci-dessus — pour acquérir une idée plus précise de vos satisfactions et de vos insatisfactions dans cette relation. Imaginez que ces satisfactions et ces insatisfactions soient sur les deux plateaux d'une balance, et demandez-vous de quel côté elle penche. Si elle penche du côté des insatisfactions, vous devez alors vous préoccuper des raisons pour lesquelles vous restez (les considérations pratiques ? les croyances ? l'aimantage ? la soif d'attachement ?). Si la balance penche clairement vers les satisfactions, vous devez alors vous demander pourquoi vous voulez rompre (cette question est reprise plus loin). Pour examiner ces questions de plus près, nous allons regarder comment votre analyse des coûts et bénéfices est influencée par la présence ou l'absence d'aimantage dans votre relation.

LES ATTACHEMENTS AVEC AIMANTAGE

Quand l'aimantage fait partie de votre lien avec une autre personne, il ajoute une énorme intensité à la soif d'attachement. Quand vous êtes « en aimantage », vous êtes agréablement ou douloureusement hanté en pensant à l'autre, vos émotions risquent d'osciller de l'extase au désespoir, et le désir de vous unir à l'objet de votre obsession peut devenir le centre de votre existence. Cet état d'esprit est-il bon ou mauvais ? Est-ce que cela ajoute quelque chose à votre vie, ou est-ce que ça vous enlève quelque chose ? Les personnes qui ont vécu dans les affres de tels sentiments ont des points de vue très différents sur ces questions. Un homme de trente-cinq ans disait :

> La douleur est insupportable… Je n'ai pas dormi une nuit entière depuis des semaines, et en ce moment même je pourrais dire que je donnerais n'importe quoi pour que cette douleur s'en aille, pour simplement tout oublier de cette femme. Mais je sais que si vous me donniez une potion magique en me disant : « Bois ça, et ton désir va disparaître complètement, avec toutes tes tortures, tes découragements, ta haine de toi-même et tous ces besoins

qui te rendent malade — mais tu n'éprouveras plus jamais les délices, la sensation d'excitation, la sensation d'être vivant à cent pour cent que tu éprouves quand tu es amoureux et heureux », si vous me disiez cela, je *ne boirais pas* la potion. Je ne voudrais pas vivre sans ça.

Dans la même position que cet homme, d'autres personnes diraient exactement le contraire : qu'elles abandonneraient avec joie l'intensité du plaisir pour être débarrassées de la douleur et du désir. Une femme dans la quarantaine disait :

> Je ne pense pas que je puisse jamais avoir encore besoin de quelqu'un à la façon « je ne peux pas vivre sans toi ». J'ai eu beaucoup de hauts, mais oh, quels bas ! Et je n'ai jamais senti que ma vie m'appartenait. Maintenant, elle est peut-être plus ordinaire et moins excitante ; mais mes relations sont amicales et saines et ne sont pas le centre de toute chose… Quel soulagement !

Vous avez sans doute votre propre opinion sur les effets de l'aimantage. Les professionnels dans le domaine de la santé mentale débattent aussi la question de savoir si c'est un état sain ou malsain. Mais si vous ne savez trop si vous voulez rester dans une relation d'aimantage mais insatisfaisante, la solution se trouve, comme toujours, dans cette question : quel est le prix à payer en regard des gratifications que vous retirez ? Quelques exemples vont illustrer la complexité qu'il y a à faire un tel jugement.

Diane s'est mariée à l'âge de vingt-deux ans. Deux ans plus tard, dans un grand magasin, un homme lui a demandé si elle voulait bien lui donner son avis sur un cadeau qu'il achetait pour sa femme. Tout en cet homme l'excitait : la fraîcheur de ses yeux bleus, sa profonde fossette au menton, ses vêtements, sa démarche, son rire, tout. Elle et Marcel commencèrent à avoir une liaison peu après leur première rencontre, et l'excitation et la joie qu'elle éprouvait avec lui, ainsi que le fait qu'elle ne pensait qu'à lui quand ils n'étaient pas ensemble, l'amenèrent à penser que son mariage était une erreur totale. Après tout, elle n'avait jamais été obsédée par son mari de façon si euphorique. Marcel devint l'intérêt central de sa vie, et presque le seul. Ils se retrouvaient de façon irrégulière, à des moments qu'il était le seul à déterminer. Il était très amoureux, très attentif et très passionné quand ils étaient ensemble, mais il lui avait dit clairement et franchement qu'il n'avait aucune intention de quitter sa femme et son fils, ni maintenant ni dans l'avenir. Elle découvrit aussi qu'il préférait garder la relation à un niveau superficiel, et qu'il n'était jamais là quand elle était malade ou qu'elle avait besoin de lui. Et quand elle semblait déprimée ou troublée par le statut de leur relation, il lui offrait galamment, à sa grande terreur, d'y mettre fin. Malgré ces limitations claires de leur relation, Diane s'accrochait à de petites choses, comme lorsqu'il lui téléphonait au cours de ses voyages, pour alimenter ses espoirs d'une relation plus complète.

La vie de Diane se réduisit à ses préoccupations envers Marcel. Son mariage était quasiment mort, ses amis étaient fatigués de l'entendre parler de ses problèmes avec Marcel et commençaient à l'éviter, sa carrière en souffrait, et elle se sentait toujours fatiguée ou malade pour une raison ou pour une autre. Pourtant, dans son malheur, et tout en reconnaissant rationnellement que sa position était sans espoir, elle se sentait toujours attirée et excitée par ses yeux bleus, sa fossette, sa démarche, son rire, son corps et sa façon de lui faire l'amour. Elle était convaincue qu'aucun autre homme au monde ne pourrait lui faire ressentir tout cela. Elle s'accrochait donc à cette relation bien que cela dévorât toutes les autres parties de sa vie. Manifestement, le prix de son attachement fondé sur l'aimantage était trop élevé, quel qu'en soit le critère. Même Diane était d'accord avec ça. Elle souhaitait pouvoir acquérir la force et le courage de rompre.

D'autre part, examinons la relation de Carole avec Gérard. « La chute de ses épaules et la courbe de son dos pouvaient occuper mon imagination et attirer mes sentiments comme un aimant. Il y a là une vulnérabilité et, dans son visage, une sensibilité qui me viennent à l'esprit chaque fois que je pense à le quitter. » Les frustrations qui faisaient souvent envisager à Carole de quitter Gérard venaient de ce qu'il était parfois si préoccupé par lui-même qu'il se renfermait et n'avait plus de place pour elle, à tel point qu'il devenait émotivement indifférent et qu'il disparaissait de sa vie pendant de longues périodes. À quelques occasions, Carole s'était brièvement séparée de lui, mais, quand elle eut pesé ce qu'elle retirait de Gérard face au prix qu'elle payait, elle décida que la relation, dans l'ensemble, valait le coût affectif qu'elle payait.

> Je ne peux pas supporter quand il s'enferme dans sa coquille, mais je ne suis pas masochiste au point de rester avec lui si je ne recevais pas beaucoup de lui. D'une part, je suis amoureuse folle de lui, et c'est merveilleux de ressentir cela envers quelqu'un. Mais même ça ne suffirait pas à me faire rester. La raison principale, c'est qu'il est là chaque fois que j'ai vraiment besoin de lui, et il est gentil, et il me comprend. Alors, au lieu de le quitter, j'essaie de trouver des moyens de ne pas souffrir quand il a ses accès d'éloignement et de faire simplement ce que j'ai à faire jusqu'à ce qu'il en sorte.

Voici donc deux femmes, toutes les deux attirées vers leur homme par aimantage, toutes deux malheureuses de quelques aspects de leur relation, et atteignant pourtant chacune une conclusion différente. Diane savait que le prix de sa relation avec Marcel était trop élevé face aux gratifications qu'elle en retirait, pourtant cela lui prit plusieurs années de souffrance avant qu'elle puisse le quitter. Carole aussi était malheureuse dans son attachement d'aimantage avec Gérard, mais elle décida que, tout considéré, c'était une relation qui en valait la peine, et elle décida de la continuer. Si vous êtes attaché à quelqu'un par aimantage, il n'y a que vous qui puissiez décider si ce que vous retirez vaut le prix pratique et affectif que vous payez. Puisque l'aimantage peut aveugler, il pourrait vous être utile d'avoir le point de vue d'amis capables de voir le tableau dans son ensemble. En plus de faire votre tableau d'évaluation, avec d'un côté les plaisirs et les effets positifs et de l'autre les effets négatifs sur vos émotions et sur votre vie, vous devriez aussi examiner ces questions le plus honnêtement possible :

> Qu'y a-t-il dans cette relation qui me *paraît* si bon ? Qu'est-ce qui a tant de valeur à mes yeux ?
>
> Quels sont les effets de cette relation sur ma confiance en moi ? Et sur mon bonheur au jour le jour ?
>
> Est-ce que cette relation a tendance à me déprimer ? à m'inquiéter ? à me rendre tendu ? Est-ce que cela a un effet sur ma santé ? sur mon sommeil ?
>
> Est-ce que cette relation augmente ou diminue ma capacité de travail ? de concentration ? d'efficacité ?
>
> Est-ce que cette relation élargit ma vie et mes horizons, ou est-ce qu'elle les rétrécit ? Est-ce qu'elle nuit à mes relations avec mes amis ? à ma capacité d'acquérir de nouveaux amis ? à la poursuite de mes intérêts et de mes buts ?

Même si votre tableau d'évaluation montre un prix à payer très élevé pour les bénéfices affectifs que vous donnent vos sentiments d'aimantage, vous pouvez quand même trouver qu'il vous est difficile de décider si vous devez mettre fin à la relation, essayer de l'améliorer ou la laisser comme elle est. Même si vous décidez d'y mettre fin, cela peut être extrêmement difficile d'aller à l'encontre de vos sentiments d'aimantage. Il est donc important de reconnaître que même si l'aimantage peut être un des grands délices émotifs de l'existence, il y a des risques considérables :

1. Dans la mesure où l'aimantage vous fait idéaliser l'autre personne et vous aveugle sur ses défauts, il peut vous faire sentir sans valeur face à l'autre et vous pouvez par conséquent être

tenté de vous contenter des miettes et être très malheureux dans cette relation.

2. Votre peur de vous éloigner de cette personne merveilleuse peut vous conduire à éviter le genre de confrontations et de discussions qui sont en général nécessaires au développement d'une relation mutuellement satisfaisante.
3. Vous pouvez avoir tendance à oublier, si vous l'avez jamais su, que pour construire et maintenir une relation bonne et satisfaisante, *l'aimantage ne suffit pas, il s'en faut de beaucoup.*

LES ATTACHEMENTS SANS AIMANTAGE

Liliane et André étaient « ensemble » depuis sept ans. Cela veut dire qu'ils passaient ensemble leurs week-ends et au moins une nuit par semaine chez l'un ou chez l'autre, et qu'aucun des deux n'avait d'autre liaison. « J'aime beaucoup André, et il m'aime beaucoup. C'est très confortable pour chacun de nous… Je ne peux pas dire que j'aie jamais éprouvé de grande passion pour André, ni qu'il me soit arrivé d'éprouver un grand désir de le toucher ou de me retrouver au lit avec lui, mais il me manque vraiment s'il se passe quelque chose et que nous ne sommes pas ensemble. » Liliane débattait la question de savoir si elle devait rompre sa relation avec André. « Je veux qu'on se marie. Je veux vivre avec lui et faire ma vie avec lui. Et je veux des enfants, au moins un enfant. Il ne me reste pas beaucoup d'années pour avoir un enfant, et j'en ai passé sept avec André, qui continue à me dire qu'il aime la situation comme elle est, et qu'il ne peut imaginer dans sa vie un mariage et des enfants… »

Le désir de Liliane de se marier et d'avoir des enfants était réel, bien qu'elle admît quelques petites ambivalences. Et il était clair, après de nombreuses discussions et disputes avec André, que sa position à lui était ferme. Depuis six ou sept ans qu'elle était avec André, elle avait sérieusement pensé à le quitter. Elle prenait sa décision puis se reprenait, elle lui disait que c'était fini puis le rappelait, elle partait en vacances sans lui puis revenait vers lui. Malgré sa frustration et leurs différences fondamentales, et en dépit de son absence d'aimantage, Liliane était aussi accrochée à André que n'importe quel romantique-abandonné-fou-d'amour-et-d'aimantage.

Quand Liliane énumérait les raisons pour lesquelles elle restait dans la relation, voici ce que cela donnait :

> André est devenu ma famille. J'attends chaque jour de lui parler le soir de tous ces petits détails de la journée qui n'intéresseraient personne d'autre.
>
> Nous nous connaissons si bien. Il sait souvent exactement comment je me sens et ce que je veux sans que je le demande.
>
> Il est là. Avec tous les changements qu'il y a eus dans ma vie ces sept dernières années, il est la seule constante.
>
> Il m'accepte comme je suis. Comment saurais-je si quelqu'un d'autre le ferait ?
>
> J'ai parfois vraiment envie d'être en amour. Mais je sais que je tombais toujours amoureuse d'hommes qui ne m'aimaient pas, et c'était un enfer.
>
> Rien ne me garantit que je peux trouver quelqu'un avec qui j'aurais envie de me marier et d'avoir un enfant. Il ne me reste pas tant d'années que ça pour avoir un enfant.
>
> Je suis terrifiée à l'idée de recommencer à sortir pour rencontrer des hommes. Il y a si longtemps. Et je déteste le milieu des célibataires… Je m'imagine ayant des relations sexuelles avec d'autres hommes, mais je suis effrayée de passer aux actes. Je deviens consciente de haïr mon corps et d'en avoir honte.
>
> Je ne pourrais pas supporter de me retrouver seule une fois de plus, avec personne pour se soucier de ce qui m'arrive. Et peut-être que personne ne s'en souciera.
>
> Si dans cinq ans je me retrouve dans la même situation avec André et que j'ai perdu toute chance d'avoir un enfant,

je vais me haïr. Mais qu'est-ce qui arrivera si je le quitte et que dans cinq ans je n'ai ni mari, ni enfant, ni André ?

Quels bénéfices affectifs Liliane retire-t-elle de son attachement envers André, un attachement profond mais sans aimantage ? Il y a de la familiarité, de la continuité, du partage, le fait de se soucier l'un de l'autre et de se sentir à l'aise. Ce sont là des bénéfices non négligeables. Et le prix ? Il y a cette absence d'excitation et d'aimantage (ce qui ne semble pas très important pour Liliane) et l'insatisfaction de ses désirs de mariage et de maternité (qui, dit-elle, sont très importants pour elle). Qui d'autre que Liliane peut évaluer dans son système de croyances la valeur et la signification qu'a pour elle le mariage ? Qui peut mesurer les coûts et bénéfices de rester avec André ou de le quitter ? Seule Liliane peut peser ces facteurs émotifs intangibles.

Mais Liliane serait mieux à même de prendre la meilleure décision si ses pensées et ses sentiments étaient libérés à la fois des pressions de son système de croyances (pour être comblée, une femme doit être mariée et avoir un enfant) et des distorsions qui vont avec la soif d'attachement. Il y a une réelle possibilité qu'elle ne trouve personne pour se marier et avoir un enfant, surtout si la période de sa vie où elle peut en avoir arrive à son terme. Et il est possible qu'il lui arrive d'être rejetée, et il se peut qu'il lui arrive souvent de se retrouver seule. Mais il n'y a rien dans l'apparence et la personnalité de Liliane qui soit désagréable au point d'envisager qu'elle sera *toujours* rejetée ou qu'elle se retrouvera seule *pour toujours*. Il n'y a aucune bonne raison pour qu'elle croie qu'André est la seule personne au monde qui puisse l'accepter comme elle est, qui veuille être avec elle, qui veuille connaître les événements de sa vie quotidienne, ou qui prendrait soin d'elle. Ces sentiments, et la terrible insécurité, la honte et l'angoisse qui les accompagnent, viennent en grande partie du niveau de la soif d'attachement et peuvent s'opposer à la décision la plus sage que pourrait prendre Liliane.

Il était particulièrement difficile pour Liliane d'évaluer les coûts et bénéfices de sa relation parce qu'elle en recevait beaucoup de bonnes choses, elle aimait bien André et éprouvait du plaisir en sa compagnie. Mais je connais des gens qui, sans aimantage, ont des attachements forts pour des partenaires qui leur donnent très peu en retour, qui les maltraitent, des partenaires qu'ils n'aiment pas et avec lesquels ils n'éprouvent aucun plaisir. Cela se rencontre plus fréquemment chez les personnes âgées qui ont passé ensemble de longues années et qui vivent dans de la haine concentrée, qui se querellent à propos de tout, critiquent tout et sont toujours amers. Pourtant, les années de familiarité, d'habitudes, d'histoire partagée, le besoin de sécurité et la peur qui vont souvent de pair avec la vieillesse, et un sens de l'engagement à long terme, tout cela les empêche souvent d'envisager sérieusement de quitter l'autre. Mais on peut voir la même paralysie chez des gens plus jeunes qui sont en réalité capables de s'occuper d'eux-mêmes, qui sont capables de changer, et qui ont largement le temps de construire de nouvelles relations et une nouvelle vie. C'est comme si la soif d'attachement et ses besoins de fusion et de sécurité avaient pris le dessus. Leur survie, leur identité, leur estime d'eux-mêmes et leur sens d'être complets deviennent liés à la perpétuation de cette relation sans aimantage. Et ceci est souvent renforcé par des croyances qui viennent à la fois du niveau individuel (je suis laid, on ne peut pas me désirer, etc.) et du niveau social (on devrait toujours vivre en couple, toute relation peut être améliorée, un tien vaut mieux que deux tu l'auras, rompre une relation est une faiblesse, ne pas avoir de relation c'est être un perdant, on ne doit jamais blesser les sentiments des autres, etc.).

Comme les gens qui sont accrochés par aimantage, si vous vous sentez coincés dans une relation sans aimantage, vous aurez vous aussi à faire une évaluation des coûts et bénéfices si vous voulez savoir si ce que vous obtenez de cette relation en vaut la peine. Vous devrez être rigoureusement honnête avec vous-même. Vous devez être honnête face à ce que vous obtenez et à ce que vous n'obtenez pas dans tous les aspects de cette relation: affectivement, matériellement, sexuellement. Il vous serait utile de vous poser les questions suivantes: Quelles en sont les gratifications? Est-ce que je me sens aidé? soutenu? Est-ce que je partage quelque chose? Est-ce que j'y prends du plaisir? Est-ce que ça m'aide à évoluer et à me sentir bien avec moi-même? Est-ce que c'est frustrant? déprimant? douloureux? Ensuite, après le tableau d'évaluation, quand vous envisagerez les risques et les pertes en cas de rupture, rappelez-vous qu'il est souvent dans la nature des liens sans aimantage de sous-estimer vos capacités d'affronter la vie avec succès. Étant donné que la soif d'attachement vient de la petite enfance, vous pourriez mal percevoir la réalité en la voyant comme un enfant inadapté dans un monde trop difficile pour pouvoir l'affronter sans une personne bien précise. Et cela peut causer une distorsion de votre évaluation des coûts et bénéfices et vous empêcher de rompre un lien destructeur.

ÉVALUATION PERSONNELLE

Une analyse des coûts et bénéfices de quelque chose d'aussi complexe et aussi humain qu'une relation amoureuse ne peut être utilisée que comme un guide, comme une structure qui vous aide à examiner la relation et ses divers degrés de gratification et d'insatisfaction. Pour compliquer davantage le processus de prise de décision, il faut savoir que même si une telle analyse montre que les aspects malheureux dominent fortement, cela ne signifie pas nécessairement que rompre est la meilleure chose à faire. Vous aurez aussi à déterminer si ces aspects malheureux sont le résultat d'un échec de la relation à satisfaire vos attentes *légitimes* d'une relation amoureuse, ou si votre seuil de tolérance pour les *frustrations normales* d'une interaction de couple est trop bas. Et vous devrez vous demander si vos attentes envers l'autre sont trop exigeantes, ou si votre tendance à mettre fin à quelque chose quand ça devient difficile ou malcommode est trop forte. Tout cela n'est pas facile à déterminer, non seulement parce qu'il s'agit de s'évaluer soi-même honnêtement, mais aussi à cause des tendances de l'époque dans laquelle nous vivons.

Nous vivons dans une époque qui a été qualifiée d'âge du narcissisme. En réaction aux générations pour lesquelles les inclinations personnelles devaient être étouffées et soumises à des structures fixées, comme les attentes des rôles maritaux et familiaux, il y a eu une tempête d'affirmation de l'individu. Cela a été en grande partie une réaction saine aux vieilles restrictions qui étaient souvent hors de propos et destructrices. Cela nous a permis de connaître une plus grande liberté et d'élargir nos horizons.

Mais cela a également créé de nouveaux problèmes. L'actualisation de soi[1] est un concept de grande valeur qui nous pousse à accomplir nos possibilités d'être des gens créateurs, conscients et aimants. Mais ce concept a souvent été perverti en un égoïsme étroit. Certains l'ont déformé au point de lui faire signifier ce que Althea Horner a appelé le *culte de soi*. « Leur maxime est : « Si c'est bon, fais-le. » Cela suggère un rejet du souci légitime de conscience et de respect des autres. Les valeurs humaines en rapport avec ce qui est moral, ou éthique, ou simplement décent sont jugées hors de propos et typiques des forces répressives dans la vie de l'individu… En fait, une autre maxime de ceux qui prêchent et pratiquent le culte du soi, « Fais ta propre affaire », implique souvent que l'autre ne compte pas[2]. »

Dans cette époque narcissique, il est permis de rompre en toute impunité, et même avec des félicitations, un engagement intime et important dès que l'on cesse de « s'y sentir bien ». Cette plus grande tolérance sociale a été un événement extrêmement libérateur pour tous ceux qui se trouvaient pris dans des attachements destructeurs. Cependant, bien que nous ayons vu que nous sommes souvent dirigés et contrôlés par les puissants sentiments de la soif d'attachement, il

1. A. Maslow, *The Farther Reaches of Human Nature*, New York, Viking, 1971.
2. Althea Horner, *Being and Loving*, New York, Schocken, 1978, p. 27.

est important de savoir que, en plus du simple désir de s'attacher et de s'accrocher, il existe un autre aspect de ces sentiments infantiles. Le petit enfant veut s'attacher à la personne maternante *parfaite*, celle qui *le fait se sentir bien tout le temps*, et il se met en colère quand cette personne n'est pas parfaite et qu'elle ne répond pas parfaitement à ses besoins. La grande tolérance sociale d'aujourd'hui à la rupture d'une relation peut autoriser le petit enfant en nous à se manifester, à clamer ses exigences, à dominer, et, comme un marmot capricieux, à détruire un jouet ou une relation qui lui déplaît momentanément.

Donald en est un bon exemple. Âgé de trente-quatre ans, il était marié à Loïs depuis onze ans, et ils avaient trois enfants. L'affaire de récipients en plastique qu'il avait montée avec un ami de collège avait très bien marché, et il vivait confortablement avec sa famille dans une très belle maison de banlieue. Au cours des dernières années, il avait commencé à s'attaquer de plus en plus à Loïs, à se plaindre et à critiquer : elle n'empêchait pas les enfants d'être après lui quand il était à la maison, elle ne les calmait pas assez, le soir elle avait l'air fatiguée et un peu fanée. Il ne le dit jamais à Loïs, mais tout ce qu'il pouvait voir quand il regardait son corps, c'étaient les vergetures dues à ses grossesses et la cicatrice de sa césarienne. Leurs intérêts différents dans certains domaines ne l'avaient pas gêné pendant les premières années de leur mariage, mais cela le rendait maintenant méprisant. Il aimait être actif : faire du ski, de l'équitation, de la plongée, danser dans les discothèques. Loïs était plus sédentaire, elle aimait le théâtre, les musées, les dîners avec des amis et, pardessus tout, les périodes de détente à la maison avec Donald et les enfants. Ils avaient appris à vivre avec ces différences, chacun suivant fréquemment l'autre dans ses activités tout en gardant parfois du temps pour s'adonner séparément à ses préférences. Mais maintenant, quand Loïs lui demandait de consacrer un peu de temps à ses activités paisibles, Donald en était irrité presque au point de se mettre en rage. Et, au cours d'un incident qui-ne-serait-jamais-oublié, la lenteur de Loïs à maîtriser une manœuvre en skis avait déclenché de telles injures et moqueries de la part de Donald que Loïs avait immédiatement posé ses skis et refusé de jamais revenir skier avec lui. Donald avait conscience que la plupart du temps il en était presque à haïr Loïs.

Puis, au cours d'un week-end de ski, Donald rencontra Sandra, et elle parut personnifier tout ce que Loïs n'était pas, tout ce qu'il désirait maintenant. Sandra n'avait jamais eu d'enfant, son corps ne portait aucune marque, aucune flétrissure. Elle n'avait jamais voulu d'enfant et ne comprenait pas les gens qui en voulaient. Elle attachait beaucoup d'importance à sa liberté. Elle travaillait pour une grande compagnie de produits de beauté et avait toujours l'air fraîche et avenante. Et elle aimait les activités de plein air. Donald avait un cheval très fougueux et difficile à maîtriser. Après qu'ils eurent passé ensemble une journée à cheval, il dit avec excitation : « À part moi, elle est la seule qui puisse monter mon cheval. » Moins de trois mois après avoir rencontré Sandra, Donald quitta Loïs.

Il y a de nombreuses façons de considérer la rupture de ce mariage. On peut la voir comme l'aboutissement de la séparation progressive de deux personnes ayant des intérêts et des besoins différents, quelque chose de triste mais d'assez fréquent. On peut la voir comme la réaction de Donald à la crise de croissance de la trentaine : il avait réussi dans ses affaires, il avait établi une famille et acquis sa maison, et il avait commencé à s'impatienter en se demandant ce qu'il allait faire de sa vie et ce qu'il voulait maintenant. On peut la voir comme le résultat de la trop grande immersion de Loïs dans son travail de mère, à tel point qu'elle ne remplissait plus assez bien son rôle de compagne. Et, si tout cela est vrai, on peut se demander pourquoi ils ne se seraient pas séparés ? S'ils se trouvent maintenant à des endroits différents de leur vie, avec des besoins et des intérêts différents, pourquoi seraient-ils restés ensemble ? Et surtout, en regardant les choses du point de vue de Donald, on peut se demander quel intérêt il aurait eu à rester dans un mariage avec une femme avec laquelle il n'avait plus beaucoup de points communs, qui ne l'excitait plus et qu'il lui arrivait maintenant souvent de détester.

Peut-être n'y aurait-il plus rien eu pour lui dans cette relation pour qu'il vaille la peine pour lui de continuer la relation, *mais peut-être que si*. D'abord, il y a l'importance évidente de conserver une famille intacte, particulièrement quand les enfants sont jeunes. Ce n'est pas, en soi, une raison suffisante pour rester. Nous connaissons tous suffisamment d'exemples de couples qui sont restés ensemble « pour le bien des enfants » et qui ont pu constater à quel point la haine qu'ils nourrissaient l'un envers l'autre créait pour les enfants un environnement beaucoup plus destructeur que toute séparation. Mais il est possible que la relation de Donald avec ses enfants, qu'il avait contribué à concevoir et qu'il aimait sans doute, fasse partie d'un réseau complexe de raisons qui auraient pu faire que Donald ait beaucoup gagné à rester. Ce réseau complexe de raisons tourne autour de *la possibilité qu'il ait perdu, en partant précipitamment, l'occasion d'évoluer vers une personnalité plus entière, plus riche et plus adulte*. Dans la mesure où il agit en fonction des besoins et des exigences du petit enfant en lui, il évite cette possibilité de croissance. Ce petit enfant en Donald et en chacun de nous ne veut qu'une petite chose, la seule petite chose que veulent tous les enfants : que tout se passe *comme il veut*. Cette partie de Donald qui existe au niveau de sa soif d'attachement veut *exactement* ce qu'il veut, et si ce qu'il obtient ne correspond pas à l'image qu'il se fait d'un besoin *parfaitement* satisfait, alors ce n'est pas bon du tout. Si une autre personne correspond *parfaitement* à cette image, comme Sandra semble le faire pour Donald, alors il l'aime. Si une autre personne ne correspond pas *parfaitement* à cette image, comme Loïs ne le fait plus, alors il la déteste. (Quand maman satisfait parfaitement les besoins du petit enfant, le petit enfant l'aime. Quand elle ne le fait pas, il la déteste.) Et il se peut que l'image que Donald exige de sa partenaire soit son image-miroir. Quand il dit avec admiration de Sandra « Elle est la seule à pouvoir monter mon cheval », il dit en partie « Elle est comme moi, et, comme je me ravis, elle me ravit. » Et, selon le même raisonnement, « Puisque Loïs n'est pas comme moi, elle n'est pas bonne, et je ne l'aime pas. »

Pour que Donald domine son impulsion à rompre son mariage, il aurait d'abord fallu qu'il reconnaisse qu'il y a en lui un petit enfant, et que cette partie de lui, qui déteste intensément Loïs, qui le pousse à rompre sa relation avec elle et à être avec Sandra, vient de ce petit enfant. Mais Donald ne pouvait pas supporter cette douloureuse acceptation, ou bien n'avait pas la patience que requiert une telle prise de conscience. Oser faire face à ses sentiments les plus profonds comporte le genre de risques émotifs que Donald n'a pu se décider à affronter, bien qu'il fût capable de prendre de grands risques sur les pentes de ski ou à dos de cheval. C'est une tâche très dure que d'examiner ses propres motivations et de lutter pour triompher des moments difficiles d'une relation. Et bien que Donald ait été capable de travailler très dur dans son métier, l'enfant en lui ne pouvait supporter le genre de travail qu'exigeaient l'exploration de ses motivations et les efforts nécessaires pour maintenir et développer sa relation avec Loïs.

Comme le dit l'ambitieux et égocentrique Ralph Newsome dans le livre de Joseph Heller *Good as Gold* : « … Je ne voyais guère d'intérêt à me ficeler à une femme d'âge mûr ayant quatre enfants, même si cette femme était la mienne et que ces enfants étaient les miens. Et vous ?[3] »

Donald mit donc fin à son mariage et manqua cette occasion de devenir une personne moins centrée sur elle-même et réellement plus « grande ». Il perdit l'occasion d'aller au-delà de ses frontières narcissiques, en un point où il aurait pu prendre autant de plaisir à s'occuper de Loïs et des enfants en tant qu'individus autonomes et imparfaits qu'à n'en faire qu'à sa tête. Au lieu de cela, il choisit ce qui représentait pour lui une issue facile, sacrifiant ainsi non seulement une occasion d'évoluer mais aussi les nombreux moments heureux qu'il avait dans sa relation avec

3. Joseph Heller, *Good as Gold*, New York, Simon & Schuster, 1979, p. 51.

Loïs. Il abandonna le plaisir incomparable de participer au développement au jour le jour de ses enfants. Il ne ressentit que sourdement ces pertes parce que l'enfant en lui (ou en quiconque) n'est orienté que vers les plaisirs immédiats. Il savait seulement qu'il ne se sentait pas bien dans sa relation avec Loïs et qu'il avait trouvé quelque chose où, pour l'instant, il se sentait mieux, donc il voulait partir. On pourrait se demander combien de temps Sandra resterait dans sa vie si elle faisait une chute de cheval, se cassait une jambe, marchait avec une béquille et ne pouvait plus skier ni monter à cheval.

Que ce soit dans le cadre du mariage ou autrement, une relation de couple est donc quelque chose qu'on ne doit pas rompre sur un coup de tête, et qu'on ne peut rompre sans pertes réelles. Mais il est parfois nécessaire de dire, non seulement à cause des frustrations des besoins de l'enfant en vous, mais à cause d'un respect adulte de vous-même: « Ça suffit. Je ne désire plus continuer dans cette relation. » Comment pouvez-vous savoir si vous êtes motivé par des raisons qui viennent de vos besoins adultes légitimes ou par les plaintes persistantes de l'enfant en vous qui cherche l'attachement *parfait* ?

Il est parfois difficile de le savoir. Les besoins issus du niveau de la soif d'attachement ressemblent parfois beaucoup à vos besoins d'adulte. Vos besoins d'adulte peuvent quelquefois dissimuler et rationaliser les suggestions sous-jacentes du petit enfant qui cherche un attachement. L'inverse peut quelquefois être vrai. Ainsi, il peut vous arriver de sous-estimer vos attentes adultes et légitimes envers l'autre personne en les qualifiant d'infantiles. Mais en essayant honnêtement et assidûment de prendre conscience de vous-même, vous pouvez arriver à discerner si vous êtes conduit à envisager de rompre une relation de couple par votre moi adulte ou par la soif d'attachement de l'enfant en vous. Et, pour vous aider dans cette recherche intérieure, voici une liste du genre de besoins et d'exigences que réclame chez presque tout le monde l'enfant attardé dans une relation amoureuse:

L'autre personne doit être exactement ce que vous voulez qu'elle soit, en général et à tout moment. Si elle ne l'est pas, vous êtes déçu, en colère et vous la repoussez.

L'autre personne doit répondre à tous vos besoins, y compris en étant là quand vous la voulez là, et en n'étant pas là quand vous ne la voulez pas là.

L'autre personne ne doit avoir aucune exigence, aucune faiblesse ni aucun problème qui puissent présenter pour vous quelque inconvénient, qui défigure l'image que vous avez de sa perfection, ou qui interfère avec la gratification de vos besoins.

L'autre personne doit donner de vous une image glorieuse, elle doit contribuer à vous mettre en valeur, elle doit avoir une grande « valeur de trophée ».

L'autre personne doit être votre double psychologique. Elle doit aimer ce que vous aimez, avoir les mêmes opinions et doit vouloir faire ce que vous voulez faire.

L'autre personne doit anticiper vos désirs et savoir ce que vous désirez *sans que vous ayez besoin de le demander*. Vous dites souvent : « Si tu m'aimais vraiment, tu ferais (ou tu serais)... »

L'autre personne ne doit avoir aucun engagement important ou durable dans aucune activité, aucune carrière, aucun centre d'intérêt, aucune responsabilité ni aucune personne qui puissent la distraire de l'attention qu'elle doit vous porter.

L'autre personne ne doit pas changer ni évoluer d'une façon qui l'empêcherait de répondre à vos besoins et de suivre votre scénario, ou qui dérangerait votre sentiment de sécurité.

L'autre personne ne doit pas subir de changements physiques qui l'éloigneraient de l'image qui vous a séduit(e) au début de la relation.

Elle ne doit pas paraître plus vieille, aucune trace du temps ne doit se voir sur elle et sa silhouette ne doit pas se modifier.

Si vous changez, l'autre personne doit changer instantanément pour s'accorder à vos nouveaux besoins.

Vous avez raison, et tous les problèmes de la relation sont de la faute de l'autre personne.

Vous concevez principalement la relation en termes de ce que vous obtenez et de ce que vous n'obtenez pas, et rarement en fonction de ce que vous donnez ou que vous ne donnez pas.

Si l'autre personne ne répond pas à vos attentes, elle est déplaisante et doit même être détestée. Vous devez critiquer beaucoup, vous plaindre tout autant et tourner en ridicule tout ce que vous pouvez trouver comme fautes, comme petites manies et comme défauts.

Et si elle ne se corrige toujours pas, qui pourrait avoir besoin d'elle ?

On ne devrait pas avoir à faire d'efforts dans une relation amoureuse : si c'est là, c'est là ; sinon, point final.

Ces énoncés vous donnent un assez bon tableau de ce qu'attend d'une relation le petit enfant en vous qui a soif d'attachement. Et cette partie primaire de vous-même joue inévitablement un rôle dans toute relation de couple. La question est de savoir si la voix la plus forte qui vous clame de rompre est celle du petit enfant en quête d'attachement.

VOS BESOINS ADULTES DANS UNE RELATION

Opposons maintenant les besoins infantiles que nous avons examinés plus haut à ce qu'aimerait dans une relation de couple la partie de vous-même qui est mûre et adulte. Mais d'abord, qu'est-ce que j'entends exactement par *partie mûre et adulte* ? C'est cette partie de vous qui sait que vous êtes capable d'affronter la vie librement et de vous occuper efficacement de vous-même. C'est la partie de vous qui sait que vous existez en tant qu'entité autonome et unique, que cette entité a une énorme capacité de mener sa vie, et que sa valeur ne dépend d'aucune autre personne en particulier. Avec une telle définition, votre moi adulte a plutôt l'air d'être autosuffisant, et même de se suffire à lui-même. Alors qu'est-ce que cette partie adulte et mûre de vous-même pourrait rechercher ou vouloir dans une relation de couple ? La réponse est : beaucoup de choses. Il faut effectivement beaucoup de choses pour que vous vouliez abandonner tant de liberté et endosser tant d'obligations.

L'adulte mûr veut avoir la possibilité de croître, de développer de nouveaux aspects de lui-même, de découvrir de nouvelles forces et d'atteindre un plus grand sentiment de bonheur par une implication intime avec une autre personne. Et une partie de cette croissance et de ce développement consiste en l'extension de sa capacité de prendre soin de quelqu'un d'autre, de telle façon que la croissance et le bien-être de l'autre personne deviennent aussi importants que les siens propres. S'il y arrive, il devient une personne plus grande dans un monde plus grand. L'adulte mûr veut accroître sa capacité de connaître vraiment une autre personne, de la respecter, de l'accepter telle qu'elle est, avec ses forces et ses faiblesses. Il sait qu'il n'aimera jamais tout chez l'autre personne, pas plus que l'autre personne n'aimera tout chez lui, mais il est confiant qu'il y aura suffisamment de préoccupation mutuelle pour avoir une chance raisonnable de maintenir la relation. Et il veut un compagnon (ou une compagne), quelqu'un en qui il puisse avoir confiance, quelqu'un avec qui il puisse partager ses émotions, ses pensées, ses aspirations, quelqu'un dont les buts peuvent être différents des siens, mais pas opposés, quelqu'un sur qui il puisse s'appuyer si besoin est, et quelqu'un dont il veut qu'il puisse s'appuyer sur lui. Mais il ne veut ni n'a besoin d'une relation basée sur cet appui. Il veut une relation basée mutuellement sur le développement le plus complet de l'individualité de chacun. Il est confiant, en fait, qu'au cas où la relation ne marcherait pas ou devrait prendre fin pour quelque raison que ce soit, et quelle que soit la peine que lui cause cette rupture, sa valeur et sa capacité d'affronter et d'apprécier sa vie ne seraient pas détruites.

C'est un tableau idéalisé, mais ces besoins adultes existent à divers degrés en chacun de nous, bien que leur force vis-à-vis de la soif d'attachement puisse varier grandement d'une personne à l'autre. Et, de la même façon que la partie adulte de vous-même a des exigences particulières pour une relation importante, elle peut avoir des raisons équivalentes pour mettre fin à une telle relation.

Supposez par exemple que le niveau de la soif d'attachement soit si dominant chez votre partenaire qu'il le pousse à exiger une relation avec vous dans laquelle il attend que toute votre vie se centre autour de la sienne et soit avant tout consacrée à servir ses besoins d'attention et de sécurité. La volonté de contrôle de votre partenaire peut être alors si forte, et elle peut limiter votre propre développement à tel point, que vous pourriez avoir à mettre fin à cette relation pour éviter d'étouffer, à moins de trouver une façon acceptable de vous en accommoder.

Ou encore supposez que votre partenaire soit tellement dérangé par votre autonomie ou par votre croissance qu'il tombe régulièrement malade et s'effondre en essayant toujours de vous tenir enchaîné.

Supposez qu'il ou elle abuse de vous, physiquement ou émotivement, et vous traite fréquemment avec cruauté, avec mépris et en manquant de tout respect fondamental.

Supposez qu'il soit incapable de réciprocité — l'échange affectif que requiert toute relation — et qu'il veuille que vous répondiez à tous ses désirs, tout en ne faisant peu ou pas de tentatives pour vous connaître, pour vous comprendre et pour répondre à vos besoins légitimes.

Supposez que vous découvriez que sa peur de l'intimité est si grande qu'il s'en défend en se renfermant, en devenant froid, en vous maintenant à une telle distance que tous vos besoins d'intimité et de partage sont ignorés.

Supposez que ce genre de manque et de frustration soit devenu si permanent et si envahissant que presque toute la joie et l'amour ont disparu de la relation.

Et supposez que tous vos efforts pour faire fonctionner et améliorer la relation aient échoué.

Dans de telles situations, ce serait la partie mûre et adulte de vous-même qui pourrait en arriver à la conclusion qu'il n'y a rien ou pas grand-chose dans cette relation qui concourt à votre bien-être, qu'il y a beaucoup d'aspects destructeurs, et que la meilleure chose que vous ayez à faire est d'y mettre un terme.

Comment pouvez-vous être sûr que vous êtes arrivé à cette conclusion en vous basant sur votre partie adulte et que ce n'est pas une réaction de votre soif d'attachement et du petit enfant en vous qui exige une satisfaction parfaite de ses besoins ?

> Le simple fait, tout d'abord, que vous essayiez de discerner si cette rupture de la relation est voulue par votre partie adulte ou par l'enfant exigeant en vous, indique qu'au moins une partie de votre approche est adulte.
>
> La partie la plus adulte de vous-même voudra confronter vos perceptions à vos motivations et voudra examiner vos propres responsabilités dans le conflit.
>
> Vous essaierez de mettre un terme à votre part de l'interaction destructrice, rendant ainsi la tâche difficile pour votre partenaire de répéter seul le processus.
>
> Vous voudrez affronter les problèmes avec l'autre personne et travailler à les régler en tant que problèmes communs.
>
> Vous voudrez prendre le temps nécessaire à ce travail, donner le temps qu'il faut à l'autre personne et vous donner le temps de comprendre parfaitement l'autre personne et vous-même, et de voir s'il peut y avoir des modifications

gratifiantes dans l'interaction. (Souvenez-vous que dans la soif d'attachement, vous êtes dans le sens de la durée infantile : il n'y a que cet instant, et vous devez mettre fin à toute frustration *immédiatement*.)

S'il vous semble utile d'entrer en psychothérapie ou de consulter un conseiller, seul ou avec l'autre personne, vous le ferez.

Et, finalement, la partie mûre et adulte de vous-même comprendra qu'il n'est pas possible que l'autre personne puisse satisfaire tous vos besoins et répondre à toutes vos attentes, et vous rechercherez d'autres façons constructives de satisfaire vos besoins plutôt que de conclure immédiatement que la relation n'est pas bonne et d'abandonner prématurément.

Voici donc les indications qui peuvent vous aider à déterminer si vos *motivations* pour rompre la relation viennent de vos besoins adultes légitimes ou de l'exigence d'une gratification parfaite émise par l'enfant en vous en quête d'attachement. En ajoutant cela à votre évaluation des coûts et bénéfices émotifs de la relation, vous disposez d'un cadre qui peut vous aider à examiner si c'est en rompant ou en maintenant cette relation que vous vous rendrez le mieux justice.

Troisième partie
LA FIN DE LA DÉPENDANCE

Chapitre 13
Comment mettre fin à la dépendance dans le cadre d'un mariage

Vers trois heures du matin, au cours des nombreuses nuits où le sommeil la fuyait, Dorothée admettait pour elle-même avec une évidence qui la glaçait qu'elle n'aimait plus Édouard et qu'elle était malheureuse dans son mariage, que ça durait depuis longtemps et que c'était irréparable. Mais quand elle essayait d'imaginer à quoi ressemblerait une rupture, l'angoisse et la panique la faisaient se précipiter dans la salle de bain pour y prendre un Valium. Et cela durait depuis plus de cinq ans, cinq années au cours desquelles elle avait passé d'innombrables nuits sans sommeil et absorbé des quantités de Valium, mais elle n'avait pris aucune initiative sérieuse pour mettre fin à son mariage.

Elle avait depuis longtemps abandonné l'espoir d'être heureuse avec Édouard. Non qu'elle le voie comme un horrible personnage — il était évident qu'il travaillait fort, qu'il était un bon pourvoyeur et qu'il prenait au sérieux ses responsabilités — mais quant à ses réactions affectives, c'était comme si sa montre était bloquée sur midi et qu'il était toujours sorti pour le lunch. Si elle abordait un sujet concernant ses sentiments ou ses besoins, il devenait mal à l'aise et se retirait dans ses travaux sans fin de paperasse, de listes, de comptes, de plans, etc. Il y avait des fois où elle se sentait angoissée et accablée et où elle le suppliait : « Mets simplement tes bras autour de moi, serre-moi juste pour une minute. » Il la regardait sans broncher puis lui tournait le dos. Son intérêt sexuel avait décliné au point qu'ils ne faisaient plus l'amour qu'une fois tous les mois ou tous les deux mois, et c'était généralement rapide et sans émotion. Elle était passée par divers stades où elle avait tenté de lui parler, de le séduire, de lui faire plaisir, de lui expliquer ce dont elle avait besoin, de lui crier après, et chaque tentative avait produit un changement provisoire, mais il était chaque fois vite redevenu aussi impassible qu'avant. Quelques années auparavant, elle l'avait persuadé de suivre avec elle une thérapie de couple. Il était venu à deux séances, puis il avait dit au thérapeute : « Je suis comme ça et pas autrement. » Et il avait refusé de revenir malgré les avertissements du thérapeute qui voyait bien que leur mariage était en péril.

Peu après cette expérience avortée de thérapie, Dorothée, en dépit de valeurs profondément ancrées, eut une liaison avec un homme marié qu'elle avait rencontré alors qu'elle travaillait à temps partiel comme réceptionniste. Elle était poussée par ses besoins insatisfaits d'intimité, de sexualité, de plaisir, d'être désirée et d'être appréciée. Et elle souhaitait, en satisfaisant ces besoins ailleurs, être capable de rester dans son mariage. Mais les douces attentions de son amant, sa tendresse, son rire et sa sexualité firent ressortir à quel point elle en était frustrée dans son mariage avec Édouard. Bien qu'elle éprouvât de la répulsion quand Édouard était dans son lit, elle ne pouvait pas envisager sérieusement de le quitter sans se sentir tellement angoissée qu'elle en écartait l'idée et qu'elle se conditionnait à supporter une journée de plus.

Avec toutes les frustrations qu'elle éprouvait, quelles étaient les valeurs qui, chez Dorothée, s'opposaient à son désir de mettre fin à son mariage ? Nous verrons plus loin que les émotions du niveau de sa soif d'attachement étaient puissantes et profondes, comme dans toute dépendance interpersonnelle. Mais, dans le mariage plus que dans toute autre relation, les motivations surgies du niveau des *considérations pratiques* et des *croyances* (voir le chapitre 2) jouent un rôle très important et souvent crucial dans la décision de rester ou de partir. Et cela se vérifie en particulier quand il y a de jeunes enfants. Examinons l'influence de ces niveaux dans la situation particulière de Dorothée, et leur influence sur les prises de décision dans le mariage en général.

LES CONSIDÉRATIONS PRATIQUES

Tout à fait réveillée dans son lit aux petites heures du matin, Dorothée essayait d'évaluer l'impact qu'aurait un divorce sur ses deux enfants, Julie, 12 ans, et Étienne, 9 ans. Elle connaissait tous les clichés sur les mauvais mariages qui pouvaient être pires pour les enfants que toute séparation, mais était-ce vrai dans son cas ? Édouard n'était pas un mauvais père. C'est vrai qu'il ne semblait pas avoir plus de communication personnelle avec les enfants qu'avec elle, mais il prenait ses responsabilités au sérieux : il les conduisait à des activités pendant le week-end, leur apprenait le tennis, les aidait à faire leurs devoirs, et les sermonnait quand ils se conduisaient mal. C'était beaucoup plus que n'en faisaient bien des pères qu'elle connaissait, et, tout en étant frustrés par les distances qu'il maintenait, les enfants l'aimaient et le respectaient. Comment aurait-elle pu les priver de la présence de leur père ? Et comment pourrait-elle priver Édouard de son précieux contact quotidien avec eux ? Ce n'est pas comme si le mariage était mauvais au point d'être traumatisant ou destructeur pour les enfants – dans ce cas, elle aurait peut-être pu établir clairement que la meilleure chose pour elle comme pour les enfants était de mettre fin au mariage. Mais, pour Julie et Étienne, ce serait comme si le monde s'effondrait, et pour Édouard ce serait un désastre douloureux et dévastateur.

Et il y avait aussi des considérations économiques. Édouard était vice-président d'un cabinet de comptables et avait un bon revenu, assez bon pour qu'ils possèdent une maison confortable en banlieue, deux voitures, qu'ils vivent dans l'aisance et qu'ils puissent se payer quelques folies. Mais elle savait qu'il y aurait des changements majeurs dans leur train de vie si les revenus d'Édouard devaient subvenir aux besoins de deux maisons et de personnes ayant des activités et des buts différents. Est-ce que les enfants pourraient toujours aller au camp de vacances ? À quel point devrait-elle changer ses habitudes de dépenses ? Est-ce qu'il serait pratique de garder la maison ? Pourrait-elle trouver un travail mieux rémunéré ? Aurait-elle à suivre des cours pour se lancer dans une nouvelle carrière ?

Il y avait aussi la question de la position qu'Édouard et elle, en tant que couple, occupaient dans la communauté. Édouard faisait partie de plusieurs comités civiques et religieux, elle faisait partie du conseil scolaire, mais, ce qui était plus important, pendant leurs périodes de loisir, leur vie sociale en tant que couple parmi d'autres couples était au centre de leur existence. Une partie de tout ça devrait disparaître, mais par quoi cela serait-il remplacé ? Toutes ces racines seraient brutalement arrachées. Qu'est-ce qui resterait d'intéressant ?

De telles considérations pratiques interviennent beaucoup plus dans le cas de la rupture d'un mariage que dans toute autre relation amoureuse sans mariage. Plus le mariage a duré, plus les liens sont complexes et plus les rôles sont variés — mari, femme, pourvoyeur, maîtresse de maison, père, mère, hôte, hôtesse, membre de la communauté, administrateur, organisateur, etc. — et plus il est difficile de rompre la relation. Aucun parent ne met fin à son mariage sans s'inquiéter beaucoup au sujet de ses enfants, de sa relation avec eux, et, souvent, de la relation des enfants avec l'autre parent. Une mère qui songe à mettre un terme à son mariage peut avoir le genre d'inquiétudes suivantes :

> J'aurai sûrement la garde des enfants, mais si je ne l'avais pas ? Que se passera-t-il si mon mari veut se battre pour en obtenir la garde ? Qu'est-ce que cela fera aux enfants ?
>
> Est-ce que je veux réellement la garde des enfants ? Puis-je m'occuper d'eux en étant pratiquement toute seule ? Pourrai-je les élever et répondre seule à leurs besoins ? Et

est-ce qu'il me restera du temps et de l'énergie pour moi-même ?

Est-il juste que le monde des enfants soit bouleversé simplement parce que je suis malheureuse ? Vaudrait-il mieux que j'attende qu'ils aient grandi ?

Est-ce qu'ils vont me détester d'avoir fait cela ? D'avoir détruit leur foyer ? D'avoir blessé leur père ? De les avoir privés de la présence permanente de leur père ?

Je bouleverse également la vie de mon mari, alors est-ce que j'ai le droit, en plus, de lui enlever les plaisirs de son implication intime et quotidienne dans le développement des enfants ?

Comment les changements dans les finances de la famille vont-ils affecter la vie des enfants ? Et la mienne ? Et celle de mon mari ? Va-t-il continuer à nous faire vivre ? Que se passerait-il s'il disparaissait ?

Peut-on vraiment survivre financièrement si le mariage prend fin ?

Qu'adviendra-t-il des amis que nous avions en tant que couple ? Et des activités que nous avions en tant que couple ?

Un mari qui envisagerait de mettre fin à son mariage aura aussi beaucoup d'inquiétudes de ce genre :

Comment cela va-t-il affecter les enfants ? Vont-ils me détester ? À quoi cela ressemble-t-il d'être un « père de week-end » ?

Devrais-je demander la garde des enfants ? Les enfants aimeraient-ils cela ? Pourrais-je alors m'en occuper ? Est-ce que j'ai des chances de l'obtenir ? Et comment pourrais-je la priver de ses enfants alors que je bouleverse déjà son existence ?

Les enfants vont être tout le temps avec elle. Et si elle les dressait contre moi ?

Comment puis-je entretenir deux maisons ? Puis-je à la fois subvenir à leurs besoins tout en ayant assez pour mener ma vie ?

Je devrai tout partager avec elle. Et elle obtiendra sans doute la maison. Après tant d'années de rude travail, je devrai tout recommencer à zéro.

Je me suis enraciné ici. Je suis un personnage de la communauté. Et, maintenant, je vais sans doute avoir à vivre dans un studio meublé dans un quartier où je ne connaîtrai personne. (Un homme avait remarqué avec une ironie amère que la première fois qu'il était revenu chez lui après la séparation pour voir les enfants, il avait trouvé une lettre dans laquelle on lui demandait de se présenter comme conseiller municipal.)

Quand on décide de mettre fin à un mariage, les considérations pratiques doivent être abordées de façon pratique. Les bouleversements dans la vie de chacun seront réels. Si vous avez des enfants, ils *seront* perturbés, peut-être effrayés. Vous devez donc soigneusement prendre en compte le mal que leur feront ces perturbations en les mesurant aux dommages que les enfants subiraient s'ils continuaient à vivre dans une situation où au moins un des parents se trouve assez malheureux pour vouloir partir. Vous devrez tenir compte de nombreux facteurs : l'âge des enfants, l'ambiance qui règne à la maison, les relations que chacun des deux parents a avec les enfants, et les arrangements qu'il serait possible de faire. Quelques-unes des inquiétudes (l'inquiétude du parent qui a la garde des enfants d'en supporter seul le fardeau, l'inquiétude de l'autre parent de perdre le contact intime avec les enfants, l'inquiétude de celui ou celle qui a pris l'initiative de la séparation d'être accusé et détesté par les enfants) peuvent être résolues en s'entendant d'une façon souple pour la garde des enfants. Cela suppose bien sûr beaucoup de bonne volonté de la part de chaque parent, un souci de rationalité et, par-dessus tout, le souci du bien des enfants. Vous devrez donc vous demander si vous-même et l'autre parent seriez capables de négocier des arrangements dans l'intérêt des enfants. La réponse à ces questions est différente pour chacun. Mais on peut faire une généralisation : certains effets de la séparation sont éprouvants pour les enfants, et à cause de cela la meilleure chose à faire est de trouver des façons de contrebalancer ces effets, plutôt que de renoncer comme s'il n'y avait pas de solution possible ou de foncer tête baissée aveuglément et n'importe comment. De la même façon, à moins d'être dans une famille riche, il est vraisemblable que le train de vie de tous diminue. Parmi vos considérations, vous devrez donc penser le plus rationnellement possible à des façons de réduire les dépenses et d'augmenter les revenus. Une telle approche pragmatique de ces problèmes révèle souvent qu'on peut trouver des façons de les résoudre, même s'il y a des difficultés pratiques et des pertes irréparables.

Dorothée, par exemple, finit par contrôler assez sa panique pour pouvoir affronter ses inquiétudes dans le domaine pratique. Elle se mit aussi à parler à des gens qui avaient vécu la séparation d'une famille pour apprendre comment ils s'étaient débrouillés. Elle décida de consacrer tous ses efforts à négocier avec Édouard une sorte de garde partagée des enfants afin que ceux-ci ne subissent qu'un minimum de changements dans leur relation avec leur père, et elle trouva une solution qui pouvait marcher. Elle s'attaqua à ses inquiétudes financières en faisant la liste des dépenses qu'elle pouvait supprimer si elle avait à le faire, et elle chercha ce qu'elle pouvait faire pour avoir davantage de revenus. Elle se rendit compte que le marché immobilier l'intéressait, et elle se renseigna auprès de certains amis qui travaillaient dans l'immobilier pour savoir ce qu'elle devrait apprendre. À la suite de ça, elle suivit des cours sur le marché immobilier et se vit offrir pour commencer un poste chez un agent qu'elle connaissait grâce à leurs activités communes à la paroisse. Elle put se rendre compte que les difficultés pratiques n'étaient pas insurmontables, même s'il y avait des moments vraiment difficiles pour chacun d'eux. Quand elle découvrit qu'elle n'avait toujours pris aucune initiative pour mettre fin à son mariage, elle se demanda si sa grande inquiétude concernant les problèmes d'ordre pratique n'avait pas été essentiellement une dissimulation, une rationalisation de motivations plus profondes pour éviter une rupture. Cela se passe ainsi pour beaucoup de gens. Ils se soucient tellement de problèmes pratiques apparemment insolubles, de problèmes réels qui sont évidents à leurs yeux comme à ceux des autres, qu'ils s'abusent eux-mêmes en se disant qu'ils ne restent que pour des raisons pratiques. Et il y a des cas où les réalités pratiques semblent vraiment accablantes. Une femme qui aurait plusieurs enfants, par exemple, et qui dépendrait complètement des revenus limités de son mari, pourrait être désespérément malheureuse dans son mariage tout en se sentant piégée par ces obstacles pratiques indéniables. Les hommes ou les femmes qui sont mariés à un conjoint ayant des troubles émotionnels et dont ils peuvent penser à juste titre qu'il risque de se suicider ou de devenir dangereux s'ils le quittaient, peuvent se sentir désespérément pris au piège de cette horrible éventualité. Les femmes qui sont battues par leur mari et qui ont toutes les raisons de s'en aller craignent souvent en s'en allant de s'attirer des violences encore pires, voire une mort violente. Les hommes ou les femmes qui sont malades et qui ne peuvent pas se prendre entièrement en charge peuvent également se sentir enchaînés par leur infirmité à un conjoint qu'ils méprisent ou dont ils ont peur.

Il n'y a aucune façon magique d'ignorer ces réalités oppressantes. Mais, dans chacune de ces situations, j'ai vu des gens trouver une façon de s'en sortir quand leur motivation était assez forte. Si vous êtes immobilisé dans ce genre de situation, je ne saurais trop vous inciter à consulter quelqu'un, conseiller familial ou social, pour deux raisons principales. La première est d'obtenir pour ces problèmes pratiques l'aide d'un professionnel qui a de l'expérience dans l'approche de ces difficultés apparemment insolubles. La seconde est de vous aider à déterminer si votre immobilisme est vraiment dû à ces difficultés réelles ou si, sous-jacentes à ces considérations pratiques et peut-être dissimulées par elles, se trouvent de puissantes motivations issues d'autres niveaux, les niveaux des croyances et de la soif d'attachement.

LES CROYANCES

Quand Dorothée songea à quitter Édouard, elle découvrit que cette idée semblait violer tout son système de croyances, des croyances qu'elle avait toujours acceptées sans les mettre en doute. « Quand j'ai prononcé "jusqu'à ce que la mort nous sépare", j'ai regardé Édouard au fond des yeux et, par l'intensité du ton de ma voix, je lui ai fait comprendre que j'y croyais vraiment. Et c'était vrai, aussi vrai qu'il m'est possible de croire en quelque chose. Je n'ai pas de croyance religieuse, donc mon vœu ne faisait pas partie d'un sacrement, c'était un engagement d'amour envers lui. Alors comment puis-je aujourd'hui vouloir quelque chose qui soit si différent ? Et comment puis-je ainsi faire du mal à Édouard ? »

Beaucoup des énoncés qui suivent faisaient partie intégrante des croyances de Dorothée :

Le mariage est pour toujours.

L'amour est pour toujours.

Le mariage est un engagement humain profond et éternel.

Je ne dois pas blesser mon conjoint en brisant cet engagement, quoi qu'il arrive.

Ces croyances faisaient partie de l'héritage de Dorothée. Elles viennent de ce qu'elle a appris de ses parents et de la société, soit directement par des gens qu'elle connaissait, soit indirectement par des livres, des chansons et des films. Si elle quittait Édouard, cela provoquerait un profond changement de son système de croyances.

Il y a beaucoup de croyances très répandues qui s'opposent à la rupture d'un mariage :

Le mariage est un sacrement, un vœu devant Dieu.

On peut toujours tout arranger si on essaie assez fort.

Mettre fin à un mariage est un profond échec personnel, et cela montre une faiblesse fondamentale.

Il vaut mieux rester dans un mauvais mariage que d'y mettre fin.

La rupture d'un mariage est si destructrice pour les enfants que vous leur feriez moins de mal en restant ensemble, même s'il y a des problèmes, qu'en détruisant la cellule familiale.

Vous devez éviter de faire de la peine à vos parents, et la rupture de votre mariage leur ferait énormément de peine.

La rupture des mariages est une menace pour la cohésion de la société et pour l'ordre social.

Toutes les croyances ne s'opposent pas à une séparation. Certaines, en fait, peuvent même pousser à rompre trop rapidement un mariage, comme on l'a vu pour les croyances de Donald au chapitre précédent :

Quand on ne se sent plus bien dans un mariage, ça ne présente aucun intérêt d'y rester, c'est même du masochisme.

Un mariage n'est pas en engagement pour la vie entière. C'est un engagement qui n'est bon qu'aussi longtemps qu'il vous procure convenablement ce que vous voulez.

C'est triste que d'autres personnes, comme votre femme et vos enfants, soient atteintes par cette rupture, mais c'est la vie, et elles doivent apprendre à l'encaisser.

Ces énoncés sont des croyances narcissiques sur le mariage. Quand vous avez à prendre une décision qui risque de bouleverser votre vie et celle d'autres personnes, qui risque de provoquer beaucoup de peine, il est important que vous remettiez en question le cœur même de vos croyances infantiles et centrées sur vous-même. Mais n'y a-t-il donc pas de croyances d'un niveau adulte auxquelles on puisse adhérer et qui puissent conforter le désir de mettre fin à un mariage ? Il y en a, et beaucoup de gens les partagent :

> Le mariage n'est pas l'esclavage, et je ne me suis pas engagé à y rester quel qu'en soit le prix.
>
> Le mariage m'engage à ne ménager aucun effort pour venir à bout des difficultés de la relation, mais il se peut que je ne puisse pas y arriver.
>
> Si, après des efforts sincères et répétés, le mariage est encore une cause de souffrance et qu'il va à l'encontre de mon développement personnel, je ferais sans doute mieux d'y mettre fin.
>
> Il vaut mieux mettre fin à un mariage que de vivre en permanence dans la haine, la colère, la peur, les reproches ou le découragement.
>
> La peine que je peux faire aux autres est une considération importante pour prendre ma décision de rester ou non dans ce mariage, mais ce n'est pas un argument décisif.
>
> Si je mets fin à mon mariage, je prendrai la responsabilité de protéger autant que possible les autres des peines que pourrait provoquer ma décision.
>
> Il se peut que rompre mon mariage soit la meilleure solution pour toutes les personnes en cause.

À propos de vos croyances, il vous serait avant tout utile de les identifier telles qu'elles sont et d'examiner comment elles influencent votre décision concernant votre mariage. Ensuite il peut être important de mettre en question votre système de croyances, parce qu'il est sans doute implanté en vous depuis très longtemps, à tel point que vous acceptez ses injonctions sans hésiter, sans les avoir jamais soumises à un examen critique. Peut-être ne vous êtes-vous jamais posé ces questions :

D'où vient cette croyance ? De mes parents ? De ma religion ? De mon éducation ? De mon intuition ?

Est-ce que j'y crois encore ? Est-ce que son sens est toujours le même pour moi, en tenant compte de ce que je suis aujourd'hui et de tout ce que j'ai appris sur la vie depuis que j'ai acquis cette croyance ?

Est-ce qu'il n'y a pas d'exceptions ou de circonstances atténuantes à l'application de cette croyance ? Est-ce que je veux que ce système de croyances se substitue à mon jugement et au savoir que j'ai accumulé ?

Comment Dorothée a-t-elle fait pour concilier son désir de rompre son mariage avec ses croyances bien ancrées sur l'engagement éternel du mariage ?

Non seulement je croyais que mon mariage durerait toujours, mais je le voulais, et je suppose que je croyais aussi que ça arrangerait tout de le vouloir à ce point-là. Depuis ce temps, j'ai appris beaucoup de choses tristes mais vraies. J'ai appris que l'on peut vouloir désespérément quelque chose et faire beaucoup d'efforts pour l'obtenir, mais que l'on peut quand même ne pas y arriver. J'ai appris que l'amour pouvait se dessécher s'il n'était pas nourri, de la même façon qu'une plante non arrosée se dessèche. Et Édouard n'a pas nourri cette relation, et peut-être pense-t-il que je ne l'ai pas fait non plus, mais mon amour pour lui est aussi sec qu'une fleur séchée… J'ai appris la haine : vivre avec lui dans ce régime de sous-alimentation affective me fait me haïr de ne pas m'estimer assez pour m'en aller… et je peux sentir une haine grandissante envers Édouard. Je me suis surprise plus d'une fois à rêver tout éveillée qu'il était tué dans un accident en rentrant de son travail. Aussi dure que soit la situation pour moi, il n'est sûrement pas tellement mieux pour lui de vivre auprès d'une femme qui veut tellement s'éloigner de lui qu'elle souhaite sa mort… Il fut un temps où je pensais que je ne pourrais jamais lui faire la peine de le quitter, mais c'était avant que j'apprenne tout le mal que je pouvais lui faire en ne le quittant pas…

Il y a eu un changement dans les croyances de Dorothée, et ce changement n'est pas dû tant à une rationalisation de son désir de mettre fin à son mariage avec Édouard qu'à une authentique reconsidération de son système de croyances à la lumière des expériences qu'elle a accumulées au cours de son existence. Ses jugements et ses décisions étaient de plus en plus basés sur sa prise de conscience des conséquences de ses actes plutôt que sur des injonctions dont elle avait « hérité ». À la suite de ce changement, Dorothée ne pouvait plus s'accrocher à ses anciennes croyances que le mariage était un engagement éternel et qu'une rupture serait la pire des choses qu'elle puisse faire à Édouard, à ses enfants et à elle-même. Mais même si elle avait maintenant concilié ses croyances et son intention de quitter Édouard, et même si elle avait fait des progrès importants pour se préparer à faire face aux considérations pratiques qu'elle pouvait prévoir, elle ne prenait pourtant aucune initiative pour mettre fin à son mariage et elle passait encore beaucoup de nuits à garder les yeux ouverts dans le noir, à avoir peur et à prendre des Valium. Ce n'était pas aussi dur qu'avant, mais quelque chose la tenait accrochée. C'était le noyau profond, sous-jacent, de ses émotions du niveau de la soif d'attachement.

LA SOIF D'ATTACHEMENT DANS LE MARIAGE

Aucune relation adulte ne peut se comparer au mariage pour la formation de liens forts, entrelacés et embrouillés au niveau de la soif d'attachement. L'engagement explicite de devenir une unité interdépendante crée dans le mariage une multitude d'attaches au niveau des besoins adultes, comme les bénéfices que l'on retire à partager des expériences et des responsabilités, et les profondes satisfactions que l'on éprouve dans le souci, l'affection et le soutien mutuels. Mais le mariage éveille aussi, en les satisfaisant à des degrés divers, les désirs profonds du petit enfant en nous, ses désirs d'une relation éternelle, d'une sécurité absolue, ses désirs d'existence, d'identité, d'estime de soi-même et de bonheur. Les habitudes qui naissent quand on vit en permanence une relation intime font peu à peu partie du tissu de l'attachement et deviennent parfois un élément central de notre propre définition. Les peurs et les résistances à briser cette relation sont enracinées plus profondément que nos considérations pratiques ou que nos croyances, et elles peuvent faire du mariage le plus amer un lien qu'on ne peut briser.

Dorothée avait trouvé une façon de résoudre les problèmes pratiques que lui posaient ses enfants et ses ressources financières, elle n'était plus prisonnière de ses croyances sur le mariage éternel, mais, au lieu d'affermir sa résolution, ces résultats augmentaient son angoisse. Plus elle voyait qu'il était réellement possible de quitter Édouard, plus cela l'effrayait et plus elle était immobilisée.

> Je vois maintenant que je peux vraiment le faire, et ça me terrorise. Qui suis-je sans Édouard ? Que sera ma vie sans lui ? D'un côté, je veux tellement qu'il soit hors de ma vie que je rêve de sa mort, et de l'autre la pensée qu'il ne soit plus là me fait sentir seule au monde. Il y a des fois où je ne pouvais presque plus respirer à cause de l'oppression que provoquait sa présence à côté de moi dans le lit, mais quand je pense maintenant qu'il peut ne plus jamais y être, le lit me semble tellement vide. Éternellement vide… J'imagine avec beaucoup d'excitation à quel point j'aimerais être une femme indépendante, mais dès que je pense à franchir le pas vraiment, je me sens plutôt comme une petite fille triste dont les parents viennent de mourir. Qu'est-ce qui m'arriverait ?

Ces craintes conduisirent Dorothée à faire une nouvelle tentative avec Édouard, à essayer encore de parler de ses besoins et de ses insatisfactions, à prévoir de partir tous les deux en vacances pendant des week-ends. Mais rien ne changea. Elle devint déprimée. Elle se sentait en colère contre lui et contre elle-même. Et elle découvrit que cette colère lui donnait le courage d'affronter ses émotions du niveau de la soif d'attachement.

> Je suis en train de laisser un nourrisson diriger ma vie ! Je ne peux plus me convaincre que c'est une décision sage, aimante et adulte que de vivre un engagement jusqu'au bout. C'est du masochisme, c'est de la couardise et c'est infantile. Je vais donc être effrayée pendant un certain temps, et seule pendant un certain temps, et perdue pendant un certain temps. Mais je sais que je surmonterai ces émotions… Je sais que ce sera difficile pendant quelque temps, et il se peut que je ne trouve jamais le bonheur que je cherche, mais ça ne peut pas être pire que de vivre en n'étant qu'à moitié vivante… Ne t'inquiète pas, petite Dorothée, on va y arriver.

Elle rompit effectivement son mariage avec Édouard, et elle était bien préparée à en affronter les conséquences aux trois niveaux. Et, au bout d'une période beaucoup plus courte qu'elle ne l'avait imaginé, elle se sentit plus soulagée et exaltée qu'effrayée. Elle s'attaqua vigoureusement à sa carrière naissante dans l'immobilier et elle commença à se faire de nouveaux amis. « Je n'ai pas eu un instant de regret, sinon d'avoir attendu si longtemps. Mais je n'aurais pas pu le faire avant d'être prête. »

Encore une fois, une autre personne, dans la même position que Dorothée, aurait pu arriver à une solution différente. Mais que vous soyez un homme ou une femme, que vous ayez ou non des enfants, si vous pensez fondamentalement que vous devriez quitter ce mariage, si vous pensez que vos insatisfactions ne viennent pas des frustrations momentanées de l'enfant égocentrique qui se trouve en vous, et que vous êtes encore incapable de franchir le pas de la rupture, il pourra vous être utile de commencer par ce processus en trois temps :

1. Trouvez des façons pratiques de résoudre les considérations pratiques qui se présenteront.
2. Demandez-vous si vous croyez encore que les croyances immuables que vous avez depuis longtemps sont le meilleur guide dans votre situation actuelle.
3. Identifiez et affrontez les besoins et les peurs du niveau de votre soif d'attachement afin de pouvoir à la fois dominer et rassurer ce petit enfant exigeant, donnant ainsi la liberté à votre moi le plus adulte de prendre la décision qui vous respecte le plus et qui est la plus sage.

Chapitre 14
Comment rompre avec une personne qui est mariée à quelqu'un d'autre

La dépendance la plus tragique et la plus accablante est une dépendance envers une personne qui est liée à quelqu'un d'autre, en particulier par le mariage. Et pourtant, des millions de gens ont une liaison malheureuse avec une personne mariée et, malgré leurs énormes souffrances, ils maintiennent cette relation, attachés par leurs espoirs et leurs émotions.

Il est certain qu'il y a des cas où ce genre de relation aboutit : la personne mariée quitte son conjoint et s'engage avec la troisième personne. Et, parce que cela arrive quelquefois, vous êtes tenté de vous raccrocher à l'espoir, et même à la certitude, que cela va vous arriver, si vous êtes dans une telle situation.

Monique souffrait depuis longtemps de sa liaison avec Richard, qui était confortablement marié. Elle me demanda un jour : « Vous connaissez sûrement de nombreux cas de gens qui ont quitté leur conjoint parce qu'ils étaient en amour avec quelqu'un d'autre et qu'ils voulaient vivre avec cette personne. » « Oui, lui répondis-je. Mais pour chaque cas que je connais, j'en connais beaucoup d'autres qui n'ont pas quitté leur conjoint. »

Chaque fois que je la contrariais, Monique devenait provocante et en colère contre moi. « Mais vous savez à quel point ce qui se passe entre Richard et moi est beau et satisfaisant. Et il me dit qu'il n'y a plus du tout de passion dans son mariage. J'ai l'impression que ce n'est qu'une question de temps. Pourquoi êtes-vous toujours si décourageant ? »

— Vous dites que ce n'est qu'une question de temps. Mais combien de temps êtes-vous prête à attendre? Cela fait déjà presque trois ans.»

— Le fait que ça ait duré trois ans, avec toutes les difficultés que nous avons dû affronter simplement pour être ensemble, montre qu'il se sent concerné et que nous partageons quelque chose de très rare et de très spécial.

— Monique, est-ce qu'il vous a déjà dit qu'il quitterait sa femme?

Monique resta silencieuse. «En fait, est-ce qu'il ne vous a pas dit exactement le contraire — que bien qu'il vous aime il ne quittera jamais sa femme et ses enfants?»

Monique commença à sangloter doucement. «Pourquoi me faites-vous cela?» voulait-elle savoir.

Quand il travaille avec un patient qui a une liaison avec une personne mariée à quelqu'un d'autre, le thérapeute doit souvent endosser un rôle de trouble-fête. Il doit endosser ce rôle non seulement parce qu'il voit que cette liaison est sans doute futile, mais aussi pour déjouer les manœuvres flagrantes pour s'abuser soi-même qu'emploient souvent les gens qui sont amoureux d'une personne mariée. Il arrive souvent que la personne mariée alimente cette illusion en dispensant des petits bouts d'espoir et parfois des promesses explicites. Mais même si elle ne le fait pas, ça se sent facilement: «Il (elle) est si heureux (se) avec moi et si malheureux (se) avec elle (lui) que ça ne peut que bien se passer. Et je l'aime tellement que je vais m'accrocher jusqu'à ce que ça arrive.»

Donc, si vous avez depuis longtemps une profonde liaison avec une personne mariée, vous devez être très attentif à tout ce que vous pouvez faire pour vous abuser. Vous seriez bien avisé de *croire entièrement* l'autre personne quand elle vous dit qu'elle ne quittera pas son mariage, quel que soit l'amour qu'elle vous porte. Et vous seriez bien avisé *de ne pas la croire* quand elle vous dit qu'elle quittera son mariage pour venir avec vous, tant qu'elle ne pose aucun geste concret pour changer sa situation, quel que soit l'amour qu'elle vous porte. Avant tout, il est essentiel que vous arrêtiez de trouver du sens dans des gestes qui ne manifestent aucune évidence d'un mouvement vers un changement de situation. Richard, par exemple, offrait de temps en temps à Monique un petit cadeau spontané : un nouveau livre de son auteur favori, un chemisier de sa couleur préférée. Mais elle ne les prenait pas seulement comme une marque d'affection, mais comme une indication qu'il allait s'engager avec elle. Et ce, bien qu'il ait établi clairement et de nombreuses fois les limites de leur relation.

Pourquoi des gens se lient-ils avec des gens mariés ? Et pourquoi restent-ils dans cette liaison si ça signifie qu'ils veulent quelque chose qu'ils ne peuvent pas avoir ? Il est possible qu'ils aient commencé cette relation pour les mêmes raisons que n'importe qui se lie à n'importe qui : l'attraction, la séduction, les bonnes impressions, l'occasion. Mais quand ça continue après que la situation a été clairement établie, c'est que d'autres facteurs sont sans doute à l'œuvre, et en général plutôt inconsciemment. Un de ces facteurs est le même que nous avons vu chez les gens qui s'attachent à des personnes qui, pour diverses raisons, sont hors d'atteinte : l'impulsion d'accomplir la tâche, qui a échoué pendant l'enfance, d'obtenir l'amour et l'attention d'une personne qui ne vous en donne pas. Mais il y a souvent un autre élément particulier à cette situation triangulaire : *la peur d'avoir un homme (ou une femme) à soi*. Pourquoi quelqu'un aurait-il une telle peur ? Et, s'il l'a, pourquoi n'éviterait-il pas tout simplement de se lier *à qui que ce soit ?*

Une partie de la réponse à ces questions se trouve dans le fait que les tentatives de prendre quelqu'un qui « appartient » à quelqu'un d'autre répète le conflit œdipien de l'enfance. Au cours des premières années de la vie, il y a un désir de gagner l'affection prioritaire et même exclusive du parent du sexe opposé : le petit garçon veut *toute* sa mère pour lui, et la petite fille veut *tout* son père pour elle. J'ai écrit dans *Cutting Loose* les lignes suivantes :

Cela veut dire que l'enfant veut éliminer son (sa) rival(e), le parent du même sexe, et qu'en conséquence il entretient des désirs de mort envers ce parent. Cette compétition secrète et mortelle fait craindre au petit garçon des représailles horribles de son père, et à la petite fille des représailles horribles de sa mère. Idéalement, l'enfant finit par se rendre compte de la futilité de ses désirs, surtout en voyant que le parent qu'il veut posséder ne veut pas ce genre de relation avec lui, il abandonne ses désirs œdipiens pour le parent du sexe opposé et éprouve le soulagement de s'identifier avec le parent du même sexe plutôt que d'entrer en compétition avec lui, et il est libre, plus tard, de se trouver un partenaire pour lui-même[1].

Mais il arrive que ça ne se résolve pas aussi bien. Le parent du sexe opposé peut *ne pas avoir été assez disponible*, ne donnant pas à l'enfant l'occasion de vivre cette expérience fondamentale d'une relation amoureuse avec une personne du sexe opposé. Ou bien le parent du sexe opposé peut *avoir été trop disponible*, et même séducteur, encourageant ainsi l'implication de l'enfant et augmentant ses craintes des représailles de l'autre parent. Ou le parent du même sexe peut être entré en rivalité avec l'enfant à tel point que l'enfant s'est effrayé de ses propres sentiments compétitifs. Ou encore le parent du même sexe peut avoir été un rival si faible qu'il n'a pas aidé l'enfant à limiter ses impulsions effrayantes. Ainsi l'enfant peut transporter jusque dans sa vie adulte ces émotions et ces tabous non résolus.

Une façon de transporter dans la vie adulte un conflit œdipien non résolu c'est d'avoir une liaison avec une personne qui est déjà mariée. Cela rétablit presque votre situation d'enfant, et peut-être

1. Howard Halpern, *Cutting Loose : An Adult Guide to Coming to Terms with Your Parents*, New York, Simon & Schuster, 1977, p. 145 ; en édition de poche, New York, Bantam, p. 132.

répétez-vous votre vieux désir de triompher du parent du même sexe que vous (sous la forme du conjoint de votre partenaire). Mais, en même temps, vous mettez tout en place pour perdre une fois de plus, évitant ainsi la culpabilité et les représailles que vous amènerait une telle conquête. Et pour faire durer ce vieux drame, peut-être vous servez-vous beaucoup de ces acrobaties mentales pour vous abuser par des espoirs sans fondement.

Si l'on examine l'histoire de Monique avec cette perspective, on voit que son père était un homme très intense, très nerveux, toujours pressé, qui lui prodiguait son attention affectueuse par à-coups sporadiques avant de se précipiter vers une autre occupation. Sa mère s'était fatiguée de ce comportement excentrique et s'y était résignée, et elle s'était cantonnée dans un rôle amer en passant son temps à protester sans résultat. Monique se souvient que, quand elle était petite, elle pensait que si sa mère s'affirmait davantage et devenait plus enjouée, son père se serait calmé, aurait arrêté de courir et serait davantage resté à la maison. Et elle se souvient d'avoir pensé que si elle était mariée avec son père elle saurait en faire un homme heureux et affectionné.

Richard n'était pas le premier homme marié avec lequel Monique avait une liaison depuis qu'elle était adulte, mais c'était sa liaison la plus profonde et la plus longue. Elle avait rencontré Richard un jour où ils avaient été coincés ensemble dans un ascenseur de l'immeuble où ils travaillaient tous les deux. Ils étaient allés ensuite boire un verre pour célébrer le fait d'avoir survécu à cette épreuve. Il portait une alliance, parlait fièrement de ses enfants, et semblait, au cours de cette première rencontre, un homme heureusement marié. Mais ils prenaient plaisir à la compagnie l'un de l'autre et il leur fut facile de prendre rendez-vous pour déjeuner ensemble. Ils découvrirent qu'ils travaillaient tous les deux dans l'édition, et cela ajouta une dimension à leurs intérêts communs. Peu de temps après, ils se rencontrèrent un soir pour dîner et commencèrent à avoir une liaison secrète qui leur était profondément agréable à tous deux, mais qui devint de plus en plus frustrante pour Monique. La première fois qu'ils firent l'amour, il lui dit: « Tu sais, jamais je ne quitterai ma femme, alors, si tu ne peux pas l'accepter, il vaudrait mieux s'arrêter tout de suite. »

Il est facile de voir comment les sentiments œdipiens non résolus de Monique ont pris place dans cette situation. Il y avait là un homme marié, comme son père, mais en même temps très différent de son père. Il était chaleureux, affectionné et généreux dans ses attentions: tout ce qu'elle avait imaginé que serait son père si elle avait été sa femme. Elle pouvait donc essayer avec Richard ce qu'elle n'avait jamais pu faire avec son père: le gagner entièrement pour elle. Mais, en même temps, elle choisissait de rester dans une situation où elle ne risquait pas d'éveiller son sentiment de culpabilité pour son désir d'évincer sa mère, ni sa peur d'y réussir, parce que la possibilité de triompher était très lointaine. C'était malheureusement une situation parfaite pour revivre le drame familial de sa petite enfance où elle pouvait jouer à être victorieuse sans jamais vraiment y arriver.

Alors que Monique et moi examinions ce processus dynamique, nous en avons découvert un nouvel aspect: en s'arrangeant pour rester dans une situation où elle ne pouvait pas avoir un homme à elle, elle s'arrangeait pour rester toujours la petite fille de sa maman. Alors qu'elle n'avait d'abord pas été particulièrement proche de sa mère — et elles n'avaient en vérité que peu d'intérêts communs —, elle la voyait maintenant et elles se parlaient souvent. Leurs conversations tournaient fréquemment autour des malheurs que vivait chacune avec l'homme dans sa vie, et elles étaient attachées l'une à l'autre par ce lien défaitiste. Si Monique quittait Richard et qu'elle trouvait un homme à elle avec qui elle aurait une bonne relation amoureuse et intime, ce lien de perdantes entre elle et sa mère serait brisé, et Monique aurait sans doute à affronter plus d'angoisse et de culpabilité qu'elle n'en avait envie.

Le même genre de processus dynamique était évident dans la relation que vivait François, un homme de trente-cinq ans, avec une femme mariée. Ils avaient eu une liaison intense et excitante depuis deux ans, et François avait établi clairement qu'il voulait qu'elle quitte son mari et qu'elle l'épouse. La femme, Zoé, lui dit, sans aucun doute honnêtement, qu'elle l'aimait beaucoup plus qu'elle n'avait jamais aimé son mari, qu'elle pensait tout le temps à lui et qu'elle attendait avec impatience les heures volées qu'ils passaient ensemble. Mais elle ne pourrait pas se résoudre à quitter son mari. D'après des choses que lui disait Zoé, il devint évident que les obstacles qui l'empêchaient de partir étaient pour elle énormes : sa culpabilité, sa maison, sa vie dans la communauté locale, sa volonté de ne pas bouleverser l'existence de ses deux enfants. Et, bien que ce ne fût jamais dit ouvertement, il était tout aussi clair que son mari lui offrait un luxe considérable alors qu'avec François ils auraient dû vivre de son salaire convenable, mais non somptueux, de sous-directeur de l'école primaire à laquelle allaient les enfants de Zoé.

François se battait contre ces obstacles, mais quelque chose en lui savait depuis le début que c'était une cause perdue. Et, quand nous avons examiné sa ténacité à se maintenir dans un rôle de perdant, nous avons découvert pour lui aussi la source œdipienne de cette attitude. Il avait toujours été en rivalité avec son père, qui était très compétitif, et, dans cette rivalité, François n'avait pas fait le poids face au pouvoir et à la position de son père et au contrôle qu'il exerçait sur sa femme et sur François. Nous pûmes également voir qu'en n'ayant pas de femme à lui François maintenait son ancien lien de protection mutuelle avec sa mère.

Quelquefois, dans ce genre de situation, le lien avec la mère est plus symbolique que réel. J'ai vu des gens dont la mère était morte depuis de nombreuses années rester accrochés dans un rôle où ils étaient le petit enfant qui ne grandirait jamais et ne quitterait jamais maman. Et ils répètent souvent ce jeu en s'attachant à des gens avec qui ils ne pourront jamais s'engager dans une relation. En termes de soif d'attachement, ils restent branchés sur le premier objet de leur attachement en évitant d'avoir toute nouvelle relation importante dont l'engagement, l'amour et la force pourraient faire écran à cette première relation. De cette façon, une dépendance envers une personne mariée vous permet de maintenir intact un lien inconscient avec la première personne qui a été pendant votre enfance l'objet de votre soif d'attachement.

Avant d'examiner les étapes particulières à franchir pour mettre fin à votre dépendance envers une personne mariée, nous allons jeter un coup d'œil au rôle que joue votre partenaire dans le maintien de cette relation frustrante. Si vous observez attentivement, vous verrez qu'il se joue un jeu destructeur. Si par exemple nous regardons Richard, nous pouvons nous demander: «Qu'est-ce qu'il cherche? D'une part il dit à Monique qu'il ne quittera jamais sa femme, et de l'autre il est un amant délicieux et attentionné. Il y a là deux types de messages qui semblent destinés à lier Monique dans un sac de nœuds.» J'ai remarqué en travaillant avec Monique que chaque fois qu'elle commençait à faire des progrès dans ses efforts pour s'éloigner de lui, il se passait deux choses. D'abord, elle me disait que Richard lui avait déclaré que, quel que soit l'amour qu'il lui portait, il savait qu'il valait mieux pour elle mettre fin à la relation et qu'elle se fasse une nouvelle vie. Puis, peu après, elle me parlait d'un «petit mot si gentil» ou d'un «petit cadeau si attentionné» qu'elle avait reçu de Richard et «auquel personne d'autre n'aurait pu penser». Elle commençait à se dire: «Comment pourrais-je quitter un homme si merveilleux?» et «Il doit vraiment m'aimer pour me deviner à ce point-là.» Et ses progrès vers une rupture s'effondraient.

Qu'il en ait été conscient ou non, Richard tenait bien son rôle en se montrant un amant si amoureux et attentionné. Alors qu'il lui dit qu'elle ne peut pas l'avoir pour elle, il fait ce qu'il sait être efficace pour la retenir. Il lui dit: «Tu ne peux pas m'avoir» mais «Regarde comme je suis merveilleux». Sous une apparence amoureuse, c'est un jeu cruel du style «Dévore-toi le cœur». Si vous êtes pris dans ce genre de contrainte, il est important que vous admettiez la dure vérité qu'il ou elle a une soif d'attachement si grande qu'il (elle) essaie de s'accrocher à la fois à son conjoint *et* à vous. Si cette personne ne veut pas quitter son mariage, la chose la plus amoureusement adulte qu'elle pourrait faire pour vous serait de sortir de votre vie complètement, inconditionnellement et irrévocablement. Ce n'est pas de l'amour mais de l'égoïsme qui la pousse à s'accrocher à vous et à vous instiller le poison doucereux des espoirs mensongers.

Comment pouvez-vous savoir si votre liaison prolongée avec une personne mariée est basée sur des espoirs sans fondement ou sur une estimation réaliste qui vous pousse à faire un pari bien calculé ? Comme je l'ai déjà dit, ce genre de relation aboutit quelquefois. De fait, quelques-uns des mariages les plus heureux que je connaisse ont pris naissance dans de telles situations angoissantes et malheureuses. Comment pouvez-vous savoir si vous ferez ou non partie des heureux ?

Vous ne pouvez jamais le savoir avec certitude. Mais vous pouvez obtenir beaucoup d'éclaircissements en reconnaissant qu'il est possible que vous vous abusiez et en vous forçant à regarder les faits en face. Qu'est-ce que dit l'autre personne ? Est-ce que ses actes correspondent à ses mots ? Est-ce que vous voyez plus de sens qu'il n'y en a dans de petits gestes et des mots ambigus ? Est-ce que vous parlez ensemble *en détail* (et non dans un flou romantique) des plans pour votre avenir commun ? Est-ce que l'autre fait des démarches *concrètes* pour changer sa situation ? Depuis combien de temps est-ce que ça dure ? Comment vous sentiriez-vous si la situation était exactement la même dans un an ? Dans deux ans ? Dans cinq ans ? Avez-vous demandé à vos amis qui vous connaissent et qui connaissent votre situation ce qu'ils en pensent et ce qu'ils vous suggèrent de faire ? Qu'est-ce qu'ils en disent ?

Ce genre de situation peut être une des dépendances amoureuses les plus difficiles à rompre parce qu'il y a de si nombreux niveaux de motivations, des interactions tellement complexes et d'énormes tendances impulsives à s'abuser soi-même. Pour vous aider à déterminer si vous êtes vraiment en train de vous tromper vous-même et pour vous aider à mettre fin à votre dépendance, si c'est ce que vous voulez faire, je vous suggère de suivre ces six lignes directrices :

1. À moins d'évidence ferme et nette qu'il ou elle se dirige vers un changement concret et explicite de ses engagements, arrêtez de vous raconter que ça va finir par arriver.
2. Vous devrez aussi arrêter de vous raconter que vous êtes pour lui plus important que son conjoint, que son mariage et que ses enfants. Si vous l'étiez, il les aurait quittés et serait avec vous. Le mariage et la famille peuvent être des investissements affectifs très puissants.
3. Vous devrez fixer dans votre esprit une date limite jusqu'à laquelle vous êtes disposé à attendre pour qu'il ou elle effectue des changements dans sa situation et dans ses engagements. S'il n'y a toujours pas de changement une fois ce temps écoulé, vous devrez vous en tenir à cette date limite sous peine d'errer indéfiniment.
4. Arrêtez de l'idéaliser. Remarquez que le jeu que cette personne joue peut-être avec vous n'est pas un jeu d'amour — c'est le jeu de vous en donner assez pour maintenir la liaison sans vous donner l'engagement que vous voulez. Dans cette perspective, cela veut dire que cette personne n'est ni honnête, ni gentille, ni mûre, ni ultra-désirable. Il y a plutôt en elle un égoïsme infantile qui se manifeste autant envers vous qu'envers son conjoint, et vous devez regarder cela en face.
5. Il peut être utile de préparer vos amis à être là quand vous passerez par les inévitables symptômes de sevrage, et pour vous aider à maintenir votre résolution de rompre quand vous vivrez des moments difficiles. (Voir le chapitre 16 pour plus de détails sur l'utilité d'un tel réseau pour rompre une dépendance et sur l'aide que cela a apportée à Monique.)
6. En général, et c'est peut-être là le plus important, acceptez de considérer que, si vous avez choisi de rester avec une personne engagée envers quelqu'un d'autre, il se peut que vous évitiez d'avoir une relation intime avec un homme (ou une

femme) qui ne soit *que pour vous*. Il pourrait vous être utile d'examiner vos motivations suivant les directions qui se sont avérées utiles pour Monique et pour François.

Vous pouvez vous servir de tout cela à la fois pour rompre l'attachement démoralisant dans lequel vous vous trouvez et pour vous faire prendre conscience des significations inconscientes de la relation, au niveau de la soif d'attachement. Cet aperçu peut vous aider à éviter de répéter à l'avenir ce genre de quête futile. La vérité est que vous n'êtes pas un enfant qui doit s'accommoder des restes d'une relation primordiale. Vous avez droit au privilège adulte d'avoir un partenaire aimant qui soit tout à vous. Mais vous n'aurez jamais ce privilège à moins de vous libérer de la personne mariée et non disponible dont vous êtes dépendant.

Chapitre 15
Les techniques pour rompre une dépendance : l'utilisation de l'écriture

« D'accord, j'ai compris. J'ai compris que toutes ces émotions et tous ces besoins du niveau de la soif d'attachement me poussent à m'accrocher à une relation qui n'est pas bonne pour moi. Mais je ne peux toujours pas m'en libérer. Qu'est-ce que je dois faire maintenant ? »

Il y a des gens pour qui il suffit de reconnaître qu'ils sont poussés à s'accrocher à une mauvaise relation par des émotions issues de leur passé pour qu'ils fassent des démarches décisives pour y mettre un terme. Mais pour la plupart des gens, cette prise de conscience générale ne suffit pas. Poser leur problème dans un nouveau cadre de référence peut les faire avancer, mais ils se sentent quand même pris au piège et ne savent pas comment utiliser cette nouvelle perspective pour briser ce lien dont ils ne veulent plus. Dans ce chapitre et dans les deux suivants, nous allons donc examiner en détail quelques techniques qui peuvent vous servir pour rompre votre dépendance envers une personne. Il ne faut pas confondre ces *techniques* avec les *tâches centrales* sur lesquelles vous aurez à faire des efforts et que vous aurez à accomplir au cours de ce processus. C'est la différence entre la fin et les moyens. Une fois que vous avez décidé que vous devez partir, trois tâches principales vont vous conduire au but final de mettre un terme à la relation :

1. Identifier les émotions qui vous sont particulières au niveau de la soif d'attachement, les émotions qui créent la dépendance et qui vous empêchent de quitter cette relation. Les identifier et vous en libérer.

2. Identifier le processus mental spécifique que vous utilisez pour vous abuser vous-même et qui vous immobilise. L'identifier et y mettre fin.
3. Maintenir le sens de votre identité et de votre valeur sans la personne fétiche d'attachement.

N'importe quelle technique pouvant vous aider à accomplir ces tâches est utilisable. Beaucoup des techniques qui suivent ont été inventées par mes patients, et vous pouvez, vous aussi, innover et vous tailler sur mesure des méthodes qui vous conviendront spécialement. Il n'y a aucun inconvénient à utiliser des « trucs », tant qu'ils vous rapprochent de votre but et qu'ils n'ont aucun effet secondaire nuisible. Il peut être particulièrement utile d'employer des techniques personnelles d'écriture[1]. Voici maintenant quelques exercices d'écriture qui pourraient vous aider à mettre fin à votre dépendance.

1. Le journal de bord de la relation. Il y a des gens qui tiennent régulièrement leur journal. Beaucoup de gens en ont écrit un à un moment de leur enfance et de leur adolescence, parfois avec beaucoup d'application, mais par la suite leur assiduité s'est relâchée jusqu'à cesser complètement. Mais, si vous êtes dans une relation qui vous préoccupe, je vous encourage fortement à tenir une forme particulière de journal : un journal de bord de la relation. Notez-y les événements de la relation, mais, par-dessus tout, inscrivez avec le plus de détails possible et le plus honnêtement possible les *sentiments* et les *émotions* que vous éprouvez pendant vos contacts avec votre partenaire. Il y a plusieurs raisons pour lesquelles cela peut

1. Pour la plupart de ces techniques, on peut également utiliser l'enregistrement au magnétophone. L'écriture présente quelques avantages, comme de pouvoir vous relire d'un coup d'œil, et parce que c'est une activité très évoluée, de très haut niveau mental, qui peut faire contrepoids au courant de pensées et d'émotions de la soif d'attachement qui viennent du niveau plus primitif du petit enfant en vous. Mais si vous détestez écrire, ou que vous êtes davantage oral et auditif, n'hésitez pas à utiliser le magnétophone.

vous aider de façon extraordinaire: (a) cela vous oblige à *observer* ce qui se passe et ce que vous en ressentez; (b) cela peut vous aider à revenir en arrière et à voir la *forme* de la relation, à voir à quoi cela ressemblait et comment vous vous sentiez, à remarquer les structures qui se répétaient avec le temps; (c) cela peut redresser vos tendances à *distordre* votre perception de la relation, ce que vous faites quand vous déformez les événements, que vous déguisez vos sentiments et que vous oubliez soit les choses désagréables (que votre soif d'attachement a tendance à dissimuler) soit les choses agréables (que votre colère peut effacer). Jean, par exemple, avait vécu trois ans une relation extrêmement changeante avec Lise, une femme qui était parfois excitante, amoureuse et sensible, mais qui était le plus souvent égoïste et indifférente aux sentiments et aux besoins de Jean. Il était arrivé plusieurs fois que Jean, sous l'effet des frustrations et des sentiments de privation, arrête de voir Lise, mais, au bout de quelques jours ou de quelques semaines, il commençait à «oublier» les raisons pour lesquelles il l'avait fait, ou, en tout cas, oubliait à quel point ces incidents avaient été horribles pour lui. Je lui suggérai de tenir un journal de la relation et d'essayer d'y écrire les événements de chaque rencontre et les sentiments qu'il en éprouvait. Il fut très étonné de découvrir à quel point il avait écrit plus souvent des émotions désagréables (de la déception, de la peine, de l'incrédulité face à l'égoïsme de Lise, du refus, de la rage face à ses exigences, de la frustration de ne pas arriver à parler raisonnablement avec elle) qu'il n'avait écrit des sentiments amoureux, d'être aimé, de tendresse, de bonheur ou de sérénité. Et, une fois où il avait arrêté de voir Lise et qu'il commençait à sentir seulement qu'elle lui manquait et à ne se souvenir que des bons côtés, il était allé relire les huit derniers mois de son «journal de bord de la relation» (qu'il appelait «Moi et Lise»), et sa mémoire chancelante avait été brutalement secouée. Il y avait dedans des notes comme celle-ci:

> Quelle garce! Je ne suis pratiquement jamais malade, mais aujourd'hui un virus m'a sauté dessus pour de bon, 39° de

fièvre et je suis secoué de frissons. Parlé à Lise ce matin. Elle a dit qu'elle était trop occupée pour venir - un déjeuner avec une amie et des courses à faire. Elle n'a téléphoné que tard le soir. A envoyé des fleurs cependant ! Je me fous des fleurs.

(Avant de lire cette note, Jean avait à moitié oublié cet incident, et la moitié dont il se souvenait c'était à quel point Lise était merveilleuse d'avoir envoyé des fleurs !) Voici une autre note :

Aujourd'hui, je suis passé sur un trou en voiture, et un amortisseur s'est cassé. Peux pas utiliser l'auto avant que ce soit réparé demain. L'ai dit à Lise — que je ne pouvais pas la conduire à l'aéroport, qu'elle devrait prendre un taxi ou quelque chose d'autre. Elle a hurlé qu'elle ne pouvait jamais compter sur moi et m'a raccroché au nez. Je ne peux jamais en faire assez pour elle. J'ai envie de laisser tomber cette garce.

Et celle-ci :

Soirée chez Christophe. Lise a flirté avec tous les hommes qui étaient là. L'ai vue glisser à un gars un bout de papier plié. Son numéro de téléphone ? On s'est disputés après. Elle a tout nié, m'a accusé d'être paranoïaque et d'essayer de la mettre en cage. Mais je sais ce que j'ai vu. Pas pu dormir.

Il y avait beaucoup d'autres notes du même genre, émaillées de moments amoureux, d'une ou deux fêtes sexuelles particulièrement extatiques et d'un week-end idyllique dans un motel au bord de la plage. Mais l'élément émotif principal de « Moi et Lise », c'était le tourment, et cela a énormément aidé Jean de le lire au moment où il était sous l'emprise des souffrances du sevrage, ça l'a même réconforté.

Si vous n'avez pas tenu un « journal de la relation » et que vous êtes sur le point de rompre la relation ou que vous venez de le faire, il n'est pas trop tard pour en écrire un de mémoire. Il ne sera pas aussi exact que s'il avait été écrit « à chaud » et il y aura peut-être quelques déformations, mais cela vaut encore la peine de le faire si vous vous engagez à être aussi honnête que possible. Utilisez tout ce que vous pouvez trouver pour vous aider à reconstituer vos souvenirs (des photos, des agendas, des amis) et essayez de vous souvenir de vos émotions à propos de chaque incident. Pour pouvoir comprendre exactement pourquoi vous avez voulu rompre, essayez de mettre en forme détaillée ce dont vous ne vous souvenez peut-être que vaguement dans la relation. Prenez ce cahier avec vous et lisez-le quand cette personne vous manquera tellement que vous risquez d'être tenté de la surévaluer ou d'oublier les aspects désagréables.

2. *Découvrir les structures.* Il peut être révélateur pour vous de découvrir qu'il y a des *structures* qui se répètent parmi les gens avec qui vous avez tendance à avoir des liaisons. À moins que votre relation actuelle soit la seule relation amoureuse que vous ayez jamais eue, je vous recommande donc de *passer en revue vos relations*. Établissez d'abord la liste de toutes les personnes avec lesquelles vous avez eu un attachement amoureux, en remontant aussi loin que vous pouvez. Inscrivez ensuite les *caractéristiques physiques* de chacune : sa taille, la couleur de ses cheveux, son allure, sa voix, sa silhouette, son charme général, etc. Il est possible qu'il y ait une structure qui se répète parce que tout le monde a des préférences. *La question est de savoir si ces préférences physiques ont pu être assez fortes pour vous empêcher de voir correctement les autres caractéristiques de cette personne.*

Après les caractéristiques physiques, écrivez les *caractéristiques de la personnalité* de chaque personne inscrite sur votre liste. Quel est le trait le plus frappant de sa personnalité ? Quel adjectif la qualifie le mieux : Introvertie ou extravertie ? Passive ou active ? Chaleureuse ou froide ? Intime ou distante ? Affirmée ou effacée ?

Indépendante ou dépendante ? Méchante ou gentille ? Soumise ou agressive ? Avez-vous changé de point de vue sur sa personnalité entre le début et la suite de la relation ? Si oui, au bout de combien de temps avez-vous réalisé que tout n'était pas comme vous pensiez ?

J'ai parlé au chapitre 8 d'une femme nommée Jeanne qui avait admis qu'elle était toujours « attirée par des hommes aux ailes brisées ou affligés de quelque problème tragique ». Mais Jeanne ne s'était pas toujours rendu compte de cela. Au début, elle maintenait qu'elle n'était attirée que par des hommes fougueux, beaux, sûrs d'eux, mais que, d'une façon ou d'une autre, ça ne marchait pas. Quand elle passa en revue ses relations par écrit, elle vit émerger clairement une structure sous-jacente : sous l'éclat de leur charme superficiel, les hommes qu'elle choisissait étaient toujours faibles, torturés et dépendants. Elle réalisa que c'était visible dès le début de la relation, mais qu'elle avait choisi de l'ignorer. Un de ces hommes, à leur premier rendez-vous, lui avait raconté une histoire sur les nombreux emplois qu'il avait eus en l'espace de quelques mois, donnant chaque fois une vague explication sur les raisons de son départ ou de son renvoi, et parlant toujours de ses très hautes ambitions, qui, objectivement, n'étaient pas très réalistes. Avec un autre homme, elle avait pu voir dès leurs premières rencontres qu'il buvait beaucoup trop, mais elle avait choisi d'accepter ses explications selon lesquelles il en avait besoin pour se détendre après une rude journée. Puisque beaucoup de ces hommes avaient « une aile brisée » et qu'elle le « savait » depuis le départ, Jeanne commença à affronter la possibilité qu'elle n'ait pas été attirée par leur fougue mais par leur côté de perdant. Cela l'amena à découvrir la structure selon laquelle elle essayait d'accomplir la tâche impossible de son enfance : comment améliorer son père séduisant mais faible. Une fois, donc, que vous avez fait la liste des caractéristiques de la personnalité des gens avec qui vous avez eu une relation, examinez-la et regardez les constantes qui s'en dégagent et ce que ces constantes vous suggèrent.

Il y a quelque chose d'encore plus important que les similitudes dans les caractéristiques physiques et de la personnalité des personnes avec lesquelles vous avez eu une relation de couple, ce sont les *caractéristiques de la relation*, les *structures d'interaction* qui se sont répétées dans vos liaisons. Pour savoir si de telles structures se sont répétées, vous pourriez écrire, sous le nom de chaque personne avec laquelle vous avez eu une relation, les réponses à des questions comme celles-ci :

1. Comment précisément la relation a-t-elle commencé ? Qui a fait le premier pas ? Qui a continué ?
2. Est-ce que l'un de vous deux était plus dominant ? Qui semblait contrôler la décision de vos dates et lieux de rencontre, et la façon dont vous passiez votre temps ensemble ?
3. Quelle était pour vous la « couleur émotionnelle » de la relation ? L'amour ? la colère ? la satisfaction ? la dépression ? l'anxiété ? l'ennui ? l'insécurité ? le romanesque ? le désespoir ? ou quoi d'autre ?
4. Sur le plan émotif, est-ce que vos besoins étaient satisfaits ?
5. À quoi ressemblait l'aspect sexuel : en étiez-vous heureux ? malheureux ? ravi ? déçu ? en colère ?
6. Comment s'est terminée la relation ? Qui y a mis fin ? Pourquoi ? Quels étaient vos sentiments respectifs par rapport à cette rupture ?
7. Dans l'analyse des coûts et bénéfices, est-ce que ce que vous obteniez en valait la peine ?

En passant en revue ses relations, il arrive souvent que l'on découvre des structures surprenantes auxquelles on n'avait jusque-là pas porté attention. Jean, par exemple, qui avait enduré tant de mauvais traitements de la part de Lise, avait toujours pensé que c'était un malheureux hasard qu'il soit tombé en amour avec une femme si égoïste et indifférente. Mais, après avoir passé ses relations en revue, il a conclu tristement :

Vous savez, je n'ai jamais eu de relation avec une femme vraiment amoureuse, avec une femme qui aurait pris plaisir à ce que je me sente bien. Toutes ont été des femmes méchantes et centrées sur elles-mêmes, bien que certaines aient excellé à poser de grands gestes de générosité théâtrale qui avaient l'air si amoureux, comme de m'offrir par surprise un cadeau, ou une surprise-partie, ou une mise en scène sexuelle spéciale. Et ces grands gestes dramatiques me faisaient fondre à chaque fois, même si au jour le jour j'étais frustré et affectivement affamé... Même la première fille dont je suis tombé amoureux quand j'avais neuf ans était une petite princesse glaciale. Je l'adorais, et, si elle souriait dans ma direction une fois de temps en temps, j'oubliais qu'elle m'ignorait presque complètement... Pourquoi ne me suis-je jamais permis d'avoir une relation qui me fasse vraiment me sentir bien ?

Cette dernière question est directement issue de la « revue des relations » qu'avait faite Jean, et elle marqua un point tournant dans sa vie. D'abord, il fut capable de voir que sa relation avec Lise n'était pas un événement isolé, mais qu'elle faisait partie d'une structure qui se répétait depuis longtemps. II devait en conséquence prendre la responsabilité d'avoir choisi de telles relations. Cela l'amena à un voyage encore plus profond de découverte de lui-même. Il put voir qu'il avait encore et encore répété la tentative futile d'obtenir l'amour de femmes qui avaient des déficiences graves dans leur capacité d'aimer, à commencer par sa mère. Ce fut une démarche capitale pour arriver à mettre fin à sa relation démoralisante et dégradante avec Lise, et pour commencer à se tourner vers des femmes qui pouvaient davantage lui offrir ce qu'il voulait.

3. *Des notes adressées à vous-même.* Une de mes patientes a inventé la technique de s'adresser des notes à elle-même (chapitre 3). Elle s'en servit pour garder une perspective adulte du temps quand

elle passa par les douleurs du sevrage au moment de la rupture de sa relation avec Albert. Elle écrivait ces notes comme venant de son « Grand Moi » et adressées à son « Petit Moi ». Elle se donnait des conseils comme : « Tu seras terrorisée par la douleur éternelle de la solitude éternelle. Mais c'est juste ta perception infantile du temps. En tant qu'adulte je peux t'assurer qu'il y a un lendemain, et je te promets que tu recommenceras à te sentir bien. » Peut-être, à cause de son métier d'adjointe en administration, écrivait-elle plus facilement des notes que le journal que je lui avais conseillé de tenir durant sa période de sevrage. En plus de s'en servir pour garder une perspective adulte du temps, elle utilisa ses notes de multiples façons. Elle savait, par exemple, que lorsqu'elle rentrait dans son appartement vide après son travail, elle devait affronter un moment particulièrement effrayant au cours duquel elle se sentait terriblement seule et incomplète. Elle s'écrivait donc des notes, se les adressait à elle-même *par la poste*, les trouvait le lendemain soir dans sa boîte aux lettres en rentrant chez elle, et lisait des messages de ce genre : « Salut ! Bienvenue chez toi. Fais-toi du poulet au curry et mets de la bonne musique. Tu vaux la peine d'être accueillie en musique. Après ça, occupe-toi de cette pile de lettres et de factures en retard. » Ou bien : « Appelle Caroline et/ou Marielle ce soir et fais des projets pour le week-end. Apprécie ensuite le reste de la soirée en faisant tout ce que tu voudras, pourvu que ce soit amusant et agréable. » Ou encore :

> Ce soir, ça va faire exactement deux semaines que tu n'as pas vu Albert. Comme je te connais, cet anniversaire va te rendre spécialement triste et sentimentale, et tu seras peut-être même tentée de l'appeler. Et tu vas commencer à oublier pourquoi tu as rompu. Alors rappelle-toi à quel point il était incroyablement radin et comment il te reprochait méchamment d'être extravagante chaque fois que tu achetais quelque chose un tant soit peu luxueux, alors même que tu l'achetais avec ton propre argent ! Et à quel

point il pouvait être bêtement méticuleux. Et à quel point ses sentiments étaient dénués de générosité. C'est l'anniversaire de la deuxième semaine de libération de tout ça.

Depuis lors, j'ai suggéré à d'autres patients d'écrire de telles notes, et chacun a apporté des variantes à cette technique en l'utilisant au cours de toutes les phases de la rupture d'une relation. Jean était en thérapie avec moi à cette époque et, quand il souffrait dans les affres du sevrage, il écrivait ce qu'il imaginait que je lui dirais. Il est intéressant de noter que ce n'était pas mes « interprétations intelligentes » qu'il écrivait dans ses notes, mais des phrases comme « elle ne vaut pas grand-chose » qu'il trouvait particulièrement secourables dans ces moments-là. Tout ce que ces notes avaient en commun, c'était d'être des façons de stimuler les perspectives, la mémoire et le jugement de la personne qui écrivait, au moment où ces facultés étaient menacées d'être submergées par une lame de fond d'émotions issues de la soif d'attachement. Sur le thème de ces notes, j'ai alors cherché d'autres façons d'aider les gens à entrer en contact avec leur moi le plus adulte dans les moments où ils étaient le plus en danger de disparaître dans l'égarement du petit enfant attardé en eux. Une de ces techniques que je leur suggérai était de s'écrire des notes venant du « plus grand sage au monde, celui qui voit la vie clairement, avec compassion et avec beaucoup de recul ». Ce sage a un jour écrit à Hélène : « Tu ne peux certainement pas croire que ta vie est terminée ou qu'elle n'a plus de sens sans cet homme qui n'est qu'un homme parmi des millions d'autres ? Ou sans n'importe quel homme ? La vie est plus importante que ça. Tu es plus importante que ça. » (Voir un autre exemple de cette technique au chapitre 7, pages 81 à 91.)

Une autre variante de cette technique, dérivée de l'analyse transactionnelle, consiste à écrire des notes venant de votre parent idéal, un parent qui pense clairement, qui est rationnel, qui vous aime profondément et qui est à cent pour cent du côté de ce qui est bon pour vous. Hélène a trouvé cette technique particulièrement utile quand elle a rompu avec Pierre, peut-être parce que ses vrais parents ne lui avaient pas prodigué suffisamment de soutien pour qu'elle puisse acquérir la notion d'être forte et indépendante. Sa mère n'était pas une femme qui communiquait beaucoup, et elle avait établi clairement qu'elle n'était contente de sa fille que lorsque celle-ci était calme, bien élevée et qu'elle avait une bonne attitude envers ses parents. Son père travaillait dans la marine marchande, il n'était pas là la plupart du temps et, même quand il était à la maison, il était distant et ne semblait pas connaître du tout sa fille. Moins de deux mois après avoir quitté Pierre, Hélène est partie en vacances à Paris avec une amie, Madeleine. Au bout de la première semaine d'un séjour qui devait en durer deux, Pierre lui manqua et elle devint angoissée à tel point qu'elle dit à son amie qu'elle devait rentrer immédiatement. Elle lui dit que le fait qu'il lui manque tellement montrait bien qu'elle l'aimait vraiment et qu'elle devait retourner « à sa vraie place : avec Pierre ». Madeleine était trop en colère pour arriver efficacement à la sortir de cet état d'esprit, et Hélène partit pour l'aéroport. Elle y arriva trois heures avant le décollage et, quand elle se fut retrouvée toute seule dans la salle d'attente éclairée au néon, elle commença à se poser des questions sur ce qu'elle était en train de faire. Elle prit un papier et s'écrivit une note de la part de son parent idéal. En voici un extrait :

> Hélène chérie, c'est toi qui t'es mise dans cette situation. C'était trop tôt après la rupture pour aller dans une des villes les plus romantiques du monde. Comment as-tu pu t'imaginer que tu ne te sentirais pas seule et qu'il ne te manquerait pas ? Mais le fait qu'il te manque ne change rien. Ça ne veut pas dire que tu l'aimes, ça veut seulement dire que le sentiment d'être amoureuse te manque. Pierre est toujours Pierre, et si tu retournes maintenant ce sera le même vieux cauchemar, en pire…

Hélène raconta que son état d'esprit avait changé au moment où elle avait écrit ces mots. « J'ai recommencé à me sentir libre, à me sentir bien. J'ai annulé mon billet d'avion et j'ai appelé Madeleine pour lui dire que je revenais à l'hôtel. »

Quelle que soit la façon que vous inventez d'utiliser ces notes pour maintenir ou rétablir votre perspective, c'est une méthode efficace et qui vous aidera. Je l'avais suggérée à Arthur, un homme qui restait sans fin dans sa relation avec Louise, une femme qu'il n'aimait pas, par peur de se retrouver seul et d'être rejeté par d'autres femmes. Il inventa sa propre variante, qui correspondait à sa tendance à planifier sa vie en ordre et en détail. Il fabriqua toute une série de notes écrites d'avance qu'il pouvait consulter quand il en avait besoin. C'étaient des notes brèves et claires, écrites de la part « du père que j'aurais souhaité avoir » :

> Tu ne l'aimes pas. Tu ne te marieras jamais avec elle. Si tu veux te marier un jour, tu dois la quitter.
>
> Ça va être dur de la quitter. Tu y survivras. Toutes les émotions qui te disent le contraire viennent du petit enfant en toi et n'ont rien à voir avec la réalité.
>
> Tu n'es pas un acteur de cinéma. Tu seras repoussé par quelques femmes. Et alors ? Tu survivras à ça aussi. Tu es *assez* séduisant. Tu as beaucoup à offrir.

Arthur écrivit des douzaines de notes de ce genre. Le simple fait de les écrire l'aidait à avancer vers sa rupture avec Louise. Plus tard, pendant qu'il traversait l'épreuve difficile d'effectuer la rupture et de s'y maintenir, il les consultait pour conserver sa perspective. Il épinglait sur le tableau d'affichage de sa chambre celles qui étaient le plus adaptées à son état du moment. Il a trouvé que ça l'a aidé énormément, et vous pourriez vous aussi profiter de ce genre de notes écrites d'avance. En voici quelques exemples venus de plusieurs autres personnes :

Souviens-toi comme il était froid et indifférent, même le jour où ton père est mort.

Je suis, sans lui, une personne définie, appréciable et *complète.*

Peu importe à quel point elle te manque, tu sais, quand tu penses clairement, et même tout au fond de ton cœur, qu'elle ne te convient pas.

Ce n'est pas parce que j'ai tant de peine que ça veut dire que je l'aime. Ça veut dire que je suis une intoxiquée en cours de sevrage.

Vous vous connaissez. Vous savez quelles émotions et quelles distorsions vous allez affronter quand vous allez rompre. Écrivez-vous donc de la part de votre moi le plus rationnel des messages que vous aurez besoin de lire aux moments où vous souffrirez le plus.

4. *Établir des rapports.* Pour vous libérer de la tyrannie de votre soif d'attachement, il pourrait être utile d'établir un rapport entre le petit enfant que vous avez été et les émotions que vous éprouvez aujourd'hui. J'ai parlé plus tôt (page 48) d'un homme qui avait découvert que la terreur qu'il éprouvait à l'idée de rompre une relation destructrice avait des racines profondes. Il m'avait parlé de sa peur d'être abandonné, d'être seul pour toujours, de n'être jamais aimé par personne. Je lui demandai de remonter dans le temps pour essayer de retrouver les plus anciens souvenirs de ce sentiment. Au bout d'un moment, il s'était rappelé l'incident où, une nuit, il s'était éveillé avec une soif intense et avait pleuré pour appeler ses parents. Mais ils n'étaient pas venus tout de suite (le souvenir du laps de temps écoulé n'était pas clair) parce qu'ils étaient en visite chez les plus proches voisins. Comme je l'ai écrit plus haut, il « pouvait se rappeler le sentiment qu'il avait qu'ils étaient partis pour toujours et qu'il allait mourir. Il se souvint qu'après avoir pleuré pendant ce qui lui avait semblé être une éternité, il s'était recroquevillé en gémissant dans un coin du berceau. Et il savait que c'était ces horribles émotions qu'il craignait de revivre s'il mettait fin à son attachement

malheureux actuel. » Cela nous amena à explorer plus avant, et nous pûmes découvrir que cet incident avait une telle intensité dans ses émotions non seulement parce que c'était en soi un événement traumatisant, mais aussi parce qu'il représentait toute une atmosphère dans laquelle il sentait que ses parents, qui étaient des gens plutôt distants, étaient souvent affectivement non disponibles même quand ils étaient présents physiquement. Cela nous conduisit alors à explorer plus avant d'autres incidents concernant la non-disponibilité de ses parents, et à examiner les sentiments que provoquaient en lui ces incidents, des sentiments de peur et de privation qui étaient devenus une part de lui-même et qui pouvaient gouverner son existence.

Il avait pu ainsi établir ce rapport entre son enfance et ses émotions d'adulte de façon très nette, plutôt que par une théorie abstraite. Cela l'aida beaucoup à affronter ses émotions et, plus tard, à réduire le pouvoir qu'elles avaient sur lui. Cela vous aiderait aussi énormément de vous brancher sur les banques de mémoire de votre enfance et de votre petite enfance. Mettez par écrit toutes les émotions négatives qui se déclenchent lorsque vous imaginez ou que vous effectuez la rupture d'une mauvaise relation, que ce soit votre terreur d'être seul et abandonné, une privation envahissante, de l'insécurité, de la culpabilité, un sentiment d'inadaptation ou tout autre sentiment. Ensuite, pour chacune de ces émotions, écrivez tout ce dont vous pouvez vous souvenir sur les moments les plus anciens où vous l'avez éprouvée. Qu'est-ce qui se passait ? Pourquoi avez-vous éprouvé cela ? Qu'y a-t-il de suffisamment familier dans la situation présente pour déclencher cette vieille émotion ? Est-ce que c'est aujourd'hui une façon vraiment justifiée et appropriée de réagir ? Établissez les rapports et soyez compatissant, sensible et protecteur envers le petit enfant que vous avez un jour été : il avait des raisons de se sentir ainsi. Mais vous allez probablement découvrir que vous, en tant qu'adulte, vous n'avez pas de bonne raison de vous sentir aujourd'hui comme vous vous sentiez alors. Et cela peut être très libérateur.

Chapitre 16

Les techniques pour rompre une dépendance : un réseau de soutien

Une chanson populaire nous dit que « breaking up is hard to do » (« il est dur de se séparer »). Il est particulièrement dur de rompre tout seul une relation importante. La nature profonde de la rupture d'une relation de couple, tout spécialement quand vous vivez une dépendance envers l'autre, éveille des émotions si fondamentales, si effrayantes et si douloureuses qu'elles peuvent paralyser votre volonté et vous pousser à vous accrocher impulsivement et même désespérément à cette relation que vous essayez de rompre. Il y a peu de situations où vous aurez besoin autant que dans celle-là de l'aide de vos amis. Au moment où vous rompez une relation qui vous a soutenu longtemps, les amis peuvent servir de système auxiliaire de soutien. Il y a des gens pour qui un ami sur lequel ils peuvent compter vaut mieux qu'un groupe d'amis. Mais, pour la plupart des gens, il y a beaucoup d'avantages à avoir un réseau d'amis qui sont de leur côté et qui veulent bien les aider. Il faut d'abord noter que vous allez avoir besoin de beaucoup de présence et que vous risquez de vous répéter souvent en parlant de votre situation. Si vous déposez tout ce fardeau sur le dos d'une seule personne, vous risquez de fatiguer et de saturer le plus dévoué et le mieux intentionné des amis. Ensuite, plus vous aurez d'amis en ces circonstances, plus il y aura de personnes pour vous observer et pour vous faire part de ce qu'elles remarquent sur vous-même et sur la situation. Enfin des amis différents peuvent avoir des choses différentes à offrir. Certains seront toujours disponibles et d'autres non. Certains vous offriront la tendresse et d'autres la fermeté ; vous pourrez parler à certains des niveaux les plus profonds de vos émotions et de vos motivations, tandis que d'autres vous aideront à considérer les événements avec plus d'humour et de désinvolture ; certains auront un jugement objectif que vous pourrez croire, d'autres seront aveuglément « de votre côté » ou auront leurs propres problèmes à régler. Tous sont appréciables, peuvent se compléter et former ensemble un réseau de gens qui vous tiendront la main, vous offriront une épaule accueillante, confronteront vos attitudes et vos émotions, vous serviront de compas directionnel et de station-service pour regonfler l'ego, un réseau qui peut vous servir de base pour rompre votre dépendance.

La valeur d'un tel réseau est si grande que l'on ne peut pas laisser son existence au hasard. Cela peut créer une différence cruciale pour le succès de la rupture de votre relation. On peut l'utiliser de beaucoup de façons spécifiques et même spécialisées, mais d'abord et avant tout c'est lorsque vous serez terrifié à l'idée d'être seul dans l'univers que ce réseau pourra vous donner l'assurance réconfortante qu'il y a là des gens qui se soucient de vous. En vous faisant sentir que vous êtes rebranché sur le circuit de la vie, cette assurance peut affermir votre détermination d'accomplir la rupture et de vous y tenir.

Un tel réseau a besoin de confiance pour se former. Si, jusque-là, vous n'avez pas été en général une personne confiante, il pourra vous paraître particulièrement difficile de faire confiance à des gens dans une période où vous êtes de plus en plus vulnérable, mais vous pouvez utiliser l'urgence de la crise dans votre vie pour vous motiver à en prendre le risque. Si vous n'avez pas beaucoup ou pas du tout d'amis avec qui prendre ce risque, cela vous en révèle probablement beaucoup sur les raisons premières de votre dépendance : vous avez placé beaucoup trop de vos besoins dans cette unique relation par manque d'autres relations. Cela peut aussi vous révéler que cette unique relation a tellement rétréci votre univers que vous n'avez maintenant plus assez d'autres contacts. Et peut-être votre relation amoureuse est-elle malheureuse en partie parce que vous l'avez surchargée de trop de vos besoins d'attachement. Avant d'essayer d'entamer les démarches nécessaires pour rompre votre relation de dépendance, vous pourriez vous mettre à la tâche de développer des amitiés afin de n'avoir pas à craindre de rompre la seule relation qui se tienne entre vous et l'isolement total.

Si, jusque-là, il vous a été difficile de créer des amitiés, il est vraisemblable que vous ne pourrez pas changer cette situation d'un seul coup, mais si vous pouvez saisir l'importance de vous engager à créer et à approfondir des amitiés, cela peut faire une grande différence. Le mieux est de commencer par les gens que vous connaissez déjà et envers lesquels vous avez un penchant amical et de vous demander desquels vous aimeriez être plus proche et auxquels vous pourriez confier les problèmes et les sentiments les plus vulnérables et les plus délicats de votre vie. Une femme qui traversait un processus de rupture prolongé et douloureux se fit dire par l'amie à qui elle confiait ses problèmes : « Je suis contente de pouvoir être là pour toi, mais je ne suffis pas. Regarde autour de toi les gens que tu connais, demande-toi lesquels tu aimerais avoir pour amis, et tâche de t'en rapprocher. Si tu en appelles quatre, trois vont sans doute vouloir mieux te connaître. » Elle en appela quatre, et tous les quatre furent ravis de passer un moment avec elle pour déjeuner, pour dîner, etc. En apprenant à les connaître, elle découvrit que tous avaient traversé des situations semblables de rupture d'une mauvaise relation, et l'un d'entre eux était exactement dans la même situation qu'elle. Son réseau s'est ainsi étendu, et est devenu pour elle un rempart contre le désespoir et contre les forces qui tendaient à la ramener dans sa liaison destructrice.

En créant ou en approfondissant des amitiés, il peut vous être utile de relever toutes vos vieilles réticences à être proche des gens et de contester les croyances sur lesquelles sont peut-être fondées ces réticences. Ce sont généralement des croyances comme : « Tout le monde s'en fiche », « Chacun pour soi », « Ne fais confiance à personne en dehors de la famille», «Ne fais jamais confiance à personne», «Je n'ai rien à offrir», «Les gens vont toujours me rejeter», etc. Même si vous avez pu déjà avoir de bonnes raisons d'apprendre ces croyances, si aujourd'hui vous fondez votre comportement sur celles-ci, il vous sera d'autant plus difficile de rompre votre lien de dépendance, car, pour vous, cela signifierait entrer dans un monde d'étrangers hostiles.

Tous vos amis ne vous aideront pas de la même façon au cours du processus de rupture de votre dépendance. Quelques-uns, par exemple, pourraient s'éloigner en courant des problèmes chargés d'émotion et vouloir s'en tenir aux aspects légers et superficiels. Vous feriez mieux de ne pas les «recruter» dans le réseau des gens sur lesquels vous pourrez vous appuyer dans les moments difficiles. Si vous faites l'erreur d'essayer de compter sur ces gens, ils peuvent vous laisser tomber. Il serait vraiment dommage que vous en concluiez qu'on ne peut compter sur *personne*, plutôt que de comprendre que cette personne a des limites. Et, bien que vous ne puissiez partager vos problèmes avec un tel ami, vous pouvez apprécier sa présence quand vous voudrez juste alléger votre humeur et prendre quelque répit des émotions violentes que vous traversez. En général, vous voudrez choisir des amis qui savent ce que vous traversez et qui veulent réellement vous soutenir dans les difficultés de cette rupture d'une relation.

LES USAGES SPÉCIFIQUES DE L'AMITIÉ

Dans l'ensemble, vos amis sont là pour prendre soin de vous et vous aider, et c'est la chose la plus importante. Mais il y a quelques moyens spécifiques que des amis peuvent utiliser pour vous aider à rompre une dépendance.

1. *VOUS AIDER À DÉCIDER SI VOUS VOULEZ ROMPRE.* Pour prendre cette décision souvent difficile, «dois-je rester ou dois-je partir», vous avez besoin que vos amis vous offrent trois choses: de l'objectivité, des réactions honnêtes, et l'assurance qu'ils vont rester à

vos côtés quelle que soit votre décision. Dans les affres de sa décision de quitter Pierre, Hélène a dit :

> Je savais que je ne pouvais pas faire confiance à Édith quand elle me disait de me débarrasser de Pierre parce que j'ai l'impression qu'elle déteste tous les hommes et qu'elle considère qu'elle-même et toutes les femmes sont des victimes. Mais quand Mireille et Patricia m'ont encouragée à rompre, je savais qu'elles étaient objectives. Elles ont toutes les deux de bonnes relations avec des hommes, et je ne doutais pas qu'elles seraient à mes côtés quelle que soit ma décision.

Si vous vous préparez à demander l'aide de vos amis pour décider si vous devez rompre une relation, il est important qu'ils soient honnêtes, mais il est aussi important que vous soyez honnête en leur communiquant ce qui se passe dans la relation, ainsi que vos sentiments contradictoires, aussi complètement et aussi exactement que possible. Ce n'est pas le moment de s'embarrasser de honte, de gêne, de culpabilité ou de la peur de ce que vos amis pourraient penser ou vous conseiller.

2. *Vous aider à vous souvenir de vos raisons pour vouloir rompre.* Deux jours après avoir quitté Pierre pour la première fois, Hélène appela son amie Mireille à une heure du matin, et elle pleura : « Tout ce que je sais, c'est que je suis en enfer, et je ne peux pour rien au monde me rappeler pourquoi j'ai rompu avec Pierre. Je me rappelle seulement à quel point c'était merveilleux d'être avec lui. Qu'est-ce qui n'allait pas ? » Mireille fut étonnée pendant un instant, puis elle se souvint de sa propre expérience de rupture d'une liaison malheureuse et se rappela qu'il était possible d'oublier complètement les aspects négatifs quand on était dans une crise d'angoisse et de désespoir, et de perdre tout à fait de vue les raisons qui vous avaient décidé à partir. Elle répondit donc : « Hélène, comme tu oublies vite ! Tu ne te rappelles pas toutes les fois où tu m'as

appelée et où tu étais tellement mal que tu pouvais à peine parler ou si furieuse que tu voulais le tuer ? Tu ne te souviens pas de toutes les fois où il ne t'appelait pas, de toutes les fois où il ne venait pas ? Et la fois où il t'a emmenée en week-end et où il t'a déposée dans un motel pendant qu'il passait sa journée à assister à des conférences d'affaires ? Et comment tu pouvais passer deux heures dans la voiture avec lui sans qu'il dise un mot ? » Et cetera. Hélène écouta tout cela et s'efforça de se rappeler, comme si elle essayait de se souvenir d'un rêve qui s'échappe. Et elle se souvint — assez pour passer quelques jours de plus sans revenir à Pierre, bien qu'il dût se passer encore quelque temps avant qu'elle puisse rompre définitivement. Mais son appel à Mireille et la réponse de celle-ci illustrent la première façon dont vos amis peuvent vous aider durant cette période : comme une banque de mémoire qui, de la même façon qu'un ordinateur domestique, peut vous redonner les informations que vous y avez déposées et qui ont été obscurcies par les desseins bornés de votre soif d'attachement.

Tout au long du processus de votre dégagement de la relation, vos amis peuvent vous servir de nombreuses façons de rappel à la réalité : en vous rappelant ce qu'ils ont vu de la relation, en vous disant ce qu'ils vous voient faire, en vous empêchant de vous tromper vous-même, en contestant vos tendances à surévaluer l'autre personne et à vous déprécier, et en démolissant vos rationalisations échafaudées pour retourner vers l'autre. En assumant ce rôle, vos amis peuvent vous bousculer royalement, mais les amis sont faits pour ça.

3. *Reconstruire votre identité.* Rompre une relation, ou même envisager de le faire, est une expérience qui peut faire voler en éclats votre identité. Vous êtes devenu dépendant en grande partie à cause du sentiment que, en étant seul, vous êtes incomplet, inadapté, sans valeur et dépourvu de substance. Il est possible que vous vous soyez senti complet, efficace et solide dans la relation, mais seulement dans le cadre de ce lien. Il est donc fort probable que la relation ait renforcé le sentiment et la croyance que vous ne

valez rien, ou pas grand-chose, en tant qu'entité distincte. Il est terrifiant de penser à faire une démarche vers un état de nullité, et *encore plus* terrifiant d'accomplir pour de bon cette démarche. Dans cette situation, vos amis peuvent quasiment vous sauver la vie. Ils peuvent tenir le rôle de miroirs, vous renvoyant autant d'images différentes de vous-même. Ils peuvent être des murs sur lesquels vous pouvez vous cogner pour vous aider à connaître vos limites. Ils peuvent vous répondre quand vous leur parlez, en criant si vous criez, vous montrant ainsi l'impact que vous pouvez avoir. Ils peuvent eux-mêmes avoir besoin de vous, vous rappelant que vous avez quelque chose à offrir. Ils peuvent vous montrer qu'ils vous apprécient, et vous apprendre ou vous réapprendre que vous êtes appréciable. Bref, ils peuvent vous donner la preuve précieuse que vous existez en dehors de votre relation de dépendance, que vous avez une forme, une substance et une valeur.

Je vous ai déjà parlé de Benoît, le jeune homme qui disait se sentir « comme s'il n'était personne, comme une sorte de spectre qui erre dans les rues sans forme définie et sans but », et j'ai mentionné l'aide que lui avait apportée la réaction de son ami. Cet ami et sa femme voyaient tous deux Benoît comme une personne très définie et très appréciable. Mais Benoît restait déprimé. Il pensait que sans Éléonore, sa personne fétiche d'attachement, il n'avait ni forme ni identité et qu'il ne présentait d'intérêt pour personne. Au début, il faisait appel à ses amis, puis à un moment donné il se renferma, et ses amis, pleins d'inquiétude, prirent l'initiative d'entrer en contact avec lui. Plus tard, il parla de cette période :

> Quelquefois, je leur en voulais d'appeler et de troubler ma retraite, mais j'étais aussi légèrement conscient qu'ils s'inquiétaient pour moi, que je représentais quelque chose pour eux, même si je n'étais plus attaché à Éléonore… Un point tournant de cette période se produisit un soir où je me sentais particulièrement inutile. Je reçus un appel de Stéphane qui me dit : « Écoute, je sais que tu te sens tout

croche ces jours-ci, mais reprends-toi pendant quelques minutes parce que j'ai besoin que tu m'aides pour quelque chose. » Et je l'ai vraiment aidé pour le problème qu'il avait. Je veux dire que je *savais*, je *pouvais dire*, que j'étais en train d'aider quelqu'un, que ce que je lui disais était un sacré bon avis. J'ai raccroché en me disant : il doit y avoir un moi quelque part par là.

4. *Vous soutenir durant la période de sevrage.* Vous avez tous vu des films ou des drames télévisés où l'on voit un héroïnomane ou un alcoolique passer par les douleurs, les tremblements et la terreur du sevrage, et où l'on montre à quel point est indispensable le soutien de ceux qui l'entourent, le calment et l'encouragent à traverser ce cauchemar. Les symptômes de sevrage qui font suite à la rupture d'une relation de dépendance sont rarement aussi violents, mais les souffrances peuvent être aussi intenses et peuvent souvent durer plus longtemps. Et le fait d'être soutenu, entouré et rassuré peut être aussi important pour ceux qui souffrent du sevrage d'une personne que pour ceux qui souffrent du sevrage d'une drogue.

J'ai raconté plus haut (au chapitre 4) l'épouvantable week-end de sevrage au cours duquel Denise s'était retrouvée en train de hurler, et où elle avait écrit sa sensation d'être sans amarres et de dériver dans l'espace. Bien qu'elle ait choisi d'affronter toute seule son épreuve, elle faisait partie, comme je l'ai mentionné, d'un groupe de quatre femmes, quatre amies, qui avaient formé un petit réseau pour s'entraider à traverser les difficultés qu'elles avaient dans leurs relations amoureuses. J'ai également mentionné à quel point leur présence dans l'esprit de Denise l'avait soutenue et réconfortée pendant la période d'isolement qu'elle s'était imposée. Une autre fois, Monique, un autre membre de ce quatuor, essayait de se débarrasser de sa dépendance envers Richard, un homme marié qui avait clairement établi qu'il avait l'intention de le rester. Peu après qu'elle eût dit à Richard que tout était fini entre eux, Monique passa une nuit dans un état d'agitation extrême et de désespoir (les nuits sont souvent les pires moments). Son « réseau » savait qu'elle avait rompu avec Richard (elles l'avaient encouragée depuis longtemps à le faire), et chacune de ses amies lui avait dit qu'elle pouvait l'appeler à tout moment où elle aurait envie de parler. Cette nuit-là, Josette, la seule femme mariée du groupe, l'appela avant qu'elle l'ait fait. Elle trouva Monique en train de sangloter. Monique avait bu quelques verres de vin pour tenter d'anesthésier sa douleur, mais elle n'était ni anesthésiée, ni saoule. « Les deux seuls choix qui me restent vraiment », pleura-t-elle, « c'est soit de me tuer, soit de continuer avec Richard. Je n'ai tout simplement pas la force d'être seule, et je n'ai plus aucune confiance de pouvoir trouver quelqu'un d'autre. Il s'est passé trop d'années, j'ai eu trop d'échecs. » Josette lui dit alors :

> Écoute, Monique, tu es en train de souffrir terriblement, mais je te promets que ça va passer et que tu ne vas pas toujours te sentir comme ça. C'est un moment normal du sevrage. Toutes tes perspectives sur le temps et sur toi-même sont embrouillées. Et il y a dans le monde des hommes que tu n'as jamais rencontrés et qui deviendront importants dans ta vie à condition que tu ne gâches pas tout en te tuant ou en revenant avec ce crétin de Richard.

Elles parlèrent pendant plus d'une demi-heure, au bout de laquelle Monique se retrouva en bien meilleure forme, beaucoup plus calme et capable de plaisanter un peu sur son malheur. Mais, deux heures après, Monique appela Josette. Elle avait manifestement absorbé plus de vin et elle bredouillait en disant : « Je vais appeler la femme de Richard et je vais tout lui dire, et je vais lui dire que Richard m'aime vraiment et qu'il ne reste avec elle que par culpabilité, et qu'elle devrait le laisser partir », etc. Josette la calma une fois de plus et lui dit : « J'irais bien te voir, mais Serge n'est pas à la maison, et je ne peux pas laisser les enfants tout seuls. Appelle Denise ou Kiki ou je vais le faire. » Monique lui dit qu'elle allait le faire, mais Josette n'avait pas confiance dans l'état où elle était et elle appela les autres elle-même. Toutes deux appelèrent Monique, lui dirent qu'elles arrivaient et vinrent chez elle. Toutes les deux l'entourèrent pendant qu'elle sanglotait, l'aidèrent à rassembler ses pensées et ses émotions, et la tinrent loin du vin et du téléphone. Puis elles se mirent à parler toutes les trois, à relater les occasions où elles s'étaient trouvées dans ce genre d'état, à rire de l'absurdité de tout ça et à ramener dans la réalité l'esprit de Monique dominé par des émotions infantiles. Kiki, dont l'humour avait été d'un grand secours, rentra chez elle au bout d'un moment, et Denise resta pour la nuit. À quelques reprises, les jours suivants, Monique eut besoin d'appeler l'une ou l'autre de ses amies, mais la principale crise de sevrage était passée.

5. *Vous aider à revenir dans le monde.* Une fois que les symptômes de sevrage se seront effacés, vous aurez à affronter le problème de revenir dans le monde social comme un individu autonome et sans attaches. Là, vos amis peuvent vous aider de deux façons : en vous aidant pendant les périodes de découragement ou les brefs retours de symptômes de sevrage, et en vous aidant à restructurer votre vie. Au cours des quelques mois suivants, Monique appela l'une ou l'autre de ses amies du réseau quand elle se sentait particulièrement abattue, anxieuse ou solitaire. En plus, Denise et elle s'inscrivirent à un cours hebdomadaire d'art plastique et elles dînaient de temps en temps ensemble ; avec Kiki, elles participèrent à des activités « pour célibataires » où Monique ne serait certainement pas allée toute seule ; Josette s'arrangea pour qu'elle rencontre quelques amis célibataires de son mari, et ces quatre femmes continuèrent de se rencontrer assez fréquemment pour parler des problèmes qui étaient importants pour elles et pour le plaisir d'être ensemble. Cela aida énormément Monique, et moins d'un an plus tard elle entamait une relation avec un homme attentionné et disponible qu'elle avait rencontré en allant avec Kiki à un tournoi de tennis - un homme qu'elle n'aurait pas rencontré si elle était restée liée à Richard, ou si elle n'avait pas eu le soutien de ses amies.

LA PRÉPARATION DE VOS AMIS

Il est aussi important de préparer vos amis à vous aider que de décider quels amis vous allez choisir pour vous soutenir pendant la rupture de votre dépendance. Cela ne veut pas dire qu'il faut une préparation «formelle», un livre complet de règles et de recommandations, pas plus que le réseau ne doit être formel. Mais cela veut dire qu'il y a certaines choses qu'il est important de leur communiquer:

1. Que vous vous préparez à rompre votre relation (là, peut-être voudrez-vous avoir leur réaction à cette décision) et que vous vous attendez à ce que ce soit difficile et douloureux.
2. Que la relation à laquelle vous mettez fin est *une dépendance* et qu'il est possible que vous soyez déprimé, paniqué, confus, désespéré et que vous vous sentiez poussé à vous rattacher à la personne dont vous êtes dépendant.
3. Que ce dont vous avez besoin (selon votre estimation de ce que chaque ami pourrait vous offrir) pourrait être quelque chose comme:
   - (a) M'écouter et comprendre ce que je suis en train de traverser.
   - (b) Me rappeler que les horribles émotions que je traverse vont finir par passer, et que je vais à nouveau me sentir bien.
   - (c) Me rappeler que je peux vivre sans cette personne.
   - (d) M'assurer que je suis normal, entier, appréciable, avenant et aimable, même sans cette personne.
   - (e) Me confirmer que cette autre personne n'est pas la seule et unique, qu'elle n'est pas la meilleure affaire au monde, et que je ne vais pas être seul pour toujours.
   - (f) M'empêcher de l'appeler ou de la voir — une impulsion que j'aurai inévitablement durant le sevrage.

Encore une fois, vous pouvez décider spécifiquement ce que vous demandez en fonction de ce que vous pensez que chaque ami peut vous offrir. À un certain moment, Monique demanda à Denise de l'appeler tous les soirs parce que « quand je suis en pleine dépression, il se peut que j'évite de t'appeler soit parce que je me sens comme un boulet, soit parce que je veux perdre les pédales et m'en servir comme excuse pour appeler Richard ». Vous devez donc décider ce que vous demanderez à vos amis : Peux-tu m'appeler tous les soirs ? Est-ce que je peux t'appeler quand j'en ai besoin ? Pourrait-on prendre un verre de temps en temps en sortant du travail ? Pourras-tu me rappeler, si je l'oublie, pourquoi j'arrête cette relation ? Est-ce que tu connais une fête ou quelque chose d'autre où je pourrais aller plutôt que de me rendre cinglé ? Et cetera. Et vous devez donner à vos amis le droit de participer à votre réseau autant ou aussi peu qu'ils sont disposés à le faire. Un homme qui savait que les symptômes de sevrage le frappaient de plein front aux petites heures du matin demanda à trois de ses amis s'il pouvait les appeler en pleine nuit au cas où il en aurait besoin. Deux d'entre eux refusèrent (l'un dit qu'il passait une semaine cruciale pour sa vie professionnelle et qu'il était essentiel qu'il soit bien reposé, l'autre dit que sa femme était malade et qu'il n'était pas recommandé qu'elle soit réveillée), et le troisième lui dit « bien sûr ». L'homme se sentit tout d'abord rejeté et déprimé, un état dangereux parce qu'il pensait que, si personne ne se souciait de lui, il ferait aussi bien de retourner vers la personne à laquelle il était attaché. Par la suite, il fut capable de voir que les deux amis qui lui avaient dit non l'aidaient par ailleurs de façon différente, et il décida : « Quand on en est à risquer d'être appelé au milieu de la nuit, je pense qu'un sur trois, ce n'est pas si mal. »

Je ne prétends pas qu'il soit impossible de rompre une relation de dépendance sans l'aide d'un ami ou d'amis, mais cela risque d'être plus facile et plus facilement couronné de succès si vous faites appel au pouvoir de l'amitié, à cause de la nature profonde de ce lien au niveau de la soif d'attachement.

Chapitre 17
Les techniques pour rompre une dépendance : d'autres approches utiles

Une chose est certaine : plus vous aurez conscience de la valeur et de la singularité de votre identité, moins vous serez sujet au contrôle de votre soif d'attachement. La soif d'attachement est un reliquat du temps où vous étiez une entité qui n'aurait pas survécu sans être liée à quelqu'un d'autre. Plus vous arriverez donc à approfondir la conscience d'être maintenant un Moi complet, autonome et suffisant, moins vous serez la proie des sentiments infantiles selon lesquels vous *devez* vous attacher à quelqu'un pour votre survie physique ou psychique. Il existe des techniques pour vous faire entrer en contact avec votre Moi, pour affermir votre prise sur votre conscience d'exister et d'avoir une identité valable et singulière.

LES TECHNIQUES POUR ENTRER EN CONTACT AVEC LE NOYAU DE VOTRE IDENTITÉ

C'est une tâche difficile que de réparer les dégâts des fondations de votre sens du Moi, mais c'est la tâche la plus importante que vous puissiez entreprendre. Peut-être y a-t-il des limites fixées par l'histoire de votre petite enfance, mais ces limites ne doivent pas vous empêcher de découvrir et de renforcer votre conscience d'être complet, efficace et appréciable. Il s'agit principalement de vous mettre à l'écoute des messages qui viennent du plus profond de vous (des émotions, des images, des désirs), et ce, avec compréhension, avec attention et sans condamnation. Voici quelques exercices qui pourront vous aider à maintenir la conscience de qui vous êtes et de votre valeur en tant que personne sans attaches.

COMPLÉTER DES PHRASES

J'ai raconté précédemment (au chapitre 5) comment Hélène avait employé la technique qui consiste à compléter des phrases et que cela l'avait aidée à définir qui elle était sans Pierre. Vous trouverez ci-dessous une série de phrases incomplètes. Si vous les finissez spontanément et franchement, elles vous mettront en contact avec des aspects fondamentaux de votre Moi. Vous pouvez compléter chaque phrase d'une ou de plusieurs façons différentes.

Je suis
La chose principale en moi, c'est
Je ________ toujours
Je me sens vraiment moi quand
Ce que j'aime le plus chez quelqu'un, c'est
Je serai
Je me mets en colère quand
Je suis le plus heureux quand
Je crois en
Une chose que je désire accomplir, c'est
Ce que je préfère en moi, c'est
Je déteste quand
J'étais
Je me ressemble le moins quand
Je me sens très faible quand
Je ne ________ jamais
Quand je suis en colère, je
S'il pleut, j'aime
Je me sens bien quand je me souviens de
Quand je suis seul, j'éprouve
Je veux par-dessus tout
J'étais le genre d'enfant qui

Une chose que j'aimerais changer en moi, c'est
Je me sens très fort quand
S'il fait beau, j'aime
Mon passe-temps favori, c'est
Quand je me sens heureux, j'aime
Si ma relation avec ________ devait finir,

Après avoir complété ces phrases, relisez-les. Quel genre de personne s'en dégage? Gardez bien à l'esprit que, même si vous n'aimez pas la façon dont vous avez complété certaines phrases, la personne qui les a complétées c'est vous, qu'*il y a un moi* qui a des émotions, des opinions, des penchants et des désirs. Vous avez une identité. Et, s'il y a des aspects de cette identité que vous n'aimez pas, au lieu de vous condamner il y a deux choses que vous pouvez faire. Vous pouvez être compréhensif envers vous-même et envers ce qui vous a amené à être qui vous êtes. Vous pouvez vous fixer comme but de commencer le travail difficile mais gratifiant de vous changer vous-même. Vous pouvez vous fixer comme but qu'en complétant à nouveau ces phrases dans un an, vous aimerez davantage la personne que ces phrases vont refléter.

LA CONSCIENCE DU CORPS

Votre Moi n'est pas une entité immatérielle. La conscience de qui vous êtes est en relation avec la conscience que vous avez de la taille, de la forme et du fonctionnement de votre corps. Benoît, qui vivait la douleur de la rupture d'une longue histoire d'amour, a dit à un ami: «Je me sens comme si je n'étais personne…» Il décrivait ainsi une sensation qu'ont souvent les gens quand ils ne sont pas attachés à quelqu'un et, surtout, quand ils viennent juste de rompre un attachement: une sensation qu'ils ne sont personne, qu'ils *n'ont pas de corps*. Il y a bien des exercices qui peuvent vous aider à prendre conscience de votre corps (à quoi il ressemble, comment vous le percevez, comment il fonctionne, son impact sur l'environnement, et l'impact que le monde a sur lui). Tous les exercices qui contribuent à cette prise de conscience peuvent accroître votre sentiment d'avoir un noyau central qui est indéniablement le vôtre et qui fait partie de votre identité unique. Si vous êtes une personne qui pratique un sport ou d'autres activités physiques, il s'agit de vous mettre à l'écoute de votre corps en action et de le voir comme une manifestation et une réflexion de qui vous êtes. Mais, que vous soyez actif ou sédentaire, le processus physiologique le plus fondamental dont vous pouvez facilement prendre conscience est la respiration. Si vous avez tendance à perdre contact avec le sens de votre identité quand vous n'êtes pas relié à quelqu'un d'autre, vous pourriez consacrer quelques instants chaque jour à respirer profondément. Quand vous êtes seul et que vous ne serez pas dérangé, allongez-vous sur le dos par terre ou sur un lit ferme. Si vous avez des difficultés à détendre votre corps, vous pouvez commencer par l'exercice qui consiste à contracter différents groupes de muscles puis à les détendre. Commencez par contracter une jambe aussi fort que vous pouvez, gardez-la tendue jusqu'à ce que ça commence à faire mal, puis relâchez vos muscles d'un seul coup. Tour à tour, contractez et détendez votre autre jambe, puis les fesses et le bassin, les abdominaux, la poitrine, les bras et les muscles du cou et de la tête. Quand vous sentez que votre corps est détendu, commencez des respirations profondes. Inspirez d'abord très lentement et profondément. Essayez de percevoir que vous respirez si profondément que l'air va jusqu'au fond de votre abdomen. Posez légèrement vos doigts un peu en dessous de votre nombril. Si vous sentez votre abdomen se soulever, c'est que vous inspirez profondément. Retenez l'air un moment, puis soufflez-le lentement par la bouche, encore plus lentement que vous n'avez inspiré. Répétez cela plusieurs fois jusqu'à ce que vous trouviez votre rythme. Tout en continuant, essayez de prendre conscience de toutes vos sensations, des limites de votre corps et de la façon dont votre corps interagit avec son environnement. À quel moment l'air fait-il partie du monde extérieur, et à quel moment fait-il partie de votre corps ?

Prenez conscience que c'est *vous* qui respirez, que c'est *vous* qui accomplissez une fonction fondamentale de la vie, une fonction que vous accomplissez depuis le cri de votre naissance. Votre respiration ne dépend pas de votre attachement à quelqu'un. Elle est totalement autonome. C'est une fonction de votre Moi fondamental, physique, vivant et unique.

IMAGINER LE NOYAU DE SON IDENTITÉ

Quelques mois après sa rupture qui l'avait laissé comme un « spectre », Benoît assista à un atelier donné par le Dr Daniel Malamud. Un des exercices consistait à guider pas à pas les participants dans un voyage intérieur pour qu'ils imaginent et qu'ils ressentent leur propre centre[1]. En me racontant après coup cette expérience, Benoît m'a dit :

J'ai visualisé mon centre comme cette grande salle de *Mammoth Cave*[2] avec des stalagmites et des stalactites très colorées. Mais je n'avais pas l'impression que c'était vide parce qu'il y avait de la lumière et un bourdonnement. Je pouvais voir et sentir les pulsations de l'énergie, je percevais le ricochet des atomes et le tourbillon des électrons. J'avais une perception profonde de ma propre vitalité et de qui j'étais au niveau le plus fondamental.

Au cours des stades ultérieurs de son sevrage de sa relation avec Éléonore, la femme avec qui il avait eu une longue liaison, Benoît entra plusieurs fois en contact avec sa « caverne » centrale tout en se répétant : « Je ne verrai plus jamais Éléonore. » Bien que cette pensée le mît encore mal à l'aise, le bourdonnement le

---

1. Les instructions que je donne plus loin sont une adaptation que j'ai faite à partir d'un exercice développé par Daniel I. Malamud, Ph. D., de New York, dans le cadre de ses séminaires de psychosynthèse, donnés pour la première fois le 15 octobre 1971. Le séminaire particulier dont est extrait cet exercice s'appelle « La famille de la seconde chance ».
2. *Mammoth Cave* : Réseau de cavernes souterraines ornées de spectaculaires concrétions calcaires situé dans l'État du Kentucky (É.-U.). (*N.d.T.*)

rassurait, lui disant que son centre existait et l'empêchant de se sentir comme un ectoplasme « spectral ».

Voici maintenant un exercice directement dérivé des exercices de l'atelier de Daniel Malamud. Cela peut vous aider à prendre conscience d'un noyau, ou centre, de votre Moi et à apprendre à le mieux connaître. Installez-vous dans une position confortable et détendez-vous, comme pour l'exercice de respiration. Quand vous vous sentez détendu, concentrez votre attention sur un objet de la pièce (une chaise, une lampe, un tableau) auquel vous retournerez après votre voyage intérieur. Regardez cet objet. Fixez-le dans votre mémoire. Ce sera votre point de référence. Puis fermez les yeux et imaginez qu'il existe un endroit en vous qui est votre centre, un centre qui n'est qu'à vous, un noyau de votre être, de votre conscience, de votre énergie et de votre sagesse. Essayez de le localiser. Où est-il situé en vous ? À quoi ressemble-t-il ? Prenez le temps d'examiner un moment cet espace intérieur. Puis visualisez que cet espace intérieur, ce centre, devient inondé de lumière et qu'il devient de plus en plus visible. Plus il est éclairé, plus vous pouvez voir précisément à quoi ce centre ressemble. Et non seulement vous pouvez le voir, mais vous pouvez entendre un bourdonnement qui en émane. Un bourdonnement de pure énergie. Prenez le temps de l'écouter. Prenez conscience que ce bourdonnement émane de votre centre. Au bout d'un moment, vous pouvez réduire le volume du bourdonnement, mais essayez de maintenir la conscience du centre dont il émane, de l'apparence et de la sonorité de ce centre. Prenez conscience que ce que vous voyez et entendez est votre noyau unique. Une fois que vous avez acquis une conscience claire de ce noyau, commencez à laisser revenir vos pensées dans la pièce où vous êtes. Commencez à imaginer l'objet que vous avez choisi comme point de référence. Puis ouvrez lentement les yeux et regardez votre point de référence en vous disant que votre voyage vers votre centre est fini, mais que vous en avez ramené la conscience de son existence et que vous allez essayer de garder cette conscience en vous. Étirez-vous et relevez-vous.

Vous pouvez probablement créer vos propres façons de voir, d'entendre, d'explorer et d'entrer en contact avec votre propre centre unique. Des gens que je connais ont dessiné ou sculpté leur centre, d'autres ont écrit à son propos. La méthode est moins importante que le message qu'il transmet. Ce message est que *vous avez vraiment une identité qui est réelle, complète et qui n'appartient qu'à vous*. Vous pouvez avoir le sentiment du contraire – que votre identité est faible ou vague ou fragmentée – mais ce sentiment déforme le fait que vous êtes une personne solide et entière. Tous vos sentiments de ne pas avoir de substance viennent d'une époque de votre petite enfance où votre conscience d'un moi séparé et indépendant était très fragile et en cours de formation. Mais maintenant votre identité ne dépend pas de votre relation à une autre personne. Bien que cela puisse vous donner *l'illusion* d'une identité, le fait d'être lié d'une façon dépendante à une autre personne est un moyen certain d'affaiblir davantage votre conscience de qui vous êtes réellement en tant qu'être séparé.

LA CONSCIENCE DE VOULOIR

Quand vous avez conscience d'avoir un noyau solide, cela signifie que vous savez ce que vous voulez. Beaucoup de gens ont une conscience déficiente de ce qu'ils veulent et deviennent très dépendants d'autres personnes pour savoir ce qu'ils veulent. Même en écrivant ces mots je suis frappé par ce paradoxe : qu'une autre personne puisse me dire *ce que je veux* est une contradiction dans les termes. Et pourtant c'est comme cela que bien des gens mènent leur vie. C'est acceptable d'un petit enfant qui se trouve devant un assortiment de sucreries dans une confiserie et qui demande à sa mère : « Maman, lequel je veux ? » Mais ça convient moins à un adulte qui regarde un menu au restaurant et qui demande à son partenaire : « Quel dessert est-ce que je veux ? » Et parfois ces questions se rapportent à des besoins et à des décisions bien plus profonds et aux conséquences beaucoup plus vastes que le choix d'un dessert. Si votre conscience du moi est faible d'une façon qui se manifeste dans votre indécision quant à ce que vous voulez, j'aimerais vous suggérer un petit exercice dérivé d'un autre qui avait été prescrit à quelques patients par la psychanalyste Ruth Cohn (autrefois de New York et résidant maintenant en Suisse). Réservez dix minutes par jour pendant lesquelles vous ne serez pas dérangé et donnez-vous seulement cette tâche à accomplir : « Pendant ces dix minutes, je vais me concentrer sur ce que je veux en ce moment même, sur ce que mon corps veut faire, sur ce que mes pensées veulent faire et, autant que faire se peut, je vais faire ce que je veux. » Cela n'est pas aussi facile que ça peut paraître, particulièrement si vous n'avez pas l'habitude d'être à l'écoute de ce que vous voulez. Peut-être allez-vous découvrir que certaines de vos envies ne sont pas claires, que vous êtes paralysé par des envies contradictoires (comme de vouloir prendre de la crème glacée au frigidaire tout en ne voulant pas prendre de poids) ou par le sentiment que vous ne voulez rien du tout. Mais c'est un fait que vous avez réellement des envies que vous ne percevez pas suffisamment à cause de raisons qui font partie de votre histoire personnelle. Beaucoup d'enfants sont élevés à croire que c'est mal, que c'est un péché ou que c'est de l'égoïsme de vouloir quelque chose pour eux-mêmes, et ils apprennent très tôt à réprimer la conscience de leurs envies. Votre capacité d'entrer en contact avec ce dont a envie votre moi devient une façon de découvrir votre identité. Cela ne signifie pas que vous devez passer votre vie à rechercher de façon hédoniste et irresponsable la satisfaction de chacun de vos caprices ou de vos désirs, mais que vous devez reconnaître les envies de votre moi comme une partie vitale de vous-même, afin de pouvoir décider ce qu'il vaut mieux pour vous de faire en connaissant l'ensemble du tableau. Cela renforcera la conscience de votre centre de telle façon que vous n'aurez pas besoin de vous attacher à quelqu'un pour « savoir » ce que vous voulez. Et cela vous rendra plus facile la rupture avec cette personne si c'est cela que vous voulez faire.

INTERROMPRE SES PENSÉES ET SE DISTRAIRE

Hélène me dit un jour: « J'ai trouvé une façon de penser moins souvent à Pierre. Je porte ce bracelet de caoutchouc autour du poignet, et, dès que je remarque que des pensées à propos de Pierre font intrusion dans mon esprit, je défais le bracelet de caoutchouc et je m'en frappe d'un coup fort sur le poignet. Et ça marche très bien ! » J'ai tout d'abord été consterné par cette tentative de se conditionner par la punition à *ne pas penser* à Pierre. Le fondement de mon approche, c'est que la meilleure façon d'arrêter une dépendance est d'y penser beaucoup en en identifiant les origines infantiles et en utilisant cette identification pour empêcher la soif d'attachement de dominer. Raccourcir ce processus avec un « truc » comportemental avait clairement l'air d'une solution trop facile. Cela pourrait aider une personne à rompre sa liaison avec une personne particulière, mais si cette première personne n'apprenait rien sur les racines et le fonctionnement de son attachement, cela pourrait la condamner à répéter le même modèle avec d'autres gens sans avoir rien gagné que des poignets douloureux. Je crois encore que cette position est absolument valide : pour vaincre votre dépendance, vous devez effectuer des changements profonds dans votre conscience du moi, dans vos besoins d'attachement et dans vos façons défaitistes d'obtenir la gratification de ces besoins.

Mais j'ai réalisé par la suite qu'Hélène avait acquis une compréhension très profonde des besoins, des structures et de l'histoire qui l'avaient conduite à former son attachement à Pierre et à d'autres hommes semblables avant lui, et qu'elle avait fortifié la conscience de sa valeur et de sa viabilité en tant que personne autonome. Dans ce contexte, son « truc » comportemental n'était pas un *substitut* d'un changement réel mais *une technique utile* pour se débarrasser des restes de son attachement : cette intrusion de Pierre dans ses pensées. J'ai pu constater que cela avait une grande efficacité pour couper les derniers vestiges de ses liens à Pierre. Et j'ai pu me rendre compte qu'il convenait de recommander quelques techniques comportementales comme *éléments* du processus de la rupture d'une dépendance.

Le Dr Deborah Phillips a décrit plusieurs types de ces techniques comportementales dans un livre conçu pour aider les gens à « se remettre d'une relation qui a pris fin[3] ». Le « truc » utilisé par Hélène pourrait être une des méthodes pour « interrompre des pensées » recommandées par le Dr Phillips, encore que cette dernière indique qu'il suffit souvent de crier fort le mot « arrête » pour commencer à réduire la fréquence des pensées sur votre amour perdu. (Évidemment, il vaut mieux que vous soyez seul quand vous criez, sinon vous risquez de vous retrouver avec d'autres problèmes.) Elle suggère aussi de noter la fréquence de ces pensées afin de pouvoir remarquer si elle diminue. Pour interrompre ce genre de pensées, il peut être utile de faire une liste de quelques-unes des choses les plus agréables auxquelles vous pouvez penser et de vous entraîner à les imaginer en détail. Puis, quand les pensées malvenues de votre ancien amour font intrusion dans votre esprit, au lieu de crier « arrête » intérieurement ou à haute voix ou de vous frapper avec un bracelet de caoutchouc, vous pouvez concentrer vos pensées sur une image agréable, distrayant ainsi votre esprit de ses préoccupations obsessives et inutiles.

Comment de telles « interruptions de pensées » et de telles distractions entrent-elles dans le cadre de l'approfondissement de la conscience de vous-même et de la compréhension de vos émotions et de leur origine, cadre que j'ai préconisé tout au long de ce livre ? Je vous ai même suggéré de prendre le temps de vous isoler et de vous laisser choir dans l'abîme noir de votre douleur et de votre désespoir (comme l'a fait Denise au chapitre 4). Je vous ai recommandé d'explorer les origines les plus anciennes de ces émotions, de voir l'influence du niveau de la soif d'attachement sur votre vie actuelle. Tout cela n'est-il pas exactement à l'opposé de ce « Arrêtez d'y penser » que je vous recommande maintenant ?

3. Deborah Phillips, *How To Fall Out of Love*, Boston, Houghton Mifflin, 1978.

Oui, ce l'est. Mais il faut comprendre qu'il y a un temps pour y penser et un temps pour ne plus y penser, et chacun des deux peut être valable et approprié si l'usage que l'on en fait a un sens dans l'ensemble du tableau. Si vous vous forcez à vous arrêter de penser à l'autre personne et aux raisons qui vous ont amené à en être dépendant, avant d'avoir pu les comprendre, vous n'apprendrez rien de cette expérience et vous risquerez ainsi très probablement d'entrer dans une autre relation du même type. Mais il ne sert à rien non plus de continuer à être obsédé par la relation une fois que vous l'avez comprise et que vous avez utilisé cette connaissance pour renforcer votre identité de personne autonome. À ce moment-là, on peut utiliser n'importe quelle technique pouvant servir à mettre fin à cette préoccupation et à vous libérer pour d'autres choses.

On peut faire les mêmes réflexions sur les autres techniques de modification du comportement recommandées par le Dr Phillips, comme de ridiculiser intérieurement votre partenaire en l'imaginant sous un jour absurde ou dégradant. Bien qu'il puisse valoir la peine d'employer ces techniques si vous pensez qu'elles peuvent vous aider, je vous signalerai cependant encore une fois que ce sont des techniques à utiliser en plus et non à la place de la tâche fondamentale de comprendre votre dépendance et de vous servir de cette compréhension pour augmenter vos capacités d'être une personne sûre d'elle, complète et appréciable même lorsque vous êtes libéré de votre partenaire actuel ou de *tout autre* attachement de dépendance.

DES ATTACHEMENTS MULTIPLES

La soif d'attachement n'est pas une aberration mais une part de notre héritage humain. Elle est parfois clairement trop présente ou elle peut acquérir une telle force et une telle intensité qu'elle nous pousse à des actions qui vont à l'encontre de notre intérêt. Mais même quand elle n'est pas sauvagement hors de contrôle, il y a en nous tous une part irréductible de soif d'attachement qui nous suit depuis notre petite enfance, et certaines des façons de traiter avec elle sont meilleures que d'autres. Comme on l'a vu à plusieurs reprises dans ce livre, il est évident qu'une des meilleures façons consiste à éviter de mettre tous vos besoins d'attachement dans le même panier. La perte la plus terrible que l'on puisse éprouver est sans doute la perte de la personne en qui on avait placé tous ses besoins d'intimité, d'union, d'affection et d'identité. Cela ne veut pas dire qu'il n'y a pas de valeur particulière à avoir un engagement primordial avec une personne dont on partage la vie, mais ce serait se restreindre, sans parler des risques encourus, que d'avoir une relation de couple avec une telle personne aux dépens d'autres attachements et engagements. Stanton Peele l'a exprimé ainsi :

> Les adultes qui vivent dans un environnement normal et dont la vie ne tourne qu'autour d'un seul centre d'intérêt sont dans une position instable et précaire. Le comportement auquel cela conduit — s'accrocher à l'objet de ses intérêts ou pleurer sa perte — est une grave déformation pour un esprit vivant. La différence entre avoir un ou plusieurs liens avec le monde (à un moment donné) *est une différence de degré qui atteint à une différence de genre*[4].

Ce que dit Peele implique que si nous avons plusieurs « points de liaison avec le monde » au lieu d'un seul, cela diminue notre dépendance envers ce dernier, ce qui en retour nous rend moins vulnérable et moins limité. Si nous avons de multiples sources de gratification de nos besoins d'amour, de nourrissement et de stimulation, nous nous sentirons plus indépendants, plus en sécurité et plus libres d'être nous-mêmes. Cela ne veut pas dire que tous nos attachements auront la même valeur. Il est non seulement

4. Stanton Peele, *Love and Addiction*, New York, Signet, 1975, p. 224. (C'est nous qui soulignons.)

possible mais hautement désirable d'être profondément lié à votre partenaire primordial tout en ayant aussi beaucoup d'autres besoins d'attachement satisfaits par des amis, des parents proches, des collègues, des camarades de travail et autres.

SE LIER AU-DELÀ DU TEMPS

Il existe une autre source de relation au monde qui n'implique pas de gens en particulier et qui présente quelques avantages que n'ont pas les gens. Une chanson de Gershwin exprime bien un souhait romantique : « *The Rockies may tumble, Gibraltar may crumble, they're only made of clay, but – Our love is here to stay.* » (« Les Rocheuses peuvent s'effondrer et Gibraltar peut s'écrouler, ce sont seulement des rochers, mais notre amour est là pour durer. ») Oui, mais les Rocheuses et Gibraltar sont encore là alors que des gens innombrables qui ont chanté ces lignes avec ferveur à leur partenaire ont disparu. Ou leur partenaire a disparu. Ou les deux sont partis, qu'ils soient morts ou séparés.

Je ne prétends pas qu'il vaut mieux aimer des rochers que des gens. Mais je veux signifier deux autres propositions : (1) qu'il est irréaliste de ne pas reconnaître la possibilité que toute relation soit passagère et éphémère ; (2) que plus nous pouvons enraciner quelques-uns de nos besoins d'attachement dans des choses qui durent plus longtemps et même au-delà du temps, plus ferme est le sol sur lequel nous nous tenons à travers les changements et les errements de la vie. Peut-être ai-je utilisé ces lignes de la chanson de Gershwin parce qu'elles sont tellement liées dans mon esprit à l'expérience qu'un ami m'a racontée. Il avait commencé à se remettre de l'angoisse et de la dépression qui avaient suivi la rupture de son mariage, et il avait décidé de visiter en voiture avec un ami le Grand Canyon, le Bryce Canyon, le parc Yosemite et d'autres merveilles qu'il voulait voir depuis longtemps. Au cours de la première semaine, sa dépression est revenue avec plus d'intensité qu'il n'en avait connu depuis plusieurs mois. Il ne pouvait penser qu'aux beaux paysages qu'il avait vus avec sa femme quand ils coulaient des jours heureux, et à quel point il avait toujours souhaité faire ce voyage avec elle et leurs enfants. Sa tristesse devint si grande qu'il pensa qu'il devrait interrompre le voyage et rentrer chez lui.

> Mais alors j'ai vu le soleil se lever sur le *Grand Teton*[5]. Ces couleurs ! L'incroyable magnificence de ces pics. L'air si pur qu'on pouvait voir tous les détails à des kilomètres. Et cette fois-ci, au lieu de me sentir seul et de me lamenter sur moi-même, je me sentis tressaillir avec le monde et à l'idée d'en faire partie. J'en réalisai la grandeur, mais au lieu que cela me fasse sentir tout petit, je me sentis plus grand. Et je continuai le voyage, et je communiai avec les pins rouges, et le Pacifique, et les falaises de Big Sur… Je ne peux pas toujours en éprouver la sensation, mais je sais qu'elle est là, et quand je peux entrer en contact avec elle, je ne me sens pas vide ni fragmenté.

Le Grand Teton n'a pas remplacé sa relation perdue avec sa femme, mais il lui a offert un autre point d'attache à quelque chose de profondément enrichissant une fois qu'il se fut permis de le recevoir. Beaucoup de gens trouvent de la force, de la félicité, du respect et de l'émotion à se sentir partie de quelque chose de plus grand au sein des merveilles de la nature, et ces réactions peuvent recréer de façon satisfaisante une partie de l'expérience originelle de fusion. D'autres trouvent que la grandeur de tout cela, que ce soit la majesté des Rocheuses ou les distances infinies de la Voie lactée, les aide à acquérir une perspective plus réaliste sur le fait d'être sans un partenaire particulier ou sans relation prioritaire pendant quelque temps.

5. *Grand Teton* : point culminant (4190 m) du massif du Teton situé au nord-ouest de l'État du Wyoming (É.-U.) et considéré comme un des plus spectaculaires des montagnes Rocheuses. (*N.d. T.*)

Il existe de nombreuses façons d'éprouver un attachement pour des valeurs au-delà du temps. Pour certains, comme mon ami, ce peut être dans l'expérience d'un paysage d'une beauté indicible ou dans l'émerveillement des soleils sans fin et des vastes espaces du cosmos. Pour d'autres, ce sera le sens d'*être lié à tous les êtres vivants*. Pour d'autres encore, c'est le sens de leur *parenté avec l'humanité entière*. Et, pour beaucoup, cela prend la forme d'une communion avec *leur concept d'un Être Suprême*, que ce soit par la doctrine et le rituel d'une religion établie ou par leur propre conceptualisation d'un pouvoir transcendant. Quand quelqu'un qui a perdu ou rompu une relation amoureuse peut éprouver « Je ne suis pas seul parce que Dieu m'aime », il se peut qu'il entre en contact avec la mémoire de ses premières expériences d'être aimé et protégé. Quand il éprouve « je suis une des créatures de Dieu » ou « je fais partie d'un plus grand dessein », il refait l'expérience de ses premières sensations familiales, et il se sent moins seul.

Vous ne pouvez ni ne devriez tenter de vous forcer à croire à un « pouvoir transcendant » si vous n'y croyez pas déjà, pas plus qu'à rechercher consolation et gratification auprès de la nature ou du cosmos si vous n'en éprouvez pas vraiment l'intérêt. Mais vous pouvez faire l'effort de vous ouvrir à un large éventail de phénomènes et d'expériences qui vont agrandir vos frontières et augmenter le nombre de vos points de contact avec des sources potentielles de gratification de la soif d'attachement. Il est possible qu'une source de gratifications d'attachement moins éphémère et moins limitée qu'une simple relation réside pour vous dans un *engagement* personnel et profond *pour des valeurs* que vous chérissez et que vous respectez, comme l'amour ou la compassion, la poursuite du savoir ou la recherche de la sagesse, ou encore l'amélioration du sort de votre prochain. En se sentant lié à de telles valeurs, on peut se sentir moins isolé et moins insignifiant. Non seulement de tels engagements satisfont-ils quelques-uns de vos besoins d'attachement d'une façon socialement constructive, mais ils réduisent votre dépendance à l'égard des vicissitudes d'une seule relation pour vous sentir relié, entier et valorisé. Ou peut-être découvrirez-vous que c'est en cultivant votre *créativité* et en en développant l'expression que vous aurez moins besoin de vous reposer lourdement sur votre partenaire pour vous aider à surmonter vos sentiments de vacuité et d'insignifiance. Dans la fièvre de la création, vous pouvez éprouver quelques-unes des sensations et des félicités de votre période originelle d'attachement et, en même temps, être en contact avec un aspect essentiel et profond de votre noyau, aspect qui ne dépend pas du tout de votre attachement à une autre personne. Quel merveilleux paradoxe ! (Et en créant quelque chose qui n'a jamais existé auparavant, vous pouvez entrevoir la possibilité que vous pouvez *recréer* votre propre vie.) Une femme qui avait toujours aimé peindre m'a raconté :

> Quand nous avons rompu, j'ai été trop déprimée pendant des mois pour toucher à mes couleurs. J'avais commencé à hanter les bars pour célibataires à la recherche hâtive d'un remplaçant, mais c'était vide et stupide. Puis j'ai recommencé à dessiner et à peindre, et soudainement je le faisais avec une passion que je n'avais jamais éprouvée auparavant — parfois je prévoyais de peindre pendant une heure ou deux, puis je me rendais compte que quatre heures s'étaient écoulées. Peut-être Freud avait-il raison à propos de sublimation ! Tout ce que je sais, c'est qu'en plus de savoir que mes peintures sont bonnes, cela me fait sentir beaucoup moins désespérée à propos des hommes. Et si je peux travailler sur une peinture pour qu'elle exprime ce que j'ai en tête, peut-être alors puis-je aussi créer avec un homme le genre de relation que je désire…

D'autres gens peuvent trouver des attachements variés et au-delà du temps dans la poursuite *de leur propre croissance et de leur développement*. Ils peuvent s'efforcer d'être plus sages, plus spirituels, plus vrais, plus courageux, plus informés, plus compétents ou plus aimants. Et, à travers cela, ils peuvent accomplir un voyage vers leur noyau, leur centre, et en arriver à chérir et à apprécier qui ils sont. Une personne qui ne ressent pas la présence de son centre dit: « Je me sens comme si je n'étais rien - à moins d'être avec quelqu'un. » Une personne qui peut éprouver la présence de son centre mais qui ne l'aime pas dit: « Je me sens comme si je me retrouvais à passer une soirée avec une personne inconnue qui ne me plaît pas et que je sois obligé d'être poli. » Une personne qui est en contact avec son centre et qui l'aime dit: « Je suis de bonne compagnie pour moi-même, et tout en étant très heureux avec Chantal, je suis content de savoir que, si ça ne marche pas, je me retrouverai quand même avec quelqu'un que j'aime. »

Comme je l'ai dit plus haut, vous ne pouvez pas vous forcer à acquérir des croyances, ou à vous lancer dans des quêtes qui vous semblent artificielles, sous le seul prétexte qu'elles pourraient, comme un placebo, vous aider à vous sentir mieux. Mais il est important que vous vous ouvriez à une nouvelle conscience. *C'est un fait* que vous possédez un noyau qui n'est qu'à vous et que vous pouvez mieux connaître, que vous pouvez améliorer et dont vous pouvez mieux vous occuper; *c'est un fait* que vous êtes à la fois seul et pas seul: vous êtes relié aux gens qui vous entourent, à la société, au monde, à la chaîne de la vie et au cosmos. Ce n'est pas une distorsion ni une croyance fantaisiste ou bidon. *La distorsion c'est* la notion du niveau de la soif d'attachement selon laquelle vous êtes seul et perdu si vous n'êtes pas attaché à une personne particulière. Vous ouvrir à la conscience des nombreux liens que vous avez, ceux qui sont passagers et ceux qui sont au-delà du temps, et à l'enrichissement que vous en recevez, c'est être conscient d'une réalité beaucoup plus adulte que le concept infantile selon lequel vous seriez complètement isolé et désespéré sans une certaine personne. Peut-être allez-vous vous battre obstinément pour vous accrocher à ce point de vue infantile parce que si vous l'abandonniez cela vous obligerait à abandonner aussi la croyance primaire que vous avez besoin de cet unique attachement (Maman et moi ne faisons qu'un) pour exister et pour être heureux, et à abandonner l'espoir d'obtenir un jour cet attachement bienheureux. Mais si vous pouvez vous élever jusqu'à la conception adulte que vous êtes infiniment relié, vous découvrirez que vous êtes plus grand plutôt que plus petit, et vous serez encore plus libre au lieu de dépendre de votre attachement sans valeur à une relation de dépendance.

Chapitre 18
L'utilité de la psychothérapie pour rompre une dépendance

Dans quelles circonstances est-ce une bonne idée de consulter un psychothérapeute pour qu'il vous aide à mettre fin à une mauvaise relation ? En général, la réponse est : quand vous n'êtes pas arrivé à rompre en dépit de longs et durs efforts et malgré la tentative d'utiliser le genre d'approche que j'ai recommandé. Plus précisément, on doit faire appel à la psychothérapie quand une des quatre conditions suivantes est remplie :

1. Quand vous savez que vous êtes terriblement malheureux dans cette relation, mais que vous ne savez pas clairement si, dans l'évaluation des coûts et bénéfices, le prix que vous payez est trop élevé, et que vous n'arrivez pas à savoir si vous devriez accepter la situation telle qu'elle est, faire d'autres efforts pour l'améliorer ou partir.
2. Quand vous avez conclu que vous devriez partir, que vous souffrez beaucoup en restant, que vous savez que vous iriez mieux si vous rompiez, que vous avez essayé de le faire, mais que vous vous retrouvez encore coincé.
3. Quand vous soupçonnez que vous restez pour de mauvaises raisons, par exemple la culpabilité, ou la peur et l'insécurité de ne pas avoir d'attaches, et que, malgré vos efforts, vous n'êtes pas arrivé à dominer les effets paralysants de ces sentiments.
4. Si vous identifiez que le fait d'entrer dans de telles relations et d'y rester fait partie d'une structure qui se répète et que vous n'êtes pas arrivé à changer.

Quand Hélène est venue me voir la première fois, c'était une femme très malheureuse et affligée de nombreux symptômes physiques dont son médecin lui avait dit qu'ils étaient sans doute dus à la tension et au stress. L'origine de sa tension et de son stress n'était pas un mystère pour elle. Au cours des premières minutes de la première session, elle dit : « Je suis amoureuse d'un gars qui me traite comme une chienne la plupart du temps. » Comme je la questionnais, elle me raconta qu'elle avait fait beaucoup d'efforts pour faire part à Pierre de ses insatisfactions et pour lui demander de modifier sa façon de la traiter, mais en vain. Je lui demandai donc pourquoi elle restait dans la relation, et elle me donna quelques-unes des raisons que j'ai rapportées dans le premier chapitre : « Ce n'est pas qu'il ne m'aime pas. Il a seulement peur de s'engager. » Et : « Il m'a déjà aimée, et ça ne disparaît pas comme ça. Il doit m'aimer. » Le traitement commença vraiment quand je remis en question ces rationalisations. « Pourquoi ça ne peut pas être vrai qu'il ne vous aime pas ? » « Même s'il vous aime vraiment, quelle différence cela fait-il s'il a peur de s'engager et qu'il vous traite mal ? » Il se peut que vous ayez besoin que quelqu'un vous confronte ainsi à la réalité parce qu'il peut être très difficile, quand vous êtes accroché à une relation par la dépendance, de cesser de vous abuser et d'arrêter de nier l'évidence que perçoivent vos yeux et vos oreilles. C'est là qu'une psychothérapie peut avoir une fonction très utile en vous aidant à regarder la relation honnêtement et sans distorsion, permettant ainsi à votre décision de partir ou de rester d'être davantage basée sur la réalité. Pendant quelque temps, Hélène se battit très fort pour ne pas voir la vérité de sa relation avec Pierre, mais, quand elle osa la regarder en face, elle sut qu'elle devrait y mettre fin. Elle put voir que le prix qu'elle payait en termes de respect de soi-même, d'émotions et de santé était trop élevé par rapport aux quelques miettes agréables qu'elle en retirait. Quand elle se rebella encore devant l'idée de rompre, elle dut affronter les vraies raisons pour lesquelles elle s'accrochait à Pierre, des raisons qui se trouvaient très profondément en elle.

En plus de vous aider à faire face à la réalité et à décider s'il vaut mieux pour vous rester dans la relation ou non, la psychothérapie peut vous aider à comprendre comment et pourquoi vous restez dans la relation en vous faisant examiner vos motivations sous-jacentes de le faire. Cela vous permettra non seulement de voir mais aussi de sentir que vous transférez dans le présent de façon défaitiste des besoins, des émotions et des structures de comportement qui datent de votre petite enfance. Et ce genre de prise de conscience peut avoir une valeur double : vous aider à quitter la mauvaise relation dans laquelle vous êtes enlisé, vous aider à éviter de répéter automatiquement la même structure avec quelqu'un d'autre.

Hélène apprit beaucoup de choses sur son insécurité et sur son désir désespéré d'être attachée à quelqu'un. Elle put voir comment ses besoins d'attachement avaient acquis de la force et de la ténacité quand elle avait été trop frustrée, et trop tôt, à la fois par sa mère, qui était rarement attentive à ses besoins et à ses émotions, et par son père qui lui prodiguait des accès d'attention bruyante et excitée quand il revenait de ses voyages dans la marine marchande, mais qui se renfermait ensuite, lui laissant penser qu'elle avait dû échouer à lui plaire, sinon il ne se serait pas renfermé et ne serait pas reparti en voyage. Bref, elle prit conscience de la force inexorable de sa soif d'attachement insatisfaite et de la façon dont elle recherchait dans sa relation actuelle la sécurité, l'identité et le sens de sa valeur qu'elle n'avait jamais pu obtenir de sa relation avec ses parents. Et cela me permit de lui poser ces questions :

> Si vous êtes en quête du support aimant que vous n'avez jamais eu, alors pourquoi essayez-vous de l'obtenir de quelqu'un comme Pierre ? Il y a beaucoup d'hommes au monde qui vous aimeraient et qui vous soutiendraient beaucoup plus qu'il ne le fait ; comment se fait-il que vous ne vous soyez jamais permis d'avoir une relation avec un homme comme ça ? Pourquoi n'y a-t-il dans l'histoire de

> vos relations que des hommes ayant le même égoïsme que Pierre et qui vous font vous sentir encore plus mal au lieu de vous faire sentir mieux ?

En se concentrant là-dessus et en examinant ses pensées et ses sentiments, Hélène en vint à la découverte cruciale que j'ai mentionnée plus tôt (au chapitre 6).

> Quand je rencontre un homme chaleureux et gentil auquel je plais manifestement, généralement ça me refroidit. C'est peut-être parce que ça ne m'est jamais arrivé ou que je pense que je ne le mérite pas, mais souvent je pense que ce gars est naïf ou même complètement crétin… Voyez-vous, ce n'est pas seulement l'amour que je cherche, c'est aussi de l'obtenir d'un salaud arrogant, de quelqu'un d'aussi froid et renfermé que mes parents. Je suis accrochée au défi de faire fondre les pierres.

Hélène prit de plus en plus clairement conscience de l'absurdité et de la futilité mortelle de cette tâche.

Ce ne sont pas seulement ces prises de conscience qui ont permis à Hélène d'arriver un jour à mettre fin à la fois à sa dépendance envers Pierre et à sa dépendance plus générale envers ce genre d'homme. Le travail thérapeutique de réparation des dommages de son sens du moi fut un élément crucial de ce processus. Ce travail prit la forme de nombreuses explorations d'elle-même et elle dut prendre le risque d'essayer de nouveaux comportements. La partie la plus importante de la thérapie ne fut peut-être pas tant, à ce moment-là, l'exactitude de mes interprétations ou la justesse de mes conseils, que la conscience qu'avait Hélène que je la connaissais profondément, que je la respectais et que je l'aimais bien. Elle put voir aussi que je l'encourageais et que je l'aidais dans ses efforts à devenir elle-même. Elle tirait aide et réconfort dans la conscience qu'elle avait que je me souciais d'elle, quelque chose qui lui permit de commencer à rétablir son centre, son image et sa confiance en elle qui étaient déficients depuis longtemps.

Après avoir rompu avec Pierre, Hélène découvrit avec surprise qu'elle n'était plus du tout attirée par ce genre d'homme. En se débarrassant de ce qui l'avait poussée à s'accrocher à Pierre, elle avait résolu la plus grande part du fondement de sa dépendance. Mais à ce moment-là, il se passa quelque chose d'étrange et d'inattendu : bien qu'elle fréquentât des hommes beaucoup plus chaleureux et ouverts, elle les traitait de façon arrogante et même cruelle. Elle posait des exigences de garce et elle essayait impérieusement de contrôler la relation. Les hommes luttaient contre elle, la laissaient ou capitulaient. Et, s'ils capitulaient, elle les traitait avec mépris. Nous crûmes d'abord que ce genre d'actions était motivé par des années de désir accumulé de se venger de tous les Pierre qui l'avaient maltraitée, et il y avait là sans aucun doute une part de vérité. Mais, avec cette interprétation, le traitement despotique qu'elle imposait aux hommes qui étaient dans sa vie ne diminua que légèrement, et elle fit un gâchis de plusieurs relations vraiment prometteuses. Un jour, alors que j'écoutais très attentivement ce qu'elle disait, essayant de déterminer s'il y avait un élément que je ne saisissais pas, j'eus un aperçu de ce que c'était et je proposai cette interprétation :

> Ce n'est pas seulement que vous cherchez à vous venger de ces hommes centrés sur eux-mêmes, dominateurs et égoïstes, mais que vous avez toujours eu un côté caché qui leur ressemble beaucoup. Pendant la plus grande partie de votre vie, vous étiez du côté qui subissait ce traitement, mais je pense que vous vous identifiiez secrètement à des hommes comme Pierre, que vous étiez secrètement à travers eux le salaud agressif. Maintenant, vous vous sentez plus forte, alors votre moi agressif et sadique apparaît au grand jour.

Hélène resta un moment abasourdie, puis elle éclata de rire, de ce rire franc si particulier qui vient souvent avec les réalisations soudaines. « En plein dans le mille », dit-elle. « En plein dans le mille. »

Cela nous permit de travailler sur ce qui se révéla être le dernier bastion de son comportement autodestructeur avec les hommes, sa tendance à croire que la seule façon de se sentir bien, forte et sûre d'elle était d'être agressive et sadique. Elle fut alors capable d'établir une relation avec un homme généreux, une relation d'amour réciproque et de respect mutuel. Il est clair que pour Hélène la thérapie avait été d'une grande aide. Ce n'est pas toujours le cas, pour toutes sortes de raisons. Mais il y a assez souvent de cas où la thérapie aide les gens pour que cela vaille la peine d'en commencer une si vous êtes dans une relation malheureuse et destructrice et que vous n'arrivez pas à vous en détacher, ou même pour décider si vous voulez rompre. Vous avez beaucoup plus de chances d'arriver à prendre la meilleure décision et de vous y tenir avec l'aide d'un psychothérapeute compétent que sans cette aide.

LA DÉPENDANCE À LA PSYCHOTHÉRAPIE

Si votre raison pour commencer une psychothérapie était au moins en partie de vous aider à rompre une dépendance envers votre partenaire dans une relation amoureuse, il est certain qu'il existe le danger que vous reportiez votre dépendance sur votre psychothérapeute et sur le processus de la thérapie. Vous avez au départ créé une dépendance envers votre partenaire parce que votre soif d'attachement avait acquis trop de contrôle sur votre vie. Votre soif d'attachement ne va pas diminuer ou être contenue immédiatement, donc il est probable que votre besoin de dépendre d'une personne et de fusionner avec elle se reporte sur une personne qui vous écoute attentivement, qui se penche vers vous, qui essaie de vous aider et qui est cependant juste assez hors d'atteinte pour déclencher ce défi de chercher à obtenir tout ce que vous pensez ne pas avoir assez obtenu de vos parents (ou de votre partenaire actuel). Cela arrive souvent, et cela aide souvent les gens, c'est même peut-être une partie nécessaire du traitement pour beaucoup de gens. Nous avons vu que pour Hélène, par exemple, la conscience qu'elle avait de ma sollicitude et de mon estime avait été un élément important du rétablissement de son identité fragile. Il n'y a aucun doute que, pendant un moment, Hélène a été extrêmement dépendante envers moi et envers les visites qu'elle me faisait. J'étais un important attachement transitoire, quelqu'un avec qui elle pouvait se sentir liée au moment où elle brisait d'autres liens et d'autres structures. Elle a souvent éprouvé de fortes envies de ne pas quitter mon bureau, une fois la séance terminée. « Pourquoi est-ce que je ne peux pas rester ? Ça vous est égal ? Qu'est-ce que vous feriez si je ne partais pas ? » Si la thérapie en était restée à ce niveau-là, ça n'aurait été que le remplacement d'une dépendance par une autre, comme de passer de l'héroïne à la méthadone, et qui pourrait dire avec certitude que l'une est meilleure que l'autre ?

Certains critiques de la psychothérapie sont si préoccupés par ce danger qu'ils considèrent qu'il outrepasse souvent les bénéfices de la thérapie. Stanton Peele a écrit cet avertissement :

> Une thérapie doit être le dégagement d'une énergie émotionnelle qui avait été jusque-là bloquée ou mal dirigée, et cette énergie doit se dégager de manière qu'elle puisse s'exprimer de façon constructive dans des relations et d'autres aspects de la vie courante. Quand, au lieu de ça, la thérapie détourne l'énergie de ces objectifs, elle encourt le danger de devenir une dépendance. Pendant que le patient devient plus dépendant de l'approbation du psychiatre (ou de sa simple présence), il est possible qu'il sacrifie des occasions d'obtenir d'autres satisfactions, et même qu'il n'en désire pas d'autres[1].

1. Stanton Peele, *Love and Addiction*, New York, Signet, 1976, p. 168.

Je suis entièrement d'accord, mais il ne tient pas compte de ce que, même si la dépendance envers le psychothérapeute est souvent réelle et forte, le but d'un professionnel compétent est de mettre fin à la dépendance. Paradoxalement, la formation de cette dépendance est souvent nécessaire pour qu'une personne puisse rétablir sa personnalité et restaurer son identité afin de se sentir assez complète pour mettre fin à la dépendance. Dans ce sens, le rôle de tout thérapeute ressemble sous quelques aspects au rôle de parent : amener la personne dépendante à acquérir la force et l'assurance de s'en aller et de devenir indépendante. J'ai fait plus tôt référence au psychanalyste anglais Winnicott qui disait que, bien que ce soit le rôle de la mère d'enlever à l'enfant ses illusions (l'illusion qu'elle soit un prolongement de l'enfant), elle ne pourra jamais espérer y arriver à moins de lui avoir d'abord donné la possibilité d'avoir ces illusions. C'est souvent tout aussi vrai pour le rôle du psychothérapeute, comme ce l'est pour les éducateurs et les enseignants ; en d'autres mots, l'objectif propre de tous ces professionnels est de permettre à la personne qui vient à eux de devenir assez forte et assez compétente pour qu'elle puisse les quitter. Il arrive parfois que le processus de la fin d'une thérapie soit difficile, douloureux et éclairant. Quand, après plusieurs années de traitement, Hélène me dit au mois de février qu'elle pensait être prête à mettre fin à la thérapie au mois de juillet, je tombai d'accord et lui dis que ça me semblait une prévision réaliste. Peu après, elle passa par une légère dépression. En examinant ses sentiments, elle se rendit compte que même si c'était *elle* qui avait proposé la fin de la thérapie, elle s'était sentie rejetée par le fait que je sois d'accord. « Le moins que vous puissiez faire aurait été de vous battre pour me garder », dit-elle plus en colère que par plaisanterie. Nous pûmes alors examiner ses sentiments très mitigés sur l'idée de terminer la thérapie et le conflit entre ses désirs d'être indépendante et ses désirs de rester confortablement attachée à moi, et voir comment cela répétait les plus anciens de ses conflits intérieurs. Il y eut des hauts et des bas au cours desquels elle subit le retour de ses accès d'anxiété et elle eut même ces éruptions cutanées et autres symptômes physiques qui l'avaient conduite à la thérapie. Mais je ne me servis pas de cela pour lui dire « vous avez encore manifestement trop de problèmes pour arrêter », mais au contraire pour approfondir notre compréhension de son ambivalence et pour encourager son mouvement vers la fin de la thérapie et vers son autonomie.

Quand le thérapeute considère clairement que son rôle est de mettre fin à la relation de dépendance et de relâcher son patient, alors la dépendance envers lui est transitoire, utile et ne devient pas une autre dépendance morbide. Il arrive, pour toutes sortes de raisons, que des thérapeutes ne remplissent pas bien ce rôle. Peut-être ne saisissent-ils pas pleinement l'objectif qui est de laisser aller le patient. Peut-être ne sont-ils pas très compétents. Et, dans quelques cas, il peut malheureusement arriver qu'ils retiennent leur patient pour des raisons financières. Mais quand un thérapeute n'aide pas suffisamment un patient à se sevrer de sa dépendance envers lui, la raison la plus fréquente en est sa propre dépendance émotionnelle non résolue envers son patient. La demande que lui fait le patient de l'aider et de le guider peut être trop gratifiante pour qu'il l'abandonne facilement ; l'intimité qu'il peut éprouver avec le patient peut satisfaire quelques-uns de ses besoins du niveau de la soif d'attachement ; ou il peut simplement apprécier beaucoup le patient et regretter de ne plus le voir régulièrement. Quand des thérapeutes sont conscients de ces motivations, ils sont généralement capables de les empêcher d'intervenir de façon impropre sur les progrès du patient vers la conclusion de sa thérapie. L'ennui c'est que ces motivations sont souvent inconscientes et rationalisées par des interprétations et des injonctions comme : « Vous essayez de partir pour éviter d'examiner des émotions qui commencent à émerger », « Vous arrêtez prématurément afin de pouvoir revenir à vos anciennes structures de comportement », « Il y a encore beaucoup de travail à faire », etc.

Si vous êtes le patient, comment pouvez-vous savoir quand vous devez sérieusement faire confiance à l'opinion du thérapeute à cet égard (parce qu'il aura très souvent raison), et quand il ne fait que rationaliser l'un de ses besoins pour vous empêcher de partir? Le simple fait de réaliser que ce genre de motivations mitigées peut exister chez le thérapeute vous donne une longueur d'avance. Et il ne serait pas déplacé de demander au thérapeute d'examiner s'il peut avoir quelques besoins cachés de vous garder avec lui. Mais il vaut généralement mieux suspendre votre jugement pendant quelque temps et écouter très attentivement le thérapeute, afin de vous donner le temps et l'occasion de savoir si votre désir de partir est un genre de résistance, de sabotage ou d'envol.

Si vous pensez que vous avez examiné très consciencieusement votre désir de partir, que vous vous êtes accordé tout le temps d'explorer les nuances de vos motivations, et que vous en avez conclu que c'est le moment de partir (que ce soit parce que vous avez atteint ce que vous cherchiez ou que la thérapie ne vous aide pas), alors vous allez devoir affronter quelques-uns des problèmes qui surgissent quand on rompt un lien avec quelqu'un qui ne veut pas qu'on parte. Vous devez être capable de garder fermement à l'esprit qu'il s'agit de votre vie, non de la sienne, et que c'est à vous de prendre cette décision, non à lui. Si vous découvrez que vous vous sentez coupable de partir, souvenez-vous que le rôle du thérapeute est de vous aider à trouver votre propre façon de mener votre vie, et que s'il a des sentiments négatifs par rapport à votre décision finale, c'est son rôle de s'en occuper, pas le vôtre.

Je me rappelle quand Benoît commença à dire de plus en plus fermement qu'il était prêt à partir, et j'avais des doutes et des hésitations sur le bien-fondé de cette décision, sur le moment qu'il choisissait pour la prendre et sur ce qui aurait pu être de sa part des motivations moins-que-saines de le faire, même si je savais qu'il avait accompli une grande partie de ce qu'il avait cherché à atteindre par la thérapie. Benoît me dit alors:

> Écoutez, je suis plutôt certain qu'à la fin de ce mois-ci ce sera pour moi le moment d'arrêter le traitement. Je trouve

que c'est bien, que c'est sensé, et s'il y a une chose que j'ai apprise ici, c'est de faire plus confiance à mon jugement. Peut-être avez-vous raison quand vous dites que c'est une erreur. Si c'en est une, je pourrai toujours revenir. Mais peut-être que vous vous trompez, et que vous en êtes seulement venu à apprécier tellement mes rêves fascinants, ma forte personnalité et mon fantastique sens de l'humour que vous ne voulez pas me laisser partir. Ça va être dur de partir sans votre bénédiction, mais j'y suis préparé s'il le faut.

Je regardai Benoît. C'était l'homme dont le sens de l'identité avait été si endommagé qu'il se sentait « comme un spectre errant par les rues ». Je sus qu'il avait raison et que j'avais tort. Il était prêt à partir.

Chapitre 19
Aphorismes utiles pour rompre une dépendance

Nous avons vu comment il est possible que vous soyez sous l'influence de toute une batterie de croyances non fondées, de rationalisations, de faux espoirs et d'autres arguments qui vous abusent et qui permettent à votre dépendance de persister en dépit de votre peine et malgré le fait que, à un autre niveau, vous en sachiez davantage. J'ai préparé une liste d'antidotes à ces distorsions, une liste d'aphorismes faits sur mesure pour vous aider à remettre en question ces idées que vous-même ou votre société avez créées et qui encouragent votre dépendance au lieu de vous aider à la réduire et à la contrôler. Peut-être vous serait-il utile de relever dans cette liste les aphorismes dont vous avez besoin pour neutraliser les façons de penser qui vous immobilisent. Recopiez-les et affichez-les ou mettez-les dans un endroit où vous pouvez facilement les consulter en cas de besoin.

APHORISMES POUR ROMPRE UNE DÉPENDANCE

1. Vous *pouvez* vivre sans lui ou elle (et probablement mieux).
2. L'amour ne suffit pas (à faire une bonne relation).
3. L'aimantage ne suffit pas.
4. Une relation amoureuse est mutuelle et aide chacun des partenaires à se sentir *mieux*, et non pire.
5. La culpabilité n'est pas une raison suffisante pour rester.

6. Il n'est pas nécessaire que vous aimiez quelqu'un pour en être dépendant.
7. Le fait que vous soyez jaloux ne veut pas dire que vous l'aimez ; vous pouvez être jaloux de quelqu'un que vous ne pouvez pas supporter.
8. Tenez-vous-en à ce que vous voyez, donc cessez de vous accrocher à la croyance que vous pouvez changer l'autre personne.
9. L'amour ne dure pas nécessairement toujours.
10. Vous ne pouvez pas toujours tout arranger, peu importe à quel point vous pourriez le désirer.
11. Il y a des gens qui meurent d'une mauvaise relation. Voulez-vous en faire partie ?
12. Si quelqu'un vous dit « Je ne veux pas être attaché », « Je ne suis pas prêt pour une relation », « Je ne vais pas quitter mon conjoint », *croyez-le.*
13. Mieux vaut être seul que dans une mauvaise relation.
14. Il ou elle n'est pas *obligé* de vous aimer.
15. Ça ne va pas *nécessairement* s'arranger.
16. La douleur de la rupture ne va pas durer toujours. En fait, elle ne durera pas aussi longtemps que la douleur de ne pas rompre.
17. Si, dans dix ans, la situation n'a toujours pas changé, en voulez-vous ?
18. Vous connaîtrez de l'angoisse, de la solitude et de la dépression quand vous romprez, mais ces sentiments ne dureront qu'un temps limité et disparaîtront.
19. Vous ne resterez pas seul pour toujours ; c'est une façon de penser avec le sens infantile du temps.
20. Il n'est jamais trop tard pour effectuer un changement ; plus vous attendez, plus vous perdez du temps.
21. L'intensité de vos symptômes de sevrage n'est pas une preuve de la force de votre amour mais de la force de votre dépendance.

22. Vous êtes une personne entière et importante en dehors de cette relation.
23. Quand vous vous sentez déplacé, incomplet ou dévalorisé sans l'autre, c'est que les émotions infantiles prennent le dessus.
24. Il ou elle n'est pas le « seul et unique ».
25. Si vous mettez fin à cette mauvaise relation, vous ouvrirez votre vie à de nouvelles possibilités.

Chapitre 20
Y a-t-il une vie après la dépendance ?

Les gens qui sont dans les affres de la rupture d'une dépendance envers une personne me posent généralement trois types de questions :

1. Est-ce que j'arriverai à dépasser tout ça ? Même si je consacre ma volonté à y mettre fin, est-ce que je peux vraiment arriver à l'expulser de mon système ?
2. Si je romps, est-ce que je vais pouvoir supporter la solitude ? Pourrai-je jamais me sentir bien de mener ma vie par moi-même ?
3. Est-ce que j'aurai un jour une autre relation amoureuse ? Et pourquoi devrait-elle être meilleure que ce que j'ai maintenant ?

Ces questions ont trait à ce que pourra être votre vie après que vous aurez rompu votre relation avec votre partenaire actuel. L'inquiétude sous-jacente est de savoir s'il y a une vie après la dépendance. Mais chaque question mérite une réponse détaillée.

EST-CE QUE J'ARRIVERAI À DÉPASSER TOUT ÇA ?

Voici deux exemples extraits de la vie de gens que nous commençons à connaître, Hélène (et Pierre) et Jean (et Lise).

Plusieurs mois après qu'Hélène eut mis fin à sa relation avec Pierre, celui-ci l'appela et lui demanda s'il pouvait passer la voir « au nom du bon vieux temps ». Hélène se sentait un peu vulnérable parce qu'elle avait passé une mauvaise semaine dans sa vie sociale et professionnelle, aussi fut-elle d'accord. Elle raconta plus tard :

> Je crois surtout que je me testais pour voir si c'était vraiment fini. Quand je l'ai vu, j'ai découvert que je n'éprouvais rien pour lui. Où était passée l'ancienne attraction ? J'ai remarqué qu'il avait du ventre et des petits yeux, et simplement qu'il ne semblait pas avoir le charme que je lui trouvais avant. J'ai couché avec lui, cependant. C'était le vrai test, parce que j'avais toujours trouvé que le sexe était spécialement bon avec lui. Je me souviens de vous avoir dit que je ne trouverais jamais personne qui puisse faire l'amour comme Pierre. Eh bien, il ne s'est pas passé grand-chose. Il n'est pas un amant particulièrement bon ni tendre. Il y travaille fort, mais c'est clair maintenant que c'est parce que son ego le pousse à faire en sorte que chaque femme pense qu'il est le meilleur. Et moi qui pensais que c'était parce qu'il m'aimait et qu'il me l'exprimait de cette façon ! Au bout d'un moment, je l'ai arrêté. J'avais hâte de le pousser dehors. Quand il est parti, je ne me suis pas sentie spécialement triste ni triomphante. Je me sentais neutre. Il est vraiment hors de mon système maintenant.
>
> Et Jean m'a parlé du jour où il est tombé sur Lise dans une rue du centre-ville.
>
> Elle était superbe, et j'ai senti une bouffée de mes vieilles émotions. Je l'ai invitée à déjeuner, et, pendant que nous étions assis à parler, une chose étrange commença à m'arriver. Je la vis en étant distancié, comme si je regardais un gros plan de son visage sur un écran de cinéma — et en particulier sa bouche. Peu importe ce que je disais, dès que j'avais prononcé deux phrases, elle s'arrangeait pour que ça se rapporte à elle et elle se mettait à babiller et à babiller de la façon la plus incroyablement centrée-sur-Lise. Elle

descendait tout le monde avec ses fameux sarcasmes mordants que je trouvais autrefois si spirituels. Là, ça m'a paru ennuyeux et débile. Et j'ai vu sa séduction se transformer à mes yeux en vulgarité et en vacuité, et finalement en laideur… Je n'aurais jamais cru que je puisse dire ça, mais je souhaite ne plus jamais la revoir.

Ces exemples illustrent que la dépendance peut être totalement rompue et que les sentiments peuvent changer complètement, même quand à la fois l'attraction (l'aimantage) et les émotions de la soif d'attachement ont été très fortes. (En fait, quand des sentiments se transforment à ce point-là en leurs contraires, c'est une bonne indication qu'il y a eu dépendance. La dépendance est basée sur une illusion, et quand l'illusion disparaît, la colère et la déception inévitables tracent un portrait répugnant et sans pitié de la personne autrefois aimée. Cela est vraiment très différent des relations de couple sans dépendance qui, quand elles prennent fin, laissent souvent intacts des sentiments d'amitié et de cordialité.) Hélène et Jean ont tous deux dû travailler très fort pour en arriver à un changement si total de leurs sentiments. Ils avaient posé un regard de plus en plus franc sur leur relation, et leur conscience des rôles de leur partenaire et d'eux-mêmes dans l'interaction s'était élevée. Cela ne s'était pas fait d'un seul coup. C'était le point final d'un long voyage de découverte et de désillusion. Et, ce qui est plus important que d'avoir si complètement rompu ces relations, Jean et Hélène, après avoir pendant quelque temps éprouvé des poussées d'attraction pour des gens du genre de Lise et de Pierre, passèrent tous deux par des stades de contre-dépendance. Tout d'abord, ils évitèrent délibérément de s'engager dans des relations avec ces personnes fétiches d'attachement parce qu'ils savaient le mal que ça leur faisait. Ensuite, ils découvrirent qu'ils n'étaient plus attirés par ce genre de personnes. Finalement, ils éprouvèrent de la répulsion et devinrent « allergiques » à eux. Jean l'a exprimé ainsi :

> Je parlais avec une femme dans une soirée. Elle avait ces yeux étincelants et ce verbiage pétillant qui m'ont toujours attiré. Mais, cette fois-ci, je pouvais entendre ce qu'elle disait et regarder ce qu'elle faisait, et ça ne disait que : « Moi, Moi, Moi. » Cette fois-ci, je n'ai pas laissé son regard et son exubérance m'empêcher de voir qui elle était réellement et de savoir aussi clairement que si j'avais eu une boule de cristal quel cauchemar ç'aurait été pour moi que d'avoir une relation avec elle. Je l'ai saluée et j'ai disparu.

Cet homme est le même Jean qui, dans ses relations avec les femmes, s'attelait sans cesse au défi futile et frustrant d'essayer d'obtenir que sa mère froide et centrée sur elle-même devienne chaleureuse et aimante. Il avait finalement abandonné cette quête et commencé à s'orienter dans des directions plus prometteuses pour son épanouissement.

Ces exemples indiquent également que la rupture d'une dépendance ne devrait pas, dans le meilleur des cas, être un acte unique et isolé. La rupture devrait faire partie d'une plus grande compréhension de la façon dont des besoins et des émotions datant de l'époque lointaine où vous dépendiez totalement de votre entourage ont été la cause actuelle de votre attachement à une autre personne. Cela devrait vous amener à comprendre que vous vous êtes abusé en pensant qu'un tel attachement pourrait vous rendre heureux, complet, adapté, appréciable et en sécurité. Une rupture devrait signifier beaucoup plus que le simple fait de couper un lien avec une personne, parce que ceci peut se faire impulsivement, sous l'empire de la peur et de la colère, et sans rien apprendre. Au lieu de cela, une rupture devrait être considérée comme une étape majeure dans le développement de votre capacité de maîtriser votre tendance à laisser votre soif d'attachement diriger votre vie. Pour tout dire, cela devrait vous faire avancer vers un objectif plus vaste : reprendre pleine possession de vous-même.

Cette idée a été exprimée poétiquement dans un livre sensible et doux, *How to Survive The Loss of a Love* (*Comment survivre à la perte d'un amour*) :

le besoin
né de toi
demeure
mais tu sembles de moins en moins
être celle
qui puisse combler ce besoin
que je suis[1]

EST-CE QUE JE PEUX MENER MA VIE MOI-MÊME ?

Le deuxième genre de questions que les gens posent couramment, c'est : « Est-ce que je pourrai supporter la solitude ? Pourrai-je jamais me sentir bien de mener ma vie moi-même ? » J'ai vu beaucoup de gens qui avaient extrêmement redouté de se retrouver dans la vie sans partenaire principal découvrir, après la période initiale de sevrage, que c'était loin d'être aussi dur qu'ils avaient pensé. Ils commencèrent à découvrir qu'il était bon, pour l'affirmation de soi, d'être seul, et, comme le dit l'un d'entre eux, à en apprécier la « dignité ». Et ils purent apprendre à connaître les plaisirs et les conforts uniques qu'il y a à vivre sans relation primordiale. Mais vous n'arriverez au point de vous sentir bien dans la solitude que si vous vous offrez la possibilité de la vivre jusqu'au bout, y compris les peines et la dépression des premiers temps, et que vous ne vous précipitez pas impulsivement sur le premier attachement venu. Vous devez considérer la période où vous avez mis fin à une relation et où vous n'en avez pas encore commencé une autre comme un moment pour apprendre à connaître vos sentiments et vos

1. Melba Colgrove, Harold Bloomfield et Peter McWilliams, *How To Survive the Loss of a Love*, New York, Bantam, 1976, p. 93.

ressources, comme une occasion précieuse de découvrir les profondeurs de votre soif d'attachement et d'apprendre de nouvelles façons non dépendantes de pourvoir à ces besoins très forts et très anciens. Il y a dans ce livre des exemples de gens qui ont traversé les peines, la solitude et la désolation de se retrouver seuls pour finalement découvrir leurs forces et leur capacité de survie, et qui en sont sortis avec une conscience claire que le centre de leur existence se trouve en eux et non dans une autre personne. Stanton Peele a fortement exprimé la valeur de tels efforts :

> Le test pour savoir si l'on se sent en sûreté, si l'on est bien relié à soi-même, c'est la capacité de prendre plaisir à être seul. Une personne dont les relations ne sont pas contraintes est une personne qui attache de la valeur à sa propre compagnie. Il est plus facile de se sentir bien avec un moi qui est capable de créer des attachements satisfaisants avec la vie. On accueille alors avec plaisir les périodes de solitude où l'on peut exercer et exprimer ce moi à la fois dans le monde réel et en imagination. On peut éprouver de la fierté pour cette capacité de se suffire à soi-même, qui, bien qu'elle ne soit jamais totale, peut endurer bien des pressions. Cette autosuffisance nous sert aussi de rempart dans nos relations[2].

Un aspect de cette autosuffisance consiste à aborder votre soif d'attachement comme un restant légitime et inévitable de votre petite enfance. Au lieu de chercher quelqu'un d'autre pour satisfaire ce besoin, il s'agit d'apprendre à en satisfaire la plus grande part par vous-même. En d'autres mots, vous devez apprendre à être attentif aux demandes de ce petit enfant intérieur et à devenir, pour lui ou pour elle, le meilleur des parents possibles – un

2. Stanton Peele, *Love and Addiction*, New York, Signet, 1975, p. 239.

meilleur parent que vous n'en avez eu dans la réalité. Pour être un tel parent, il faut à la fois être un guide et dispenser un nourrissement. Vous devez être bon pour ce petit enfant, l'aimer profondément, être gentil avec lui, lui dire des choses qui l'aident à bâtir son estime et sa confiance en lui, lui dire que vous serez toujours là pour lui, et ne pas lui reprocher de n'être qu'un bébé. (Après tout, il n'y peut rien; de plus, il n'est qu'une part de vous-même que vous pouvez empêcher, sans haine ni colère, de tyranniser votre vie.) Bien que vous puissiez même le dorloter de mille façons, vous le guidez comme un parent quand vous l'empêchez de tyranniser votre vie. Et vous pouvez lui donner cette éducation en lui apprenant que tous ses besoins ne doivent pas être gratifiés immédiatement, qu'il peut s'accommoder de ne pas être gratifié, que ça peut être bien d'être seul, et qu'il n'est ni utile ni nécessaire de chercher à s'attacher à une autre personne en particulier pour satisfaire ses besoins.

Quand je parle de se suffire à soi-même et d'être un parent pour soi-même, je ne propose pas la réclusion ni le célibat spartiates. Il peut y avoir au contraire dans votre vie beaucoup de gens et de grandes amitiés. Il peut y avoir de la sexualité et mille façons de stimuler de nouvelles et d'anciennes activités. La seule abstinence exigée est de vous abstenir de permettre au vide actuel dans votre vie de vous attirer vers toute sorte de gratification de votre soif d'attachement qui provoque une dépendance, qu'il s'agisse de prendre des drogues, de boire, de manger sans retenue, de sortir avec n'importe qui, ou de retomber dans une autre relation « amoureuse » de dépendance. Un homme me dit un jour qu'il avait toujours l'impression de se promener avec son cordon ombilical à la main et de chercher quelqu'un pour le brancher. Et il le brancha effectivement dans la première relation disponible. Il n'avait pas appris grand-chose sur sa capacité d'être seul et sur son autosuffisance. Plus vous pourrez écarter ces tentatives désespérées pour éviter d'affronter votre autonomie, plus vous pourrez acquérir une conscience adulte, respectueuse de vous-même et quasi majestueuse de votre identité. Nul n'aurait pu le dire mieux qu'Hélène ne le fit vers la fin de son long voyage hors de la dépendance :

> J'ai appris que la seule personne sans laquelle je ne pouvais pas vivre c'était moi. Personne d'autre n'est essentiel à ma survie. « Moi » est resté égaré pendant longtemps, n'est-ce pas ?... Je me rends compte que je vais toujours rester avec moi-même, donc ma relation avec moi doit passer avant tout. « Être seul », pour moi, signifie maintenant « intimité » et non plus « solitude ». C'est vraiment spécial d'être seul.

AURAI-JE JAMAIS UN NOUVEL AMOUR ?

Le troisième type de questions concerne les relations futures : « Est-ce que j'aurai un jour une autre relation amoureuse ? Et pourquoi devrait-elle être meilleure que ce que j'ai maintenant ? » Vous aurez sans doute une autre relation si vous en voulez une, bien qu'il n'y ait pas de garantie. Vous pouvez éviter d'en avoir une, si c'est cela que vous choisissez. Cela peut être une simple préférence, ou une réaction de protection contre les chagrins de la précédente. Vous pouvez décider de vous isoler, de ne pas répondre aux signaux des autres, d'être hostile ou de ne pas faire d'efforts. Il serait important que vous reconnaissiez que vous faites ce choix et de ne pas accuser le sort, ou le manque d'occasions, etc., de votre insuccès à créer de nouvelles relations. Mais, si vous êtes ouvert à une nouvelle relation et que vous créez des occasions de rencontrer des gens et de vous retrouver avec eux, il y a une forte probabilité pour que vous ayez une nouvelle relation amoureuse.

Sera-t-elle meilleure que celle que vous avez quittée ? Cela aussi dépendra de vous. Elle peut même être pire que la précédente. Et il y a de bonnes chances pour qu'elle soit au moins aussi mauvaise si vous répétez vos vieilles structures autodestructrices pour choisir votre partenaire et vous comporter avec lui. La chose la plus importante que vous auriez dû apprendre de la rupture de votre ancienne relation, c'est la conscience de la façon dont vous pouvez être influencé par votre soif d'attachement. Spécifiquement, il est essentiel que vous saisissiez ceci : votre soif d'attachement vient d'une époque de votre enfance où il était *approprié* d'être dépendant, tandis qu'elle peut vous pousser aujourd'hui dans des relations où une telle dépendance est *inappropriée* et peut causer des dommages autant à vous qu'à la relation. Et il se peut que vous preniez cette nouvelle dépendance pour un véritable amour. Mais ça n'en est pas. Le Dr M. Scott Peck l'exprime ainsi :

> ... la dépendance peut être prise pour de l'amour parce qu'elle est une force qui pousse violemment les gens à s'attacher l'un à l'autre. Mais en réalité ce n'est pas de l'amour ; c'est une forme d'anti-amour. La dépendance cherche à recevoir plutôt qu'à donner. Elle alimente l'infantilisme plutôt que la croissance. Elle œuvre à prendre au piège et à resserrer plutôt qu'à libérer. Ultimement, elle détruit les gens au lieu de les construire[3].

Peut-être le seul point sur lequel presque tous les gens qui ont écrit sur l'amour tombent d'accord, c'est l'impact destructeur que peuvent avoir les sentiments de dépendance de l'enfance quand ils dominent une relation amoureuse adulte. Stanton Peele met en relief les effets paralysants qu'ont ces puissants besoins sur les deux partenaires :

> Dans une relation de dépendance, les deux partenaires sont davantage motivés par leurs propres besoins de sécurité que par l'appréciation des qualités personnelles de l'autre. À cause de cela, ce qu'ils désirent le plus l'un de l'autre c'est d'être rassurés de la constance de la relation. À partir de là, il est vraisemblable qu'ils exigent de l'autre une

3. Scott Peck, *The Road Less Traveled*, New York, Touchstone, 1978, p. 105.

acceptation inconditionnelle de ce qu'ils sont, y compris leurs défauts et leurs manies...

De tels amants exigent tous deux que l'autre change. Mais les adaptations qui en sont attendues ou qui sont réclamées ne sont dirigées que de l'un vers l'autre et n'entraînent pas une amélioration des capacités à réagir aux autres gens ou à l'environnement. Au contraire, les changements que l'un des partenaires exige de l'autre pour mieux satisfaire ses besoins propres sont presque toujours dommageables au développement général de la personnalité de l'autre... En fait, toute diminution de la capacité de l'autre à faire face à quoi que ce soit ou qui que ce soit d'autre est bienvenue puisque c'est une forte garantie d'allégeance à la relation. C'est pourquoi une personne dépendante souhaite en réalité que son amant ne rencontre pas de gens nouveaux et n'apprécie pas le monde, puisque cela pourrait représenter des intérêts et des liens rivaux qui le rendrait moins dépendant d'elle[4].

Si donc la dépendance est destructrice pour une relation amoureuse, que devez-vous faire avec les restes irréductibles des besoins issus du niveau de la soif d'attachement ? Tout le monde a de tels besoins, bien que certaines personnes aient été tellement blessées par la façon dont elles ont été traitées pendant leur petite enfance ou plus tard qu'elles peuvent avoir emmuré ces sentiments en devenant peut-être renfermées ou férocement antidépendantes. Mais les besoins sont là. On ne peut pas les exorciser, les extraire de façon chirurgicale ou prétendre qu'ils n'existent pas. Comment pouvez-vous avoir ces anciennes pulsions vers une dépendance et ne pas devenir dépendant envers quelqu'un ?

Même s'il est vrai que vous ne pouvez pas vous débarrasser des besoins du niveau de votre soif d'attachement, vous pouvez de

4. Stanton Peele, *Love and Addiction*, New York, Signet, 1975, p. 85.

plus en plus *vous arrêter de prendre des décisions importantes pour votre vie sur la base de ces besoins.* Vous pouvez, par exemple, vous empêcher d'épouser quelqu'un qui satisfait peut-être beaucoup de vos besoins d'attachement, les besoins de fusion et de sécurité, mais qui par ailleurs ne vous convient pas. Vous pouvez décider de quitter plus rapidement telle relation, ou de ne pas y entrer du tout. Le faire consciemment et délibérément va vous demander au départ beaucoup de volonté, d'efforts et de détermination. Mais cela va élever vos perspectives sur vos vieilles structures de comportement et sur vos personnes fétiches d'attachement et, à force, cela deviendra une aversion automatique de ces structures et de ces personnes. Et vous aurez gagné la moitié de la bataille.

La deuxième moitié de la bataille consiste à développer votre capacité de gratifier raisonnablement vos besoins particuliers d'attachement et de le faire par des moyens constructifs et qui vont dans le sens de votre croissance personnelle et non par des moyens destructeurs et limitatifs. J'ai présenté des lignes directrices qui montrent l'importance d'étendre vos sources de gratification en connaissant des attachements multiples, en étant un parent pour vous-même, et en formant des attachements qui sont plus au-delà du temps que les fragiles relations humaines (chapitre 17). Cela peut réduire le poids de la soif d'attachement que pourriez déposer sur une seule et peut-être éphémère relation. Mais il n'y a aucun doute que pour la grande majorité des gens la façon la plus satisfaisante de répondre à leurs besoins d'attachement est de créer une relation amoureuse intime et durable. *Si vous découvrez que vos besoins d'attachement vous ont amené dans une mauvaise relation, la solution n'est pas d'abandonner la relation ou de nier votre soif d'attachement. La solution consiste à transformer vos vieilles façons autodestructrices de satisfaire votre soif d'attachement en façons enrichissantes de le faire. Cela exige que vous fassiez l'effort conscient d'établir des relations dans lesquelles vos besoins d'attachement sont gratifiés dans le cadre d'une interaction qui vous apporte de la force et du soutien et non de la destruction et de l'affaiblissement.*

Et c'est là que l'on trouve un paradoxe : *dans le cadre d'une relation amoureuse, vos besoins d'attachement seront d'autant plus satisfaits de façon saine, acceptable et profondément gratifiante que vos motivations pour obtenir la satisfaction de ces besoins ne seront pas primaires ni directrices.* Une fois que vous avez pu desserrer l'emprise de ce bébé en vous qui panique, qui est en manque, qui s'accroche, qui est possessif, qui a peur et qui vous dévore, alors vous pouvez mener une relation qui peut gratifier à la fois vos besoins d'adulte (de soutien, d'attention, de partage, de compagnie) et la portion restante de votre soif d'attachement. Dans toute bonne relation adulte, il est normal que le bébé qui est en vous et celui qui est dans l'autre personne puissent être réconfortés et nourris dans les occasions où ces besoins se manifestent. Parfois ce peut être l'un de vous qui est l'enfant qui a besoin qu'on s'occupe de lui, et l'autre est le parent attentif, d'autres fois les rôles s'inversent. Ou chacun de vous peut à la fois être demandeur et attentionné. Cela enrichit et approfondit une relation quand elle peut inclure la satisfaction des besoins de ce niveau primitif. Cela ne devient mauvais et destructeur que lorsque la dépendance issue de la soif d'attachement de l'un de vous ou de vous deux devient la dimension envahissante de la relation (avec l'insécurité, la peur de l'abandon et le besoin de contrôler qui l'accompagnent).

Pour aider à la croissance de chaque partenaire, il peut être utile de travailler à réduire le degré d'importance de la soif d'attachement dans la relation, même si elle n'en est pas une part spécialement dominante. Dans son livre *A Conscious Person's Guide to Relationships* (Un guide de la relation pour personnes conscientes), Ken Keyes a écrit des choses intéressantes à ce sujet. Il emploie aussi le terme « dépendance », mais en lui donnant une définition quelque peu différente de celle que j'ai utilisée. Voici ce qu'il a écrit :

> Quand nous employons le mot « dépendance », nous faisons référence à quelque chose dont nous nous disons à nous-même que *nous devons l'avoir pour être heureux*. Si nous

> ne l'avons pas, cela nous dérange au niveau émotionnel. En d'autres mots, *une dépendance est une réclamation, un modèle ou une attente basés sur l'émotion*. Si, par exemple, je me mets en colère parce que vous me faites attendre, je suis au contact d'une dépendance... Une dépendance nous rend automatiquement malheureux quand le monde ne correspond pas au modèle, basé sur l'émotion, de ce que nous voudrions qu'il soit[5].

Keyes poursuit en proposant qu'une tâche majeure pour notre croissance personnelle consiste à élever une dépendance au niveau d'une préférence. « Quand vous travaillez sur vos dépendances et que vous les élevez au niveau d'une préférence... vous n'avez pas à changer vos opinions sur la vie, vous n'avez pas à cesser d'essayer de changer « ce qui est » et vous n'avez pas nécessairement à aimer « ce qui est ». C'est simplement que vous ne vivez plus avec le doigt coincé sur le bouton émotionnel de panique[6]. » Si vous élevez vos dépendances au niveau de préférences, cela peut changer la relation au point qu'il ne sera plus nécessaire pour vous d'en partir puisque cela ouvrira de nouvelles possibilités d'aimer.

L'élément de dépendance dans une relation (pour Keyes : « quelque chose dont nous nous disons à nous-même que nous devons l'avoir pour être heureux » ; pour moi : quand notre soif d'attachement outrepasse notre jugement et notre intérêt) peut souvent ressembler à de l'amour, mais c'est un pseudo-amour qui rend le véritable amour impossible. Cet élément, par sa nature, exprime ceci : « J'ai besoin d'être attaché à toi pour ne pas me sentir en danger, effrayé, incomplet et inadapté ; en conséquence tu dois être là, et être ainsi que j'ai besoin que tu sois pour que je me sente bien. » Et ceci est nocif pour vos capacités d'aimer, parce

5. Ken Keyes, *A Conscious Person's Guide to Relationships*, St. Mary, Kentucky, Living Love Publications, 1979, p. XIV.
6. *Ibid.*, p. XVI.

que l'amour implique la reconnaissance et le souci de l'autonomie et de la croissance de l'autre en fonction de son meilleur devenir et non en fonction de ce que vous désirez qu'il soit. L'amour implique aussi la connaissance profonde et totale de l'autre, mais ceci est impossible si votre soif d'attachement déforme son image de façon qu'elle corresponde à ce dont vous avez besoin, ou si votre rage qu'elle n'y corresponde pas vous le fait voir comme égoïste et malveillant. *La dépendance expulse inévitablement et inexorablement l'amour.* Et sans dépendance, l'ouverture à l'acceptation de ce qu'est l'autre personne et au respect de son autonomie permet une implication amoureuse. Il se peut alors que vous ayez à choisir, en considérant l'ensemble du tableau de la relation, si vous désirez ou non avoir ce genre d'implication avec cette autre personne. Keyes oppose ainsi la dépendance et l'implication :

> La dépendance signifie la création dans ma tête d'exigences basées sur l'émotion et qui dictent ce que mon partenaire devrait dire ou faire – ça signifie « propriété ». L'implication signifie que je choisis de partager une grande part de ma vie avec la personne que j'aime et que nous construisons ensemble une réalité mutuelle. La dépendance signifie que je ne me sens pas en sécurité sans quelqu'un : je veux qu'il ou elle me sauve. Mon implication me donne la chance d'éprouver toute la beauté et l'amour qu'une relation peut apporter dans ma vie. Elle nous permet aussi de supporter ensemble les responsabilités et les problèmes de l'existence et de développer une confiance mutuelle. La dépendance m'amène à imposer des modèles basés sur l'émotion et qui dictent ce que mon partenaire devrait être pour que je sois heureux[7].

7. *Ibid.*, p. XLIII.

Si les forces et les connaissances que vous avez acquises au cours du processus de rupture de votre relation précédente ont réduit votre besoin de dépendance, alors vos chances d'avoir une nouvelle relation amoureuse plus enrichissante sont bonnes. Si ce n'est pas le cas, même votre recherche d'une nouvelle relation peut être compromise, parce que beaucoup de gens que vous apprécierez reculeront devant l'intensité de votre soif d'attachement avant même que la relation puisse vraiment commencer. Et le maintien d'une nouvelle relation peut être compromis par des besoins qui vont vous oppresser et vous étouffer, vous et votre partenaire, ou qui vont vous amener à vous contenter de beaucoup moins que ce que vous pourriez avoir. Mais si vous avez acquis une plus grande indépendance et un plus grand respect de vous-même, si vous pouvez apprécier ce qu'est vraiment votre partenaire et non ce dont vous avez besoin qu'il soit, alors vous êtes *plus prêt que jamais* pour une relation amoureuse, et les chances d'en vivre une sont grandes.

J'ai écrit une fois un texte à propos de ce qui fait une bonne relation entre un parent et ses enfants adultes. Les mêmes mots peuvent aussi bien s'appliquer aux partenaires d'une relation amoureuse:

> Nous sommes attachés par une attention mutuelle, non par des cordes. Nous vivons une relation d'amour à une distance suffisante pour que chacun de nous puisse clairement voir l'autre dans l'espace frémissant qui nous sépare et nous entoure, et pourtant nous sommes assez près pour nous atteindre et nous toucher des yeux ou du bout des doigts, assez près pour tendre une main secourable si le besoin s'en fait sentir, assez près pour que d'un seul pas nous puissions nous embrasser quand nos émotions nous appellent à le faire. Une distance amoureuse. C'est ce qu'une relation peut être[8].

8. Howard Halpern, *No Strings Attached: A Guide to a Better Relationship with Your Grown-up Child*, New York, Simon & Schuster, 1979, p. 223.

ENTRE UN RISQUE ET UNE CERTITUDE

On court un risque en mettant fin à une mauvaise relation. Vous ne pouvez pas savoir ce qui arrivera ensuite. Mais admettons que vous avez reconnu la valeur précieuse d'une association continue et attentionnée, et que vous avez accepté la nécessité de travailler fort pour la maintenir. Admettons encore que vous avez essayé de réduire vos exigences de dépendance et que vous avez communiqué à votre partenaire vos préférences adultes. Et, finalement, admettons que vous vous êtes accordé suffisamment de temps pour qu'un changement positif se produise. Mais vous trouvez que, malgré votre patience et vos efforts, la relation est toujours destructrice ou insatisfaisante. Alors, le plus grand risque pour votre bonheur, votre santé et votre croissance personnelle n'est-il pas de rester dans cette relation ? Si vous désirez une relation amoureuse profondément enracinée dans le plaisir de se connaître intimement l'un l'autre, dans un souci mutuel et généreux, dans un soutien solide et réciproque, alors une façon certaine d'*éviter* d'avoir tout cela, c'est de vous attarder trop longtemps dans une relation qui ne vous offre pas cette joie et qui ne le fera probablement jamais. Le psychiatre David Viscott l'a exprimé ainsi : « Quand une relation a tellement volé en éclats que les efforts nécessaires pour en rassembler les morceaux sont si grands et demandent tellement d'amour et d'attention qu'on sait que ce n'est pas et que ce ne sera pas réalisable, alors il vaut mieux, et de loin, admettre que la relation devrait prendre fin[9]. » On peut se trouver mieux en étant seul, particulièrement quand être seul c'est être avec quelqu'un qu'on aime et sur qui on peut compter. Il vaut mieux être libre d'avoir de nouvelles expériences et de vivre de nouvelles aventures, libre de découvrir et de créer de meilleures relations, libre d'exercer son droit d'aimer et d'être aimé. Malgré l'appel de toute

9. David Viscott, *How to Live with Another Person*, New York, Pocket Books, 1976, p. 184.

cette liberté, il faut beaucoup de courage pour dire adieu à un territoire familier, aussi désolé que soit le paysage, et pour s'en aller vers des terres inexplorées. Vous pouvez affermir votre courage en vous concentrant intensément sur ce qui est en jeu, parce que, si vous l'identifiez clairement, vous pourrez prendre le risque de rompre votre lien de dépendance et celui d'ouvrir votre vie. Et vous saurez sans l'ombre d'un doute qu'il vaut la peine de prendre ce risque.

Table des matières

Achevé d'imprimer au Canada
sur les presses de Quebecor World, Saint-Romuald